監査法人の独立性と組織ガバナンス

Park Tae-Young
朴大栄［編著］

INDEPENDENCE&
GOVERNANCE

同文舘出版

序　文

　昨今の監査を取り巻く環境には厳しいものがある。米国におけるエンロン事件やワールドコム事件，わが国におけるカネボウ事件やオリンパス事件など，監査の信頼性を根底から覆す事件が相次ぐとともに，それに伴って，関与会計事務所・監査法人に対する批判・処分などのニュースも世間を騒がせている。

　これらの事件に共通するのは，監査がその本来の役割を果たせなかったという，いわゆる「監査の失敗」がその背景にあることである。

　専門家集団である監査法人においてなぜ監査の失敗が相次いでいるのか？

　1960年前後に経済界を騒がせた山陽特殊製鋼などの大型倒産事件を契機として，企業の大規模化と多角化に対応する組織的監査の実現，ならびに，監査人の独立性確保を目的として新たに制度化された監査法人監査が，ここに来てその限界を露呈しているのではないか，われわれの研究の視点はここにある。

　本編集代表者は，監査法人監査の限界をまずは監査事務所が採用する組織形態にあるのではないかという問題意識から，2005年9月に，日本監査研究学会課題別研究部会「会計事務所の組織形態研究」を主催し，2007年度全国大会（関東学院大学）において最終報告書を取りまとめ発表した。

　監査の失敗を生起させる最大の要因は，組織的・効率的監査の達成を阻害する独立性の欠如にある。独立性の確保のためには，組織形態のみならず，組織内部におけるガバナンスのあり方，さらには，監査人のローテーション，選任権・報酬決定権の主体のあり方など監査契約を取り巻くインセンティブのねじれ現象にまで議論を拡大せざるを得ない。ここに，監査法人制度における独立性の確保と品質管理を中心とした組織ガバナンス，ならびに監査環境・制度の改革それ自体にも焦点を当てる研究の拡大が必要とされたのである。

　このような認識のもと，上記課題別研究部会構成委員が中心となり，新たな研究チームによる「監査人の独立性確保のための組織ガバナンスと制度改革に関する理論的・国際的研究」を開始することとした。幸いにも，本研究

i

は日本学術振興会科学研究費基盤研究B（2008-2010年度）に採択され，従来の研究対象を拡大し，監査事務所が真に組織的な監査を効率的に実施するために備えるべき要因を明らかにすることを目的として3年間の研究延長を計ったのである。

本書『監査法人の独立性と組織ガバナンス』は，この足掛け6年間にわたる研究成果を取りまとめたものであり，独立性確保の観点から，監査法人の組織形態，ガバナンス，監査環境といった3つの側面での理論的・国際的比較研究によって導かれた監査制度のあり方に対する具体的提言を目的とするものである。

本書は上記3つの視点をもつことから3部構成とした。

第1部では，監査人の独立性を効果的に確保するための組織形態のあり方について，監査法人のみならず，弁護士法人をはじめとするその他士業法人との比較，英米を中心とする監査事務所の国際比較，新設された有限責任監査法人の現状と課題を明らかにすることにより，監査事務所・監査法人の組織形態を分類するとともに，組織形態の選択肢は残すものの，財務諸表監査の種類（法定監査か任意監査か，大会社監査か中小会社監査かなど）により監査主体のあり方に一定の制約を設けるべきであるという主張まで，全体を4つの章に分けて取りまとめた。

第2部では，品質管理を中心とする組織ガバナンスのあり方を3つの章にわたって取り上げた。非監査業務と監査業務との同時受注は監査事務所の独立性に影響を及ぼすといわれる。監査契約時における独立性侵害のリスク管理の現状と問題点を指摘した。また，監査法人のグローバル化を背景に，4大監査法人と提携海外ビッグ法人の品質管理・ガバナンスのアンケート調査，実態調査，国際比較を行うとともに，監査品質を脅かすリスクの種類と管理体制の現状についても取りまとめている。

第3部も3つの章に分けて，監査環境（制度）のあり方を探っている。監査人の選任・報酬支払いを被監査会社が主体となることについては，インセンティブのねじれとして問題指摘が行われてきた。この問題を解決する可能性について，監査人の選任・報酬主体のあり方を証券取引所や保険会社と絡

ませて論じるとともに，一方では，監査報酬と独立性との関連についての実態調査を含めることによって，選任と監査報酬支払い形態を含めた現状分析と調査等を通じて各制度のメリット・デメリットを明らかにしようとしている。

本書の第1の特色は，監査対象・手続・報告に偏りがちであった監査論研究の分野に，独立性確保の観点から，監査事務所の組織形態，組織ガバナンス，監査環境（制度）の改革といった，監査を取り巻く周辺環境の制度的な整備に研究の重点を置く新たな研究視点を提供するものである。

第2の特色は，新たに創設された有限責任監査法人制度について，関連企業形態である有限責任事業組合，合同会社，その前身である英米のLLP・LLCとの国際比較研究の観点から，監査事務所としてのその意義と課題を明らかにすることにある。

第3の特色として，監査事務所の組織形態研究に，専門職組織である弁護士法人，医療法人との比較研究を含み，各専門職業間の性格の相違と組織形態との関連性を分析視角としている点にある。

第4の特色は，監査事務所の業務の拡大が監査における独立性を損なう可能性が高まっている折柄，独立性確保のためのガバナンスのあり方を大規模監査事務所の実態調査と面談調査を通じてその仕組みを明らかにしようとするところに独創性を認めるものである。

本研究書出版の予想される結果と意義については，以下の点をあげることができよう。

(1) 監査事務所の組織形態のあり方について，LLP・LLCも含めた国際比較研究は，今後，監査事務所への適用拡大を図る上で，一定の方向性を与えることができる

(2) 同じ専門職業である弁護士業務・医療業務との比較検討を行うことにより，内部組織のあり方，有限責任制の可否，組織形態のあり方の検討に際し，基礎的資料を与えることとなる。

(3) 監査事務所の拡大，国際化は，独立性の確保を困難にする要因の1つである。独立性確保のために監査事務所がマニュアル化している契約締結プロセスの実態調査は，監査事務所の独立性判断において，監査

人のみならず，監査利用者にとっても信頼性評価の基礎資料となる。
(4) 監査ローテーションの採用や，監査人の選任・報酬支払主体などについての実態調査や文献リサーチは，必ずしも，最善の制度を提示できるものではないが，各制度におけるメリット・デメリットを明らかにすることにより，実際に採用すべき制度の改善方向を示すことになろう。
(5) 監査人の選任，報酬支払い形態については，カネボウ事件を契機に，各メディアで現行制度についての疑念が提起されており，根本的な見直しが必要とも考えられる。証券取引所や損害保険会社による監査報酬の支払い，ひいては，監査人の公務員化なども視野に入れることができる。しかし，行政・政府からの独立問題，証券取引所や保険会社の責任履行能力の問題もあり，軽々に扱える問題ではない。本研究では，わが国をはじめ諸外国における実態調査や先行研究をレビューすることによって，各種提案の内容紹介，問題点，メリット・デメリットの取りまとめを行うことによって，制度改善の基礎資料を提示する。

長期にわたる共同研究成果の公表を目的とした本書の出版は，幸いにも独立行政法人日本学術振興会平成25年度科学研究費助成事業（科学研究費補助金）研究成果公開促進費（学術図書）に採択され，科学研究費補助金の交付を受けることとなった。研究活動継続中における日本監査研究学会，学術振興会科学研究費の援助，ならびに本出版助成金の交付なくしては，市場性に乏しい本書の出版は難しかったであろう。ここに心よりの謝意を表明するものである。また，執筆者はもとより，アンケート調査やヒアリングにご協力いただいた監査事務所・監査法人・海外会計事務所のご協力にも感謝申し上げたい。最後に，本書の出版をお引き受けいただいた同文舘出版株式会社にも心から感謝申し上げる次第である。

平成26年1月

朴　大栄

目 次

第1部　監査事務所の組織形態

第1章　士業法人と監査法人

第1節　はじめに ……………………………………………………… 3
第2節　監査法人 ……………………………………………………… 4
　1　監査法人制度の意義 ………………………………………… 4
　2　監査法人の法的意味 ………………………………………… 5
　3　監査法人制度と有限責任 …………………………………… 6
　4　監査法人の有限責任制度化 ………………………………… 8
第3節　弁護士法人制度 ……………………………………………… 14
　1　士業における法人制度 ……………………………………… 14
　2　弁護士法人の意義 …………………………………………… 14
　3　法人化の目的 ………………………………………………… 15
　4　弁護士法人の概要 …………………………………………… 17
　5　弁護士法人および弁護士の責任 …………………………… 18
第4節　各士業業務の性格の異同と各士業法人比較 …………… 20
第5節　公認会計士および監査法人の責任に関する裁判例 …… 21
　1　日本コッパーズ事件 ………………………………………… 21
　2　日本債券信用銀行事件 ……………………………………… 22
　3　山一證券株式会社事件① …………………………………… 23
　4　山一證券株式会社事件② …………………………………… 25
　5　検討 …………………………………………………………… 25
第6節　おわりに ……………………………………………………… 26

第2章　医療法人と監査法人

第1節　わが国の医療機関と医療法人制度 ……………………… 27

	1	医療機関の誕生とその特徴 ……………………………	27
	2	医療法人制度 ……………………………………………	28
第2節	米国の医療機関の特徴 ………………………………………		31
	1	米国における医療機関の誕生とその形態 ………………	31
	2	米国の医療機関のガバナンス …………………………	33
第3節	日米の医療機関の特徴 ………………………………………		34
第4節	医療機関制度から監査法人制度へ―制度の導入可能性 …		35

第3章　各国監査事務所の組織形態

第1節	米国監査事務所の組織形態 ………………………………		39
	1	米国監査事務所が取り得る組織形態 …………………	39
	2	監査クライアントの性格 ………………………………	40
	3	監査事務所の品質管理に対する規制内容 ……………	40
第2節	英国監査事務所の組織形態 ………………………………		42
	1	英国監査事務所が取り得る組織形態 …………………	42
	2	監査事務所の品質管理に対する規制内容 ……………	45
	3	日英の制度上の相違点 …………………………………	48
第3節	日本監査事務所の組織形態 ………………………………		49
	1	日本監査事務所が取り得る組織形態 …………………	49
	2	監査法人の現状 …………………………………………	51
	3	「有限責任事業組合」（日本版LLP）の概要 …………	53
	4	「合同会社」（日本版LLC）の概要 ……………………	56
	5	英米のLLP・LLC ………………………………………	58
	6	監査業務を行う会計事務所の組織形態とLLP・LLC …	60
	7	日本の監査事務所の組織形態 …………………………	62
	8	おわりに …………………………………………………	67

第4章　有限責任監査法人制度と独立性

| 第1節 | はじめに ……………………………………………………… | 71 |

第2節	有限責任監査法人制度の問題点	72
第3節	有限責任監査法人制度創設の背景	74
第4節	有限責任監査法人制度の概要	77
1	有限責任監査法人の設立	78
2	有限責任監査法人における社員の責任範囲	78
3	法人情報の作成と開示	79
4	計算書類の監査	80
5	財務内容の強化	81
第5節	有限責任監査法人制度の現状と課題	81
1	金融商品取引法監査主体の現状	81
2	金融商品取引法監査主体と監査法人	83
3	法人情報の作成と計算書類の監査ならびに開示に関する現状と課題	90
4	財務基盤の強化に関する現状	91
第6節	おわりに	92

資　料　　95

第2部　品質管理とガバナンス

第5章　監査契約と独立性

第1節	品質管理のための業務管理体制	101
1	はじめに	101
2	契約時における独立性侵害のリスク管理の現状と問題点	103
3	独立性管理システムについて	103
4	担当者のスキル依存の側面	106
5	システム運用上のコストの側面	107
6	担当者のリスク感度の側面	107
7	おわりに	107
第2節	アンケート調査による業務管理体制の現状と課題	108

1	はじめに	108
2	調査の概要	109
3	分析結果	110
4	おわりに―監査契約締結の可否判断および方針と手続に関する調査結果の含意	118

第6章 監査法人のグローバル化と品質管理

第1節 有限責任監査法人トーマツとDTTL ………………… 121
 1 有限責任監査法人トーマツのガバナンスと品質管理……… 121
 2 DTTLのガバナンスと品質管理 ………………………… 127
第2節 有限責任あずさ監査法人とKPMG ………………… 129
 1 有限責任あずさ監査法人のガバナンスと品質管理………… 129
 2 KPMG（US）のガバナンスと品質管理 ………………… 133
第3節 あらた監査法人とPwC ……………………………… 136
 1 あらた監査法人のガバナンスと品質管理 ………………… 136
 2 PwCのガバナンスと品質管理 …………………………… 143
第4節 新日本有限責任監査法人とE&Y …………………… 145
 1 新日本有限責任監査法人のガバナンスと品質管理………… 145
 2 E&Yのガバナンスと品質管理 …………………………… 151

第7章 品質管理基準と管理体制の現状

第1節 品質管理の国際基準 ………………………………… 155
 1 はじめに …………………………………………………… 155
 2 IFACの求める品質管理に関する基準 …………………… 156
 3 ISQC1における事務所の品質管理 ……………………… 158
 4 ISA220における業務の品質管理 ………………………… 161
 5 おわりに …………………………………………………… 162
第2節 監査品質を脅かすリスクの種類と管理体制の現状
  ―アンケート調査分析 ………………………………… 164

1	はじめに	164
2	監査事務所の組織風土に関する回答結果	165
3	独立性に関する回答結果	167
4	監査業務の支援システムに関する回答結果	168
5	監査業務実施に関する方針と手続についての回答結果	169
6	監査意見表明のための審査に関する回答結果	169
7	品質管理の方針と手続に関する回答結果	172
8	内部通報制度に関する回答結果	173
9	監査業務にかかる事務所の方針に関する回答結果	174
10	監査手続に関する回答結果	175
11	監査調書に関する回答結果	175
12	共同監査に関する回答結果	176
13	監査業務の適切性確保に関する問題についての回答結果	177
14	調査結果から得られた知見	179

第3部　独立性の確保と監査制度改革

第8章　監査人の選任・報酬主体としての証券取引所等の可能性

第1節	はじめに	185
第2節	監査人の選任・報酬決定機関の創設にかかる議論	186
1	現行制度と国際的動向	186
2	監査人の選任・報酬支払形態にかかる先行研究	188
第3節	監査契約への投資者の介在	190
第4節	自主規制機関の介在	194
1	証券取引所・証券業協会の役割	194
2	監査人のインセンティブ	197
3	制度運用上の問題点	198

第5節	おわりに	199

第9章　監査人の選任・報酬主体としての保険会社の可能性

第1節	はじめに	203
第2節	現行制度における独立性の侵害可能性と監査の機能	204
1	規制対象としての独立性	204
2	監査の機能	206
第3節	保険機能の発現形態	208
1	保険仮説の現実適合性	208
2	財務諸表保険契約	209
第4節	おわりに	213

第10章　監査報酬と独立性に関する分析
－ゴーイング・コンサーン開示の観点から－

第1節	はじめに	215
第2節	先行研究と分析の背景	217
第3節	分析モデル	219
第4節	サンプルと基本統計量	221
第5節	分析結果	224
1	基本統計量	224
2	回帰結果	224
3	分析サンプルに関する頑健性のテスト	226
第6節	日米の比較分析	227
1	米国企業と日本企業における結果の比較	227
2	日米比較の結果に関する検討	228
第7節	結論	229

索　引		233

第1部
監査事務所の組織形態

第1章 士業法人と監査法人

第1節 はじめに

　監査事務所の組織形態を検討する上において，本章では監査法人の責任制度について検討を加える。監査法人の責任については，民事責任と刑事責任が問題となりうる。このうち，本章では主として，民事責任について検討を加える。民事責任とは，主として損害賠償責任をいう。すなわち監査法人がその監査契約の不履行によって生じさせた損害を主として，被監査会社および第三者に対して賠償責任を負うことである。

　監査法人の民事責任に関しては2つのことが問題となる。1つは監査法人自体の責任であり，2つは，監査法人の社員たる公認会計士の責任である。かつては公認会計士制度しかなく，その場合に公認会計士は監査契約の不履行について無限責任を負っていた。しかしその後の経済の発展，被監査会社の大規模化による粉飾決算等の続発に対応するために監査法人制度が創設されるにつれてその責任が大きな問題となるに至った[1]。以下では監査法人の法的責任について検討を加える。なおこれらの責任問題はいわゆる士業である弁護士等にもお互いに影響しあっているので，これについて弁護士等の法人と比較して検討を加える。

▶1　なお現在では上場公開会社の監査のほとんどは監査法人によって行われている。

第2節　監査法人

1　監査法人制度の意義[2]

　わが国の公認会計士制度は，第2次世界大戦後の証券民主化政策や外国民間資本導入政策の一環として1948（昭和23）年7月に公認会計士法が施行されることによって開始された。この公認会計士は，財務書類に対する監査証明を主業務とする高度な職業的専門家として創設された。

　これに対し監査法人とは，公認会計士が5人以上で設立できる監査を主たる業務とする法人である。単独の公認会計士だけが監査を行う場合には，必ずしも被監査会社に対して発言権が強くないため，1966（昭和41）年公認会計士法の改正により認められたものである。監査法人制度創設の経緯は以下のとおりである。1964（昭和39）年半ば過ぎからの不況が，1965（昭和40）年になると，さらなる企業収益の低下や証券市場の低迷を招き，これが企業倒産を増加させることとなった。これらの経営破綻は，株主，債権者，下請業者，従業員など企業を巡る多数の利害関係者に不測の損害を与えることになり，実際に日本特殊鋼，サンウェーブ工業，日本繊維工業，山陽特殊製鋼などの一部上場会社の破綻が続出することとなったのである。

　そのうち1965（昭和40）年3月の山陽特殊製鋼の破綻は，負債総額480億円という戦後最大の倒産となった。同社は資本金73億8,000万円，従業員3,700名のわが国有数の特殊鋼メーカーであったため各方面に深刻な衝撃を与えた。同社は昭和32年頃から積極的な設備拡充を行っており，その設備投資には国内ばかりでなく外国銀行からの借款もあり，国際信用上からも倒産などあり得ないと考えられていたが，同年3月10日期限の支払手形の決済について見込みがつかないことを直接の理由として，会社更生法の適用申請を行い，神戸地方裁判所はその適用開始を決定するに至った。そこで大蔵省は同社に対し証券取引法に基づく立入り検査を実施し，1964（昭和39）

▶2　以下の記述は主として，日本監査研究学会監査法人のあり方研究部会（1990）15頁以下を参考にしている。

年9月末における同社の粉飾累計額が131億円に達することを把握した。このうち直ちに立証し得る73億4,000万円の粉飾を根拠として会社および経営者を告発した。また，同社の関与公認会計士に対して粉飾事実を熟知していながら適正意見を表明し続けたとして登録抹消の懲戒処分を行った。

このような事態は，粉飾決算会社の経営者のみならずその公認会計士，ひいて公認会計士の監査制度に対しても厳しい批判を招くこととなった。これは公認会計士監査制度に対する信頼性を損ない，公認会計士制度そのものの否定へもつながりかねない大きな危機を生じさせたのである。そこで企業経理の健全化と公認会計士による監査の充実が要請されるに至ったのである。この要請に応えた政策が，「日本公認会計士協会の特殊法人化」と「公認会計士の協同組織体の推進」の二本柱であった。こうして監査法人制度を含む公認会計士法の改正が，1966（昭和41）年6月23日に行われたのである。

2　監査法人の法的意味

公認会計士法は，昭和41年の改正の際は，監査法人の具備要件として次のように規定していた（34条の4）[3]。すなわち①社員は，公認会計士のみであること，②社員の数は，5人以上であること，③社員は，すべて業務を執行する権利を有し，義務を負うこと，④社員のうちに欠格事由に該当する者がいないこと，⑤業務を公正かつ的確に遂行することができる人的構成および施設を有すること，がこれである。

監査法人の主たる特質は，公認会計士という個人に与えられた資格により行う監査証明業務をその法人の業務とすることである。すなわち自然人である公認会計士の一身専属的な資格に基づく業務について，協同組織体である法人の業務とすることができる法人制度が監査法人である。したがって監査法人においては，責任の主体は基本的に監査法人であり，監査契約は監査法人が主体となって締結する。監査法人が実施した監査証明業務における監査意見の表明は監査法人が行い，監査法人を構成する社員である公認会計士は

▶3　なおその後の改正により現在では，監査法人の社員のうち，公認会計士である社員の占める割合は50％以上等の要件を付している（同法34条の4第3項）。

商法上（現在では会社法上）合名会社の法理，さらには民法の組合法理に基づき対外的に連帯無限責任を負う[4]。しかし監査対象会社の数が多く，また，社員の数が多い監査法人にあっては，被監査会社の監査に係る業務を執行する社員（関与社員）を選任し，その関与社員が監査意見の形成を行うことになる。そこで，監査法人の監査または証明の業務執行方法について，監査法人が，その社員以外の者に監査または証明をする意思決定について，一般的に理事会等の機関を設置して行うことを定款によって定めることとしている。

このように監査法人は，人的関係に基礎を置き，組織規律と相互監視が機能することを前提として共同組織体による監査証明業務を行うことを認めたもので，社員は無限連帯責任を負うのが原則である。しかし経済の発展と法人規模の拡大に伴い，公認会計士や監査法人をめぐる紛争が頻発し，無限責任制度は実情に合わないものとなっていくのである。

3 監査法人制度と有限責任

ところで高度成長とその後のバブルにより多くの会社等の事業活動の多様化，複雑化，高度化のいっそうの進展に伴って，監査制度も大きく変化してきた。特に監査業界においても合併等による規模の拡大や寡占化が進み，監査の公正性と信頼性の確保を求める観点から，監査法人の組織的監査に対する要請と期待は高まってきた[5]。しかし他方で粉飾決算の見逃し等の監査法人の行う違法行為や監査に関する品質管理に問題が生じてくるにつれて，監査法人の独立性の確保，品質管理の向上，行政による監督等を巡るさまざまな課題が提起されてきた。

まず公認会計士監査制度において，最も重要な機能と考えられる監査証明業務の公正性と信頼注を確保するためには，その対象となる会社等の事業活動の多様化，複雑化，国際化に対応して，適切な人員，システム，設備等を

▶4　公認会計士法34条の22は，会社法の合名会社の規定を中心に準用し，一部の規定については民法等の規定を準用している。
▶5　2013年7月3日現在で，公認会計士の数は24,943名，監査法人の数は216である。

確保して監査の水準を一定以上に保つ必要がある。監査法人制度は，複数の公認会計士の有機的な結合のもとに，統一的かつ継続的な共同作業として組織的監査を行うことによって，組織的活動と相互監視のもとで監査の公正性と信頼性を高めるために，共同組織体としての監査法人が監査証明業務を行うとするものである。監査法人は公認会計士の共同組織的活動を通じて監査水準の向上を図ることを目的として創設され，監査の水準の向上のほか，監査法人の制度の活用による公認会計士の活動の基盤および共同作業の体制の充実・強化を通じた効果の発生が期待されたものである。

しかしわが国の会社等の事業活動の多様化，複雑化，国際化のいっそうの進展，新興市場の整備，コーポレート・ガバナンスや内部統制に関する制度の充実等に伴い，監査法人における監査もまた複雑化，高度化を余儀なくされ，合併等による監査法人の大規模化，寡占化が進んできた。それに伴い，構成員の規模が1,000人を超えるような大規模な監査法人が出現するに至り，構成員の相互間の監視と牽制の人的関係に組織規律を依存するには実質的に限界があり，制度の創設当時の商法における合名会社をモデルとした制度が現実にそぐわなくなった[6]。

特に2005年（平成17年）の「カネボウ株式会社」の粉飾決算に関する中央青山監査法人とその関与社員による虚偽の監査証明の事件をはじめ，最近の監査法人を巡る非違行為は，監査法人における監査に関する品質管理のあり方のみならず，監査法人の制度のあり方についてのさまざまな課題を改めて提起し，制度の早急な見直しの具体化を促すこととなったものである。

その結果として，監査の公正性と信頼性の確保の観点から，監査法人の独立性の確保や監査法人による組織的監査に対して高まる要請と期待に対応して，2003（平成15）年および2007（平成19）年に次のような公認会計士法の改正が行われた。

① 監査法人の監督については，これまでの「事前監督」から「事後監視」へと改められた。具体的には，監査法人の設立等の認可制を届出制に改

▶6 なお以下の記述は，羽藤（2009）227頁以下等による。

めたこと，あるいは社員の競合禁止が解除される場合を認めたこと等である。

② 監査法人の独立性の確保と地位の強化という観点から，独立性の保持に関する総則的規定の整備，特定の場合の監査証明業務の制限，不正や違法行為の発見時の当局への報告の義務づけ等を定めた。

③ 監査法人における品質管理，ガバナンス，ディスクロージャーの強化という観点から，品質管理の体制の整備，その開示の義務づけ，社員の資格の非公認会計士への拡大（特定社員の制度の創設）等を定めた。

④ 最も重要なことは，監査法人の責任のあり方についてであり，具体的には，責任限定の観点からの「指定社員」の制度や「有限責任監査法人」の制度の創設等を定めたことである。

⑤ 監査法人に対する監督のあり方について，品質管理に関する公認会計士・監査審査会による報告徴収・立入検査，課徴金制度の導入，行政処分の多様化，有限責任監査法人の登録の義務づけ等を定めた。

もっともこれら①から⑤は相互に関係性をもつものも少なくない。例えば有限責任監査法人として，責任限定という新たな形態を導入したことに伴い，財産的基盤の充実とその透明性の確保の必要性に鑑み，開示の義務づけや登録の義務づけが手当されたことなどもあげられる。

4 監査法人の有限責任制度化

(1) 概要

2003年の公認会計士法の改正までは，監査法人において監査法人の構成員である公認会計士の相互監視と牽制のために，組織的監査が有効かつ適切に行われることを目的として監査法人の責任については，監査法人の社員全員に業務執行権を付与するとともに社員に無限連帯責任を負わせていた。しかしその後の監査法人の間の合併等による幅広い事業活動を展開する大規模監査法人の出現，さらには監査法人や公認会計士に対する損害賠償事件の増加に至って，社員全員に無限連帯責任を負わせる制度は，社員相互間の監視と牽制の人的関係に組織規律を依存するには実際上限界があることが明らか

となった。

　これは法的には合名会社をモデルとする監査法人制度が必ずしも現実にそぐわない面が出てきていること，また自らの関与しない業務に係る損害賠償責任を連帯するリスクは有能な人材を監査法人からの流出させる可能性があること，さらには公認会計士を目指そうとする若い人々の意欲の減退を招くのではないかということ等が指摘されるに至った。実際に米国や EU 主要国等においては，監査証明業務を行うことができる会計事務所は，一般に有限責任の形態をとっていること等が明らかになるにつれて，わが国の監査法人制度においても有限責任の導入を可能とすべきではないかとの意見も出てきた[7]。また 2006（平成 18）年の会社法の改正により，会社法上の会計監査人が株主代表訴訟の対象となり，監査法人や公認会計士に対する訴訟の提起が容易になったこともその有限責任性の追及に影響を与えたのではないかと考えられる。

　このような実情や指摘を踏まえ，前述の 2003（平成 15）年と 2007（平成 19）年の公認会計士法改正法のうち，以下では特に監査法人の社員の地位と責任限定について検討を加える。その改正点は，第 1 が，真に責任ある者がその責任を負うという観点から，監査法人の社員の責任の一部を限定する「指定社員」の制度の導入であり（2003（平成 15）年改正），第 2 が，責任限定の考え方をさらに進め，有限責任の形態の監査法人の制度の導入を認めたことである（2007（平成 19）年改正）。これらの改正により，公認会計士法は，社員の全部を無限責任社員とする従前からの形態である「無限責任監査法人」と，社員の全部を有限責任社員とする「有限責任監査法人」との 2 つの組織を規定することとなったのである。

(2) 有限責任監査法人[8]

　2007（平成 19）年の改正前までは，監査法人の社員の民事責任は，合名会社の制度を基礎とする無限連帯責任として，監査法人の財産だけでは完済

▶7　弥永（2000）は，この問題に関する優れた研究である。
▶8　以下の記述は主として，羽藤（2009）を参照した。

できない損害賠償債務は，非違行為に関係を有しない社員を含めたすべての社員が連帯して弁済する責任を負うこととしてきた。すなわち監査法人の財産をもってその債務を完済することができないときは，各社員は連帯してその弁済の責任を負う（34条の10の6第1項）のである。しかし前述のように，大規模な監査法人等において無限連帯責任の形態の監査法人の制度に加えて，有限責任の形態の監査法人の制度を導入し，非違行為に関係を有しない社員については有限責任の方法も設けるのが望ましいとして有限責任の形態による監査法人の制度を導入することとした。

　2007（平成19）年改正公認会計士法では，有限責任監査法人の社員は，その出資の価額を限度として，法人の債務を弁済する責任を負うとする（34条の10の6第7項）。しかし監査法人が負う債務の履行を担保するためには，有限責任監査法人において責任限定が監査法人の内部管理や審査体制の質を低下させてはならないとして，法人統治，情報開示および財務基盤の充実等に関する制度を完備することを求める。

　具体的には，有限責任監査法人において財産的基盤の充実とその透明性の確保，虚偽または不当のある監査証明が行われた場合の被害者の救済に関する所要の措置等を講じなければならないとした。例えば有限責任監査法人を登録制とし（34条の24），有限責任監査法人は，法人として行うすべての証明について，各証明ごとに1人または数人の業務を担当する社員を指定しなければならない（34条の10の5第1項）とする。これは，有限責任監査法人における社員が有限責任の地位にあるため，個々の監査証明に関して，真に責任ある者がその責任を負うととして，責任の所在が当該監査証明業務を担当する社員にあることを明確にしたものである。そのため指定されるべき社員は，公認会計士である社員でなければならない。また有限責任監査法人は特定証明をしたことを被監査会社等に書面または電磁的方法をもって通知しなければならない（同条第4項）。そのほか指定社員の特定証明に関して法人が負担することとなった債務について，当該法人の財産をもって完済することができないときは，指定された社員（指定有限責任社員）は連帯してその弁済の責任を負う（34条の10の6第8項）こととする。

このように有限責任監査法人においては社員の責任を限定しながら，指定を受けた社員が業務を行った監査証明については，当該社員が無限連帯責任を負うことを明確にした。その結果として，虚偽または不当のある証明をした場合に生じる損害賠償債務について，当該監査証明を行った社員は被監査会社に対する無限連帯責任を負うこととなる。

　またその財政的基盤を確保するために「最低資本金」の制度を導入して，資本金の額が公益または投資者保護のため必要かつ適当な金額に満たない場合には有限責任監査法人としての登録が拒否される（34条の27第1項第3号）。この「金額」について公認会計士法施行令第22条は「社員の総数に100万円を乗じて得た額に相当する金額」と定める。また有限責任監査法人は，虚偽または不当のある証明をした場合の損害賠償債務の履行を確保するため必要かつ適当な金額を供託しなければならない（34条の33）。「金額」は，公認会計士法施行令第25条で「社員の総数に200万円を乗じて得た額」と定める。ただし，損害賠償責任保険契約を締結し，内閣総理大臣の承認を受けたときは，当該契約の効力がある間，保険金の額に応じて⑤の供託金の全部または一部の供託をしないことができる（34条の34）。被害者の救済を担保するという観点から，供託の義務づけは重要な措置であると同時に，実質的に担保されている場合においては過剰な措置を回避すべきであるとする観点からは，供託の義務づけについて例外を設けている。

　有限責任監査法人は，その収益の額が一定の基準に達しない場合を除き，その計算書類について，特別の利害関係のない公認会計士または監査法人の監査報告書を添付しなければならない（34条の32）。有限責任監査法人に限らず，無限責任監査法人についても，財産的基盤の充実とその透明性の確保の観点から，法人自身の業務および財産の状況に関する説明書類を作成し，事務所に備え置き，公衆の縦覧に供しなければならない（34条の16の3第1項）。情報開示の義務に加えて，一定規模以上の有限責任監査法人については，その財産的基盤の充実についての公正性と信頼性の確保を図る観点から，法人の計算書類を公認会計士監査の対象とすることとした。「収益」は，売上高，営業外収益，特別利益が含まれるものであり，その大部分は監査報

酬をはじめとする売上高に相当する。「一定の基準」は，公認会計士法施行令第24条で「10億円以上であること」と定められている。

(3) 指定社員制度の概要[9]

指定社員制度は，弁護士法人における制度を参照して2003（平成15）年に設立され，2007（平成19）年に改正されたものである。社員である公認会計士の無限連帯責任に一定の制限を加えるための制度である。すなわち監査法人の社員のうちで，特定の監査証明業務を担当する社員を指定社員として指定し，当該監査証明業務（指定証明）に関しては指定社員のみが業務を執行し，法人を代表する（34条の10の4第2項および第3項）とともに無限責任を負うことを明確にしたものである（34条の10の6第4項）。逆に指定証明に係る業務執行を行わない社員は，指定証明についての義務を負わず，被監査会社等に対する責任は，監査法人への出資金の範囲に限定されることとなる。指定証明に関して，指定社員以外の社員は，業務執行の権限および代表権を失い制度上の権限を有しないため，指定社員と同様の責任を負わせるのは適切ではないとして指定社員のみが無限連帯責任を負うものとした。指定社員制度は，被監査会社等については監査証明業務を行わない社員の責任を限定し，また被監査会社等以外の善意の第三者については何ら責任の限定はなされず，これまでどおり監査証明業務を行わない社員も含めてすべての社員が無限連帯責任を負う。

なお2007（平成19）年の公認会計士法の改正により前述の有限責任監査法人制度が設けられ，指定社員制度についても改正が行われた。それは従来の監査法人を無限責任監査法人とし，そこでは指定社員を置くか置かないかは自由選択制（34条の10の4第1項）とするも，有限責任監査法人においては，そのすべての証明について各証明ごとに1人または数人の業務を担当する社員（指定有限責任社員）を指定しなければならない（34条の10の5第1項）として指定社員の設置を強制したことである。

▶9　2003年公認会計士改正については羽藤（2003）253頁を参照した。

指定社員に関する手続は以下のとおりである（なお以下の規定は指定有限責任社員については34条の10の5第2項以下で34条の10の4の規定に準じたものが置かれている）。

　まず，指定社員の責任制限は監査契約を単位とし，そのうちの一部を限定して特定をすることはできない。また，同一の被監査会社について，監査証明業務を行っている年度の途中において指定証明の特定をすることは，被監査会社の同意がないかぎり認められない。ただし，年度の更新にあたっての監査契約の更新において，指定証明の特定を新たにすることは認められる（34条の10の4第1項）。指定社員は1人でも複数でも構わないが，必ず当該監査法人の社員でなければならない（34条の10の4第1項）。

　さらに監査法人は，指定証明の特定をしたことを被監査会社等に書面をもって通知しなければならない（34条の10の4第4項および第5項）。被監査会社等は，受けようとする監査証明について，監査法人に対して一定の期間を定め，その期間内に指定証明の特定をするか否かを求めることができる。この場合に監査法人は，被監査会社等が定めた期間内に指定証明の特定を通知しないときは，その後において特定をすることはできない。ただ被監査会社等の同意がある場合には，指定証明の特定をすることができる。指定社員は，指定証明についての無限連帯責任を負うとともに，従前の監査法人の制度における外部関係として定められている原則に従わなければならない。

　指定証明を行ったことにより監査法人が被監査会社等に対して負担することとなった債務について，監査法人の財産だけでは当該債務を完全に弁済できない場合は，監査法人の財産に対する強制執行の効果がない場合には，指定社員は，指定社員であった者とともに，連帯して監査法人の債務を弁済する責任を負う（34条の10の6第4項）。なお，強制執行の効果がなかった場合において，監査法人に弁済の資力があり，かつ監査法人の財産に対する強制執行が容易であることを指定社員が証明したときは，指定社員は責任を負わない（34条の10の6第5項）。指定社員以外の社員が，指定証明の監査証明業務を行った場合には，当該社員には指定社員制度の効果としての責

任の限定は及ばない。当該社員が監査証明業務を行うにあたって注意を怠らなかったことを証明した場合を除いて，指定社員と同様に無限連帯責任を負う（34条の10の6第6項）。この場合に監査法人が適切な社員の指定を行わなかったことによる責任を負うことはある。

第3節　弁護士法人制度 [10]

1　士業における法人制度

　わが国の公認会計士制度とりわけ監査法人の法的問題を考える上で，弁護士法人の法的責任問題を考察することは有益と思われる。なぜなら，弁護士法人制度は，監査法人制度を模してできたのものであるし，また逆に監査法人の指定社員制度は，弁護士の指定社員制度を模してできたものであるからである。このように両者は相互に影響しあって発展してきたものであるため，両制度を比較することは有益であると考えられる。以下この視点で弁護士法人の責任問題を考える。

2　弁護士法人の意義

　弁護士法人とは「弁護士法第4章の2で定めるところにより，3条に規定する業務を行うことを目的とする法人」である（弁護士法30条の2第1項）[11]。弁護士法人制度ができたのはそれほど昔ではない。基本的に弁護士の活動は個人的に行われているからである。

　法律事務所の法人化に関する議論は，1964（昭和39）年8月の臨時司法制度調査会意見書の弁護士の大都市偏在対策として弁護士活動の共同化の推進が指摘されたことに始まる。その後1966（昭和41）年6月に公認会計士法が改正されて監査法人制度が導入されたことに触発され，法律事務所についても法人化を認めるべきであるとする意見が発表されるようなった。さら

▶10　以下の記述は主として，高中（2006）151頁以下による。
▶11　2012年3月31日現在で弁護士数は30,485名であるのに対し，弁護士法人の数は498である（日本弁護士連合会，2011，117頁および138頁）。

に 1998（平成 10）年 2 月には，日本弁護士連合会内に「法律事務所法人化問題協議会」が設置され，同年 11 月には意見書をまとめ，その前後から，規制緩和推進策の 1 つとして法律事務所の法人化実現を求める意見が急速に台頭してきた。これは 21 世紀のわが国の経済社会のあり方であるとして各種の規制を撤廃あるいは緩和して自己責任原則に基づく自由競争社会を目指そうとする考え方の台頭によるものである。弁護士業務の自由化による法的サービスをより充実・強化することが強く求められるようになったが，そのために弁護士の業務基盤を強化することが必須であって，法律事務所の法人化を早期に実現すべきであるとされたのである[12]。

2001 年の日本弁護士連合会の臨時総会決議を踏まえて，弁護士法を改正する形での法人化法案が，2001（平成 13）年 3 月 6 日に国会に上程され，同年 6 月 1 日，参議院において可決され，同 13 年 6 月 8 日法律第 41 号として公布・施行された。

3　法人化の目的

前述のように法律事務所の法人化は，弁護士業務の専門化・総合化・分業化を促進して質の高い多様な法的サービスを国民に安定的・継続的に供給する途を開くとともに，複雑多様化・国際化している国民の法的需要に的確に応えることを目的とするものである。具体的な特色は以下のとおりである。

①複数の弁護士が参加して法人化することが期待できるので，共同化，専門化，総合化が図られ，複雑大規模事件や専門的知見を要する事件から少額事件に至るまで，小さな費用負担で受任し，かつ効率的・組織的な事件処理

▶12 その後，2000（平成 12）年 11 月に公表された司法制度改革審議会の中間報告にも，弁護士の職務の質の向上とその執務態勢の強化を図るため，法律事務所の共同化・法人化が積極的に進められなければならないとされた。そこで，日本弁護士連合会は，「法律事務所法人化問題検討ワーキンググループ」を組織して，法人化に向けた諸課題を調査研究させ，その成果を踏まえて，2001（平成 13）年 2 月 9 日の臨時総会において，法人化に関する基本方針を可決承認した。特に責任については，社員の対外的責任については，無限責任制を基本としつつ，受任業務遂行に関与しない社員の有限責任制の導入を図るものとし，また弁護士法人が主たる事務所とは別に従たる事務所を設置することを認めた。この場合，原則として従たる事務所には，その地域の弁護士会の会員たる社員弁護士が常駐しなければならず，当該弁護士会は，従たる事務所の指導・監督権を有するものとする。

をすることが可能となる。また，多様な人材を確保し，情報や事件処理のノウハウを共有して有効活用するようになるので，弁護士と隣接法律専門職種等とによる総合的法律経済関係事務所（ワンストップ・サービス）を積極的に推進することにも資する。

① 複数の弁護士が相互扶助の精神の下に参加して業務基盤が拡大・強化されることにより，各種の公益活動に積極的に参加する態勢が整い，また裁判官への任官をはじめ多様・有為な人材を官公署その他に輩出することも可能となる。さらに，従たる法律事務所が弁護士過疎地域等に積極的に設置されれば，国民の弁護士に対するアクセス障害を除去することにもなる。また，無限責任を負う社員が複数いることになれば，賠償責任能力が強化され，依頼者保護が厚くなるというメリットもある。

② 法律事務所自体に法人格が認められ，従たる事務所，すなわちいわゆる支店の開設が認められるので，例えば大阪の大規模法律事務所が，東京に支店を設けることができるようになった。

③ 事件の依頼が弁護士個人ではなく法人自体になされ，委任契約も法人との間に成立するため，弁護士が死亡したり脱退をしても，委任事件の処理に継続性と安定性が保たれ，事件依頼者に対して次に依頼する弁護士を探す手間や無用な費用負担をさせないようにすることが可能となる。また，複数の弁護士の共同事務所の場合では，事務所の賃貸借契約や備品のリース契約を締結し，従業員を雇用している弁護士が死亡したり脱退すれば，当然に契約関係の変更を余儀なくされるが，法人が契約主体となれば，そのような事態を回避することができる。

④ 個人と法人との経理が峻別されることになるから，法律事務所を合理的な経営に導き，法人自身が銀行借入れをするなどにより事務所設備への積極的投資も推進される。また，個人経営事務所では必ずしも十分でなかった従業員に対する福利厚生や社会保険が充実することが期待できる。

4 弁護士法人の概要

弁護士法人の概要は，次のとおりである。

① 弁護士法人の社員は，弁護士に限定され，また設立方式については，準則主義が採用されている。なお，最低社員数の制限はなく，社員が1人のみの1人法人も認められる。

② 弁護士法人は，弁護士法3条に定める業務を行う。そして，定款に記載すれば，法務省令で定める業務の全部または一部を行うことができる。なお，一定の訴訟関係事務については，弁護士法人が事件受任主体となるが，法人自体が訴訟代理人，弁護人等になるわけではなく，社員または使用人たる弁護士に当該事務を行わせる事務の委託を受けることとなる。

③ 業務執行については，原則として，全社員が業務執行権と代表権を有するが，特定の事件について業務執行を担当する社員を指定することができる。この指定がなされた事件については，指定を受けた社員（指定社員）のみが業務執行権と代表権を有することとなる。

④ 弁護士法人がその債務を完済することができないときは，原則として，全社員が連帯無限責任を負う。ただし，指定事件については，当該指定社員（指定社員であった者を含む）のみが指定事件の依頼者に対して連帯して弁済の責めを負う。なお，指定の前後を問わず，指定を受けずに指定事件にかかる業務に関与した社員は，その関与について注意を怠らなかったことを証明しないかぎり，指定社員と同一の責任を負わなければならない。

⑤ 弁護士法人は，従たる法律事務所を設けることができる。そして，主たる法律事務所および従たる法律事務所には，当該法律事務所の所在する地域の所属弁護士会の会員たる社員弁護士が常駐しなければならない。この規定が最も重要である。

⑥ 弁護士法人は，成立と同時に当然に主たる法律事務所の所在する地域の弁護士会および日本弁護士連合会の会員となり，その指導監督を受ける。また，従たる法律事務所を設けたときは，当該事務所の所在する地

⑦ 弁護士法人の懲戒事由と手続は，弁護士と同様とし，業務停止については，当該弁護士会の地域内に従たる法律事務所のみがある弁護士法人に対しては，その地域内にある法律事務所の業務の停止のみを行うことができ，退会命令については，当該弁護士会の地域内に従たる法律事務所のみを有する弁護士法人に対して行うことができ，除名については，当該弁護士会の地域内に主たる法律事務所を有する弁護士法人に対して行うことができる。

5 弁護士法人および弁護士の責任

　公認会計士の責任限定制度が監査法人の大規模化に伴う責任の限定を図ろうとするものであったのに対し，弁護士の法人化は必ずしも責任の限定の観点から行われたのではない。すなわち公認会計士の場合と異なり，弁護士の場合には，依頼者との契約は弁護士事務所に所属している場合であっても，個々の弁護士が契約当事者となるのが多く，その法律事務所自体が契約当事者となることはそれほど多くはないと考えられる。そうだとするとその契約締結弁護士自体がその契約の不履行については無限責任を負うこととなる。他方において，その法律事務所自体が契約の当事者となる場合には，監査法人の場合と同様の問題が生じてくるし，さらにその法律事務所が法人化された場合には，監査法人の場合とまったく同じ問題が生ずることとなる。ここで指定社員制度が利用される可能性がでてくるのである。

　弁護士業務に関する責任，すなわち弁護士と依頼者との弁護士業務に関する契約の不履行に関する責任は原則として無限責任である。これは個人の弁護士に限らず，大手の法律事務所に関しても同様である。大手の法律事務所の法的形態のほとんどは民法上の組合であるため，組合員であるパートナーの弁護士もその組合の業務に関して無限責任を負うのである（民法678条）。しかし弁護士法に基づいて設立された弁護士法人にあっては，法人ではあるが，その法的責任もまた組合としての無限責任を負うのである。しかし2004（平成16）年の改正において設けられた指定社員制度のもとでは，指

定社員以外の組合員はその責任は原則として有限責任となる。すなわち弁護士法人においては，原則としてすべての社員が業務執行権と代表権を有するが，その例外措置として，指定社員制度がある。その手続きは以下のとおりである。

　弁護士法人は，特定の事件について，業務を担当する社員を指定することができ（30条の14第1項），その指定がなされた事件については，指定を受けた社員のみが業務執行の権利義務と代表権を有し，無限連帯責任を負う（30条の14第2項）。

　この指定社員の制度は，個々の弁護士の専門的能力や依頼者との個人的な信頼関係等により，特定の事件について，特定の弁護士に依頼することを可能とする必要があること，自らが関与していない事件の業務執行について常に無限責任を負わせるのは酷であるし，弁護士法人の規模拡大に対する阻害要因となりかねないこと等から，導入されたものである。

　指定社員制度のもとでは，弁護士法人においては依頼者に対して依頼事件の業務を遂行する社員を明示するとともに，責任の所在を明確にすることになる。これは弁護士法人の定款で代表社員を定めていても，指定社員のみが法人を代表し，代表社員は代表権をもたないこととなる。指定社員の指定は，弁護士法人の意思決定の1つであり，業務執行権を有する社員の過半数で決するのが原則である。また指定は,特定の事件ごとになされなければならず，包括的・抽象的な指定はできない。また，業務を担当する社員については，業務執行権の有無を問わないが，使用人たる弁護士では要件を満たさないこととなる。

　弁護士法人の内部において指定がなされると，それを指定事件の依頼者に対して書面で通知しなければならない（30条の14第4項）。書面によることが必要であり，口頭での通知では所定の効果がない。この通知は，指定事件に関して指定社員のみが個人的に責任を負い，その他の社員を免責する効果を発生させる要件となっている。通知がないと，30条の14第2項により，指定事件について指定社員が業務執行権と代表権をもつという効果が内部的に発生するにとどまり，依頼者に対しては全社員が無限責任を負わなければ

ならない。なお，通知書面の様式は問わない。

　指定がなされると，指定社員のみが当該指定事件に関する業務執行の権利義務と代表権を有するに至る（30条の14第2項，3項）。逆に，指定社員以外の社員は，当該指定事件に関する責任を解除される。なお依頼者の側から，弁護士法人が指定をするかどうかの回答を求める申出権が認められている。依頼者は，依頼した事件について，弁護士法人に対して，相当の期間を定め，その期間内に指定をするかどうかを明らかにすることを求めることができる。そして，弁護士法人が指定の通知をしなかったときは，以後は，依頼者の同意がないかぎり，指定をすることができない（30条の14第5項）。なお指定社員以外の社員が業務に関与したときは，原則として指定社員と同一の責任を負う（30条の15第6項）。ここに指定「関与」とは，当該指定事件の処理について，指定社員の活動と同視し得る程度の実質的な影響を与えたことをいうものと解され，指定社員から単純な相談を受けてこれにアドバイスをした程度では「関与」したことにはならないと考えられる。

第4節　各士業業務の性格の異同と各士業法人比較

　なおこのようないわゆる士業における法人化と責任の限定化の動きは，公認会計士，弁護士のみならず，他の仕業にもひろがりつつある。例えば2000（平成12）年4月には弁理士法が全面改正されて，特許業務法人制度が導入され（37条），同時に指定社員制度も導入された（47条の3）。この場合に指定社員制度が導入されたのは，大規模な特許事務所等では損害額が多額になることが予想されるからであろうか。また税理士についても税理士法人制度が導入された（税理士法48条の2以下）。さらに2002（平成14）年5月には，司法書士につき司法書士法人（司法書士法26条以下）と土地家屋調査士につき土地家屋調査士法人が（土地家屋調査士法26条以下），2003年（平成15）年7月には，行政書士につき行政書士法人が（行書書士法13条の3），社会保険労務士につき社会保険労務士法人が（社会保険労務士法25条の6），それぞれ導入されている。

第5節　公認会計士および監査法人の責任に関する裁判例 [13]

　公認会計士や監査法人の民事上の責任，すなわち損害賠償請求に関する裁判例は最近増加してきたが，しかしその責任を認める判決例はそれほど多くない。以下裁判例をもとに公認会計士や監査法人の責任について検討を加える。

1　日本コッパーズ事件 [14]

　本件は，有限会社の任意監査に関するものではあるが，会計監査人の監査契約の不履行を理由として会社に対する損害賠償責任が認められた裁判例である。原告 X 有限会社は，ドイツの K 有限会社が日本法に基づき設立した子会社であり，昭和47年 X 社は被告 Y1 に任意監査を依頼した。その後昭和50年に Y1 が被告 Y2 監査法人を設立したことに伴って，Y2 が監査人の地位を承継した。昭和53年1月および2月，Y2 監査法人は昭和52年末現在の X 社の財務諸表につき監査を行い，昭和53年2月20日付で，無限定の適正意見を付した監査報告書を提出した。しかし X 社の経理部長訴外 A は，不正行為をして同社に損害を与えていたとして X 社は，損害額6億円余等の支払を Y2 監査法人および同監査法人の社員 Y1 らに請求し，Y3 保険会社に対し Y2 監査法人に代位して，2億5,000万円等の支払を求めた。第1審判決は「監査人が，職業的専門家の正当な注意をもって監査を実施するという…本来なすべき手続きを怠り，その結果被用者の重大な不正行為を看過したときは，監査人は，監査の依頼者に対し，それによって生じた損害を賠償すべき責任を負うものと解するのが相当である。」等として会計監査人の責任を認めた。しかし控訴審 [15] は，これを覆し，企業会計原則には法的拘束力はないし，有限会社が企業会計原則に基づき財務諸表を作成すべき商慣習は認められないこと，平成17年改正前商法32条2項が総則規定として有限

▶13 以下の記述は主として，藤原（2008）を参考にした。
▶14 東京地判平成3・3・19判時1361号116頁。
▶15 東京高判平成7・9・28判時1552号128頁。

会社に適用されると解しても，…小規模な有限会社につき，証券取引法向けの企業会計原則の全体が，商法の計算書類規則を越えて，商法32条2項の「公正なる会計慣行」であるということはできず，監査人は財務諸表の適否につき意見を証明するのであって，財務諸表の正確性とか特定の客観的事実の存在を証明することを目的とするものではないこと，等として債務不履行があったとはいえないと判示した。

　本件は個人の公認会計士がその後監査法人となった事例であるが，控訴審判決は，結局のところ監査法人の責任を認めなかった。すなわち財務諸表監査の目的は財務諸表の適正性・違法性の検証にあるというべきで，不正行為の発見を直接の目的とするものではないとした点が注目される。

2　日本債券信用銀行事件[16]

　本件は，旧日本債券信用銀行(以下,日債銀という)が平成10年12月13日に，「金融再生法」に基づき，株価算定委員会が平成11年6月14日同機構の取得した日債銀の株式の対価を1株当たり0円と決定したため，株主のXら(原告・控訴人)が，平成8年4月1日から平成9年3月31日までの有価証券報告書には，①貸出金につき貸倒引当金の過少計上，②旧日債銀保有の株式評価額の不正計上という虚偽記載があり，正しく記載していれば同行は債務超過に陥っていたと主張して，元頭取等 Y1, Y2, Y3 および会計監査人であった監査法人 Y4 に対し，平成10年改正前証券取引法24条の4, 22条等に基づき，Xらの日債銀株式取得価格相当の損害賠償を求めたものである。

　〈判決〉控訴棄却「…平成9年3月31日の時点で，基本通達による償却の要件を備えていたことを認めることはできず，他にこれを認めるに足りる証拠はない。…平成17年前商法285条ノ4第2項は，金銭債権の評価については「取リ立ツルコト能ハザル見込額」を控除することを要するとし，企業会計原則も売掛金等の債権の貸借対照表価額は，債権金額または取得価額から正常な貸倒見込額を控除したものとするとしているところ，これらの見込額は

▶16　大阪高判平成16・5・25判時1863号115頁。

公正なる会計慣行によって判断されることになる。そして,「その公正な会計慣行に合致する会計基準は,一般的に複数存在することもあり得るのであって,Xの主張する会計基準が,唯一絶対のものであることを認めるに足りる証拠はなく,(本件の)債権については,全額を償却することが義務であるとまではいえない。」「…支払オプション料を資産として計上しつつ,他方,保有債券の時価評価を先物契約によって修正された価格によることは,当時の会計基準あるいは会計慣行に反しているとまではいえない。」として請求棄却。

本件で,主に問題となったのは有価証券報告書の記載が虚偽か否かであり,特に引当金の計上の会計処理および株式評価の会計処理の適法性が争われた。判決では,「公正なる慣行」に該当する場合は,その規定を媒介としてその会計処理が適法といいうることを前提に,本件で行われた会計処理は違法ではないとして監査法人の責任を認めなかった。

3 山一證券株式会社事件①[17]

訴外Aは,平成9年11月24日,自主廃業に向けて営業を休止し,平成11年6月2日,東京地方裁判所において破産宣告を受けた。X(原告)は,Aの発行する株式を購入していたが,Aの破産により多額の損失を被った。Aは,有価証券報告書の重要な事項について虚偽の記載をしたが,財務諸表の監査証明等を目的とする監査法人であるY(被告)は,Aの財務諸表に虚偽の記載があったにもかかわらず,その記載が虚偽でないものとして証明したとしてXが,Yに対し,旧証券取引法24条の4,22条1項,2項,21条1項3号に基づき,A社株の購入代金と売却代金の差額等の損害額の賠償を請求した。

〈判決〉棄却(確定)「…本件各有価証券報告書記載の貸借対照表には,…虚偽の記載があるものと認められるところ,…この虚偽記載が本件各有価証券報告書の重要な事項に係るものであることは明らかである。したがって,本件各有価証券報告書には,重要な事項について虚偽の記載があるものと認

▶17 大阪地判平成17・2・24判時1931号152頁。

められる。」監査法人が，重要な事項について虚偽の記載ある有価証券報告書について，『監査基準，監査実施準則及び監査報告準則の改訂について』に定める監査基準及び監査実施準則に従い，通常実施すべき監査手続を実施し，その過程において，監査人として通常要求される程度の注意義務を尽くして監査にあたったにもかかわらず，当該虚偽記載があることを発見するに至らなかった場合には，当該有価証券報告書について記載が虚偽であるものを虚偽でないものとして証明したことについて，当該監査法人に過失があるということはできず，当該監査法人は，上記損害賠償責任を負わないものと解するのが相当である。」「以上によれば，Yは，本件各監査証明をしたことについて過失がなく，Xに対し，本件各有価証券報告書の記載が虚偽であることにより生じた損害を賠償する責任を負わない。」

　本判決では，倒産した訴外A證券会社の旧証券取引法監査を担当したYがA社の株主に旧証券取引法に基づき損害賠償責任を負うかが問題になった。本判決では，本件各有価証券報告書の重要な事項に関し虚偽記載があったことは認めつつも，Yの過失の有無については，監査報告書は一般に公正妥当と認められる慣行に従って実施された監査の結果に基づき作成されねばならないが，具体的に公認会計士・監査法人が責任を負うべき監査の基準について，判決は「…そもそも，監査は，不正の発見・摘発を直接の目的とするものではなく，…合理的保証を得たとは，財務諸表の性格的な特徴や監査の特性などの条件がある中で，職業的専門家としての監査人が監査の基準に従って監査を実施して，絶対的ではないが相当程度の心証を得たこととされており，不正や誤謬による重要な虚偽記載が全くないということまでを求めているものではないと解される。…」とし，本件では当該監査法人に過失があるとはいえず，損害賠償責任は負わないとした。

　本判決は，監査法人の責任免除の要件として「その監査法人が，重要な事項についての虚偽の記載のある有価証券報告書について，監査基準及び監査実施準則に従い，通常実施すべき監査手続を実施し，その過程において，監査人としての通常要求される程度の注意義務（職業的監査人としての正当な注意を払う義務）を尽くして監査にあたったにもかかわらず，当該虚偽記載

があることを発見するに至らなかった場合」には，監査法人として免責されるとした上で，本件Yはこの基準を充足するものであるという。

4 山一證券株式会社事件② [18]

A証券会社は，平成9年11月24日経営破綻に陥ったが，本件は，A證券の株式を購入したXらが，監査法人であるY（被告）に対し，Aの作成した各有価証券報告書のうちには，簿外債務に係る重要な事項について虚偽の記載があったにもかかわらず，Yは有価証券報告書の記載を虚偽でないものとして監査証明をし，その結果，Xらは経営破綻したA社の株式購入代金相当額の損害を被ったとして，旧証券取引法に基づく損害賠償請求をしたものである。

〈判決〉棄却（控訴）「…監査基準，監査実施準則等の制定目的及び内容，そして，YとA證券との間で締結された監査契約は監査を目的とする準委任契約であると解されること，監査人としては，財務諸表の監査にあたり，善良なる管理者としての注意義務をもって，主として監査準則に基づき通常実施すべき監査手続を実施する義務を負っており，この通常実施すべき監査手続とは，監査実施準則の定めに従い，公正な監査慣行を踏まえ，十分な監査証拠を入手し，財務諸表に対する意見表明の合理的な基礎を得るために必要と認められる手続を中心とすると解するのが相当である。」と述べ，Y監査法人が本件有価証券報告書を監査証明するにあたり実施した監査計画，監査体制，営業特金等の監査，現先取引の監査，関連当事者取引の監査に関して，Y監査法人には認定された事実の下ではXらが主張するような過失は認められないと判示した。

5 検討

ここで検討した監査法人に関する裁判例はいずれも監査法人の責任を認めなかったものである。その主たる理由は，監査契約により監査法人は監査基準等に従い監査を行う義務があるに過ぎず，必ずしも不正発見の義務はない

▶18 大阪地判平成18・3・20判時1951号129頁。

としたものである。これらの判示は，当時の法令に照らすと正しいものといえる。しかしその後の2009（平成19）年の金融商品取引法の改正により金融商品取引法193条の3により，公認会計士または監査法人は監査において不正行為の発見も義務づけられたので今後は同様の事例で責任が認められる例も出てくるものと思われる。その意味でこれまで述べてきた監査法人の責任の限定施策は意味があるものと思われる。

第6節　おわりに

　監査法人（公認会計士）と弁護士法人（弁護士）の責任を比較すると，公認会計士の責任は，会計基準や監査基準に違反した場合という明確な基準違反が違法となる。すなわち会社法上は，会社計算規則や会社法施行規則に違反した場合，金融商品取引法上では，財務諸表等規則や監査府令等に違反したことが責任の原因となるものであって裁判例では，これまで不正行為の発見は義務を認めていなかった。

　これに対して，弁護士の場合は責任は一般的な委任契約違反で，場合によっては一般的な善良なる管理者の注意義務違反として不正発見義務を課し得るが，実際には要件が明白ではなく事実上責任を追及しにくく，これまではあまり訴訟とならず，実際にその責任軽減の動きはなかったという違いがある。今後公認会計士・監査法人の責任を考える場合に弁護士・弁護士法人の責任をどう考えるかは，これからの課題となろう。

【参考文献】

高中正彦（2006）『弁護士法概説』三省堂。
日本弁護士連合会（2011）『自由と正義』62巻6月号。
羽藤秀雄（2003）『改正公認会計士法－日本の公認会計士監査制度－』同文舘出版。
羽藤秀雄（2009）『新版　改正公認会計士法－日本の公認会計士監査制度－』同文舘出版。
藤原俊雄（2008）「会計監査人の民事責任」『監査役』537号。
日本監査研究学会監査法人のあり方研究部会（1990）『監査法人（日本監査研究学会研究シリーズⅢ）』第一法規出版。
弥永真生（2000）『会計監査人の責任の限定』有斐閣。

第2章 医療法人と監査法人

　医師または歯科医師（以下，医師という）は，人の生命，健康にかかわる医療行為を唯一行うことのできる職業専門家である。その医師は，医療行為を行う場である病院，すなわち，その病院の開設主体である医療法人を設立できる唯一の者である。医師は，独占業務である監査証明業務を行う公認会計士と同じく国家資格である。したがって，医師が設立する医療法人と公認会計士が設立する監査法人は，ともに国家資格を有する士業が設立する法人として共通するところが多い。

　そこで本章では，わが国の医師および医療法人制度に加えて，米国の医師と医療機関の関係をも検討し，その特徴の中でわが国の公認会計士と監査法人制度への新たな可能性について指摘する。

第1節　わが国の医療機関と医療法人制度

1　医療機関の誕生とその特徴

　わが国の医療機関[1]は，聖徳太子が仏教の思想に基づき，貧困者や孤児の救済施設として建てた「非田院」に始まり，奈良時代の施薬院，鎌倉時代の僧医による桑谷療養所，江戸時代の小石川養生所や長崎養生所とその歴史は古く，明治時代には，軍医や教育機関の附属病院の医師と区別するために「開業医」「開業医制」という名称が使われ，その開業医が開設した診療所が病

▶1　わが国において，医療施設である病院を開設している法人は医療法人に限らず，社会福祉法人，学校法人など多様である。したがって，本章において，「医療機関」と表記した場合には，病院を開設するすべての組織体を含めた意味で使用している。

図表 2-1　わが国の医療機関の成立形態

〔○×病院〕

医師 ◀── 患者

治療・看護

所有と医療の一致

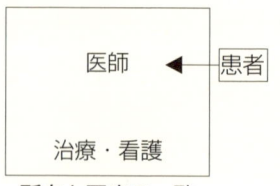

医師の家から出発した診療の場としての医療機関。
医師の経営する医療機関へ患者が来院する。
病院（医師）は，患者から医療行為の対価の自己負担分を徴収し，残りは保険機関より診療報酬を受け取る。

出所：髙橋（2001）5頁を一部加筆修正。

院へと発展していった歴史がある[2]。

　この開業医である医師は，医療行為を行うために自宅を診療所とし，それが規模を拡大し，病院，大病院へと発展していった。ゆえに，図表2-1に示すように，わが国の医師と医療機関の関係は，医師という病院の所有者，管理者と診療の場が同一という特徴（所有と医療の一致）を有している[3]。したがって，医療機関，施設と医師は一体であり，そこにクライアントである患者が訪れ，施設と一体である医師に対して医療行為の対価の自己負担分を支払う仕組みとなっている。

2　医療法人制度

　医療法人制度の前提となる医療法は，1948年という戦後の混乱期に，感染症等の急性期患者の増加に伴い，早急な医療を提供する体制の確保を図り，国民の健康の保持に寄与する必要性から成立した。

　この医療法は，個人による診療所運営を前提としていたため，運営の継続性，医療環境整備のための資金の集積性などに問題が生じた。また，所有と医療の一致からもたらされる弊害も取り沙汰されたことから，1950年に「本法制定の趣旨は，私人による病院経営の経済的困難を，医療事業の経営主体に対し，法人格取得の途を拓き，資金集積の方途を容易に講ぜしめること等

▶2　久間（2003）74-75頁；小島編著（2003）1-3頁。
▶3　藤岡（2013）第2章において詳述している。

により，緩和せんとするものである」（厚生省（当時）事務次官通知）との設立趣旨のもと医療法人制度が医療法に盛り込まれ，医療法人が誕生することとなった。

この医療法人化により，経営主体が医業の非営利性を損なうことなく法人格を取得することによって，①個人による医業経営の継続の困難を解消し，医療機関の経営に永続性を与え，②資金の集積性を高めるとともに，家計と医業を分離することにより医療機関の近代的・合理的な運営を可能にするものとなった[4]。しかしながら，この医療法人制度には，医療法人の社員による持分の定めを認め，かつその払い戻しおよび残余財産の請求権を認めていたため，組織形態上営利法人ではないとしても「私的」なものとして認識されるという問題が残っていた[5]。

そこで，私的所有を解消し，「所有と医療の分離」を行い，医療法人の公益性を高めつつ，病院経営の永続性を確保し，医業サービスの合理化と安定的提供を目的として，2006年の医療法の改正が行われ，図表2-2の左下から右上へと医療法人制度の改革がなされた。

図表2-2　医療法人の種類とその位置づけ

法律	非営利性	持分	区分	公益性 低 ←――――――――→ 高
医療法	高	なし	財団 社団	財団医療法人 社団医療法人 特定医療法人 ／ 特別医療法人 ／ 社会医療法人
医療法	↑	なし／基金あり	社団	基金拠出型法人
医療法・附則	低	あり	社団	*社団医療法人 出資限度額法人*

出所：社団法人 日本医療法人協会ウェブサイト（http://ajhc.or.jp/profile/2007iryohouzin.pdf）より一部加筆修正している。
斜体字の医療法人については2007年4月よりその新設が認められていない。
特別医療法人は，2012年3月末日までにすべて社会医療法人または基金拠出型法人に移行が完了している。

▶4　東日本税理士法人編（2007）。
▶5　今井（2000）50頁。

図表 2-3　わが国の医療法人の特徴

		医療法人	社会医療法人
監督官庁		厚生労働省・都道府県	
設立		都道府県による許可制	
			医療法人を設立後公益認定を受ける必要がある
設立申請者と設立人数		医師または歯科医師のみで，医師1名から設立可能	
申請先		都道府県知事（複数都道府県にわたって医療機関を設置する場合には厚生労働大臣）	
理事長		原則医師または歯科医師。ただし都道府県知事が認める特別な場合はこの限りでない。	
社員・評議員の資格		医療法人は他の多くの職業専門家が関わるため医師・歯科医師に限定されていない。	
機関		社団：社員総会，理事会，監事 財団：評議員会，理事会，監事	
社員の残余財産請求権		なし（経過措置でその存続が認められている「持分の定めのある医療法人」は除く）	なし
責任	社員	明文規定が存在しないため，無限責任としては扱われない。	
	医師	医療事故などにより患者が被害を被った場合には，診療債務を負う医師等が民法上の「善良な管理者の注意義務」を怠ったことになり，民事，刑事，行政処分の対象になる場合もある。	
	その他	チーム医療などにより医師以外の当該専門家に責任がある場合には医師と連帯してその責任を負う。	
社会医療法人への認定		―	社会医療法人になるには，財団および社団の医療法人の内，以下の要件を満たす必要がある（医療法第42条の2）。 1 役員のうちには，各役員について，その役員，その配偶者及び三親等以内の親族その他各役員と厚生労働省令で定める特殊の関係がある者が役員の総数の三分の一を超えて含まれることがないこと。 2 社団たる医療法人の社員のうちには，各社員について，その社員，その配偶者及び三親等以内の親族その他各社員と厚生労働省令で定める特殊の関係がある者が社員の総数の三分の一を超えて含まれることがないこと。 3 財団たる医療法人の評議員のうちには，各評議員について，その評議員，その配偶者及び三親等以内の親族その他各評議員と厚生労働省令で定める特殊の関係がある者が評議員の総数の三分の一を超えて含まれることがないこと。 4 救急医療等確保事業（当該医療法人が開設する病院又は診療所の所在地の都道府県が作成する医療計画に記載されたものに限る。）に係る業務を当該病院又は診療所の所在地の都道府県において行っていること。 5 前号の業務について，次に掲げる事項に関し厚生労働大臣が定める基準に適合していること。 イ 当該業務を行う病院又は診療所の構造設備 ロ 当該業務を行うための体制　　ハ 当該業務の実績 6 前各号に掲げるもののほか，公的な運営に関する厚生労働省令で定める要件に適合するものであること。 7 定款又は寄附行為において解散時の残余財産を国，地方公共団体又は他の社会医療法人に帰属させる旨を定めていること。
業務対象者		一般大衆個人	
業務内容		医療業務，非医療業務，附随業務	医療業務，非医療業務，収益業務，附随業務
会計	開示書類	財産目録，貸借対照表，損益計算書，事業報告書，監事の監査報告書　その他厚生労働省令で定める書類	財産目録，貸借対照表，損益計算書，事業報告書，監事の監査報告書，公認会計士等の監査報告書（社会医療法人債を発行している法人のみ），その他厚生労働省令で定める書類（社会医療法人債を発行している法人に関しては純資産変動計算書，キャッシュ・フロー計算書，附属明細表を作成する）
	届出期限	決算日から2ヵ月以内に作成し，都道府県知事に3ヵ月に届出	
	開示対象者	債権者，社員および評議員，都道府県では一般も閲覧を請求可能	一般（正当な理由がある場合を除く）
監査		原則任意 私募債である医療機関債を発行する医療法人（発行により負債総額が100億円以上となる法人，一回当たりの発行総額が1億円以上の法人，購入人数が50人以上の場合）については外部監査が強制	都道府県による医療法人の設立許可後に社会医療法人審議会による社会医療法人としての認定を受けた高度に公益性を備えた社会医療法人が社会医療法人債（公募債）を発行する場合，医療法にもとづき監査が強制（医療法第51条，第52条など）。 社会医療法人債を発行した社会医療法人債が一定要件を満たす場合には，金融商品取引法にもとづき監査が強制（金融商品取引法第2条第1項第3号）

なお，図表2-3では，図表2-2における医療法人形態のうち，財団医療法人，社団医療法人，経過措置としてその存続が認められている社団医療法人を医療法人として1つにまとめ，それに対して高度な公益性が求められている社会医療法人を比較した形で医療法人の特徴を示している。

わが国の場合，医療の場である病院という施設を設立する組織体には，医療法人のみならず，社会福祉法人，宗教法人，公益法人，さらには営利法人（企業の福利厚生施設として設立したものが現存しているものの，株式会社は原則としてその設立は認められていない）もある。これらの法人が病院を設立した場合，所有と医療が必ずしも一致していない場合もある。さらに昨今では，医療法人の大規模化や医療の場，施設を医師資格の非保有者が整備し，その施設を賃貸借する形で医療法人を設立する医療モール[6]いうケースがあるなど，次節で検討する米国における医療と経営の分離した関係に近づく傾向にある。

第2節　米国の医療機関の特徴

1　米国における医療機関の誕生とその形態

米国において初めて医療機関が開設されたのは1751年のペンシルバニア病院であるといわれている[7]。この時代の病院は救貧院として，貧しい人や家族のいない人に対しても診療を行っていた。それは，どのような者に対しても医療を施さないといけないとの責任感と利益に動かされることのないプロとしての倫理感に基づき，ミッションとして医師が医療機関に出向き，診療を行っていた。したがって，米国における医師は，基本的には患者の家に出向き診療を行い，必要に応じて医師のオフィス，高度な施設のある医療施設

▶6　医療法41条の1において，「医療法人は，その業務を行うに必要な資産を有しなければならない」と規定され，その設立に際して100分の20の自己資本比率を有することが条件とされていたが，土地建物については長期間の賃貸借によれば，資産保有の必要がなく開業できることになっている（昭和61年6月26日，健政発410 各都道府県知事宛厚生省健康政策局長通知）。この通知により近年，医師は，株式会社が保有する土地建物を長期賃貸借契約することにより開業することができ，医療モールとして急速に展開している。

▶7　David, G.（2004）pp.10-16.

図表2-4 米国の医療機関の成立形態[8]

〔○×病院〕

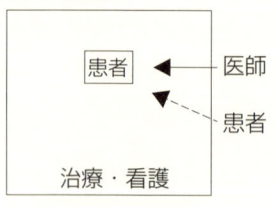

患者 ← 医師
　　 ← 患者
治療・看護

慈善施設として出発した医療機関に患者が集まり，そこへ医師が来院する。
患者は，自己負担分を病院と医師のそれぞれに支払う。

所有と医療の分離

出所：高橋（2001）5頁を一部加筆修正。

に出向いて診療，治療を行っていた。

したがって，米国における医師は，大学付属病院，研修指定先病院や軍関連病院を除けば，勤務医でなく，医療機関の利用者となる。米国の医師は，より良い環境の医療機関と契約を締結するためには，職業専門家としての実績と経験の向上に努める必要がある[9]。

以上の特徴から，米国における医療機関は，医師から切り離されたものであり，その施設が例えばホテル経営に医療，教会に医療を付随させたものであってもよいことになる。これはわが国の特徴である医療法人における「所有と医療の一致」とは異なり，図表2-4に示すように「所有と医療の分離」が基本となる。

なお，米国における医療機関の設立は各州の法律により定められ，営利法人（for-profit corporation），非営利法人（non-profit corporation），専門家法人（professional corporation），組合・合名会社（partnership），合資会社（limited partnership）および責任制限法人（limited liability corporation/partnership）のような法人形態においても設立することが認められている[10]。どの法人形態により医療機関を設立するかは，法的規制の内容，法人の想定する理念，目標，税負担の軽減などを考慮して選択されるため，米国

▶8　藤岡（2013）第4章において詳述している。
▶9　河野（2004）99-100頁。
▶10　溜箭（2007）51頁。

では、営利法人の医療機関経営の参入の発展につながっていた[11]。

2　米国の医療機関のガバナンス

米国の医療機関は、さまざまな組織体による参入が認められているため、M＆Aなどを通じて、大規模化する傾向にある。したがって、図表2-5に示すように、その機関設計においても営利法人におけるものに準ずる傾向にある。つまり、マネジメント（経営）の監督を行うため、利害関係者の代表として患者、スタッフ、地域社会などの人々が取締役として参画するといった医療機関経営を監督する仕組みがとられている。これは「病院経営の健全性を図る」仕組みづくりを構築する上で、地域社会等による医療機関への参画が重要視されている証であり、ひいては医療機関の経営者が良質な医療サービスを適切に提供する地域に根ざした病院であるべきとの意識が常にあることを意味している[12]。

図表2-5　米国の医療機関におけるガバナンスの仕組み

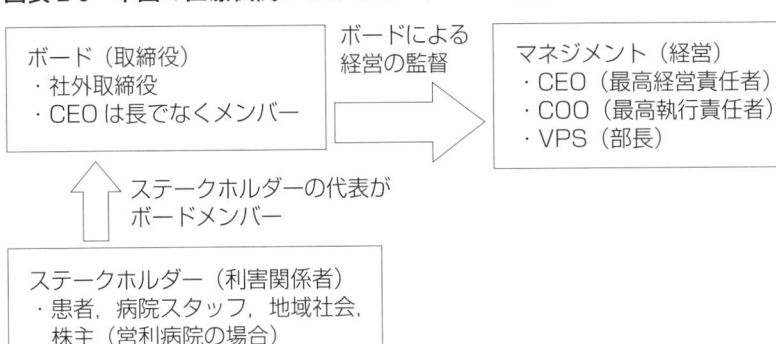

```
┌─────────────────────┐    ボードによる    ┌─────────────────────┐
│ ボード（取締役）      │    経営の監督      │ マネジメント（経営）  │
│ ・社外取締役          │ ──────────▶       │ ・CEO（最高経営責任者）│
│ ・CEOは長でなくメンバー│                   │ ・COO（最高執行責任者）│
└─────────────────────┘                   │ ・VPS（部長）         │
        ▲                                  └─────────────────────┘
        │  ステークホルダーの代表が
        │  ボードメンバー
┌─────────────────────┐
│ ステークホルダー（利害関係者）│
│ ・患者、病院スタッフ、地域社会、│
│   株主（営利病院の場合）      │
└─────────────────────┘
```

出所：河野（2004）113頁，図表9を一部修正。

---

[11] 米国の病院開設主体の割合は、国公立病院22.9％，民間非営利病院61.0％，民間営利病院16.1％となっている（2003年）。民間営利病院のうち大手のホスピタル・チェーンが収入の9割を占める寡占状態となっている。小規模の営利病院がLLC等の組織形態を採用している。
[12] 山重（2006）96-97頁。

第3節　日米の医療機関の特徴

　米国における医療機関の特徴は，日本とは大きくことなる点が多い。その違いをまとめるならば，以下の図表2-6のようになる。

　米国では，わが国の医療法人と異なり，医師と医療機関が明確に分離されている特徴がある。したがって，法人は，医師とは異なるマネジメントの専

図表2-6　日米の医療機関比較

	わが国の医療法人	米国の医療機関
設立	都道府県による許可制	州による免許制
設立申請者	医師または歯科医師のみ	制限なし
監督官庁	厚生労働省・都道府県	ステークホルダーの代表であるボードによる監督
理事長	原則医師または歯科医師。ただし都道府県知事が認める特別な場合はこの限りでない。	制限なし（医師ではなく，よりマネジメントを理解した者が求められている。）
医師と医療機関	所有と医療の一致（医師＝医療法人）	所有と医療の分離　医師は医療機関と医療従事の契約を結ぶ。医療機関は，医師から施設使用料などの徴収はしない。
診療の対価	医療法人＝医師に対し自己負担分を支払う	医師と医療機関のそれぞれに対して自己負担分を支払う
会計情報の作成と開示	医療法人に対する医療法人会計基準は設定されていない。医療機関ごとの施設会計として財務諸表が作成され，積極的な開示が行われているとはいえない。	営利法人に準じ，積極的に会計情報の作成および開示。非営利組織体は特に寄付の受入上，法人の透明化に努めている。
監査	原則任意	一部の州において州法に基づき強制。ステークホルダーに対する説明責任，寄付の受入上，任意で実施しているところもある。免税になるところは，連邦税制上，監査が求められている。

門家が担当している。会計情報の開示や公認会計士の監査も積極的に実施されており，株主の存在しない非営利法人にあっても地域住民などのステークホルダーを意識した運営がなされている。そのような運営がまた，有能な医師との契約につながり，当該組織体の拡大につながっている。

第4節　医療機関制度から監査法人制度へ──制度の導入可能性

　2007（平成19）年の公認会計士法の改正により，わが国の監査法人の社員にあっても，公認会計士の資格を有していない者が社員（特定社員）となることが認められた。具体的には，今後，監査法人が適切な業務運営を確保し，実効性ある組織的監査を実施していくためには，監査法人においても，経営，財務（金融工学等の専門家等），内部統制，情報技術（IT）などを含めた広範な知識と経験をもつものが社員として認められるようになった[13]。

　しかしながら，監査法人の活動に係る重要な事項に関する意思決定を行うため，監査法人の社員の一部をもって構成する合議体（いわゆる，ボード，理事会や経営会議など）を設置している場合には，その合議体を構成する監査法人の社員のうち公認会計士である社員が，構成員全体の50％以上を占めなければならないことが求められている。

　このことは，わが国の医療法人における社員，および米国における所有と医療の分離形態としての医療機関とは異なる点である。つまり，わが国の医療法人制度では，その設立申請に限っては医師である必要があるが，社員，理事長および理事については，医師に限定されていない。また，米国では，医療機関を開設する法人は，職業専門家である医師などといった規制もなく，誰であっても設立でき，その医療機関に職業専門家である医師が医療行為を行うために契約を結ぶスタイルとなっている。

　現在，監査法人をめぐる業務の拡大は，さまざまな職業専門家を必要としている。したがって，わが国の医療法人制度と照らし合わせ，監査法人にお

▶13　日本公認会計士協会公認会計士法改正対策プロジェクトチーム特定社員・自主規制対応作業部会（2008）Q3。

図表 2-7　監査法人の設立案

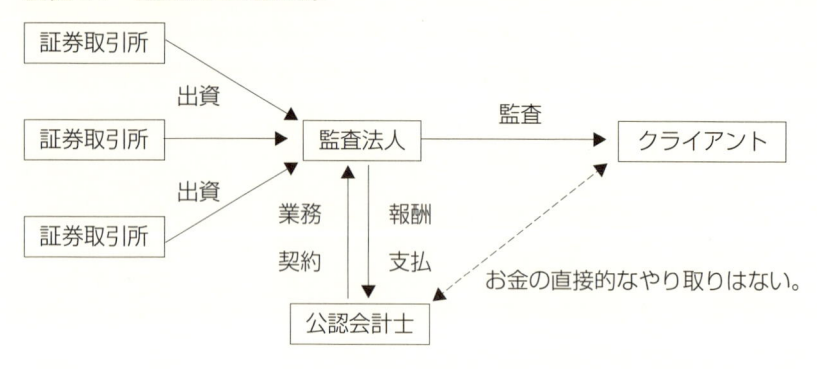

```
証券取引所 ─┐
            │出資
証券取引所 ─┼──→ 監査法人 ──監査──→ クライアント
            │出資        ↑ ↓              ↑
証券取引所 ─┘        業務│ │報酬          ┊
                     契約│ │支払          ┊お金の直接的なやり取りはない。
                         │ │              ┊
                        公認会計士─ ─ ─ ─ ┘
```

ける公認会計士以外の職業専門家の権利，立場の拡大は検討の余地があるものといえる。

　また，米国の医療機関の形態をわが国の監査法人制度に導入することも考えられる。この場合，図表 2-7 に示すように，監査法人は，各証券取引所，あるいは株式会社が出資し，監査法人を設立する場合も想定することができる。この場合，公認会計士は，米国の医師がその技能の向上に常に努めているように，より良い監査法人との契約を締結するために，その知識や経験を高めることが求められることになる。

　さらに，所有と監査業務の完全な分離は，クライアントと監査法人との監査報酬を巡る問題にも影響することにもなる。すなわち，米国の医療機関は，患者は医師と病院の双方に支払を行うシステムとなっている。これとは若干異なるが，証券取引所などが設立した監査法人に公認会計士が契約をし，監査報酬は監査法人が受け取り，その一部を報酬として監査法人が契約をした公認会計士に支払うシステムが構築でき，監査報酬を巡るインセンティブのねじれを解消することができる。

【参考文献】

David, G. (2004) *The Convergence between Nonprofit and For-Profit Hospital in the United States*, UMI.

今井久（2000）「米国における病院経営の歴史と現状」『山梨学院大学商学論集』第26号。
河野圭子（2004）『病院の内側から見たアメリカの医療システム』新興医学出版社。
小島俊雄編著（2003）『病院管理論』日本エデュケイションセンター。
高橋淑郎（2001）「病院経営と非営利性」『商学集志』第70巻第4号。
溜箭将之（2007）「アメリカの医療法人－病院・医師・公益性－」『立教法学』第74号。
日本公認会計士協会公認会計士法改正対策プロジェクトチーム特定社員・自主規制対応作業部会（2008）「特定社員制度Q&A」。
東日本税理士法人編（2007）『Q&A医療法人の経営と税務（第5版）』中央経済社。
久間圭子（2003）『医療の比較文化論』世界思想社。
藤岡英治（2013）『医療機関のガバナンスと監査』中央経済社。
山重慎二（2006）「医療法人制度改革と病院経営ガバナンス」『DIR経営戦略研究』Vol.9夏季号。

第3章 各国監査事務所の組織形態

第1節 米国監査事務所の組織形態

1 米国監査事務所が取り得る組織形態

　監査事務所[1]に限らず，米国における法人や団体の根拠となる組織法は，州法である。米国には50の州にコロンビア特別区を加えた51の法域（jurisdiction）があり，州ごとに州法の内容は異なっているとともに，各州は自州での組織設立を誘致しようとする競争（いわゆる州際競争（interstate competition））を繰り広げており，そのことが組織形態に関する法規制の内容にも影響を与えている[2]。また，米国の組織法には，州法のほかに模範法（Model Act）と統一法（Uniform Act）が存在する。多くの州が模範法や統一法を全面的に，あるいは若干の修正を加えて採択することによって，州法間の差異はある程度縮められているが，その一方で，各州は統一法を採択するにあたってさまざまな修正を加えることがあり，また，州ごとに判例法が異なるため，結果として実質法の統一は完全ではない状況にある[3]。

　しかしながら，米国における会計士に関する州法については，基本的にニューヨーク州のものとほぼ同じ内容になっている[4]。ニューヨーク州で

---

[1] 本書では「監査業務を行う会計事務所」を監査事務所としているが，米国には，監査事務所という概念はなく，公認会計士は公共会計事務所（Public Accounting Firm）を組成して，監査のみならず，税務等さまざまな業務を行っている。
[2] 大杉（2000）5-7頁。
[3] 大杉（2000）8頁。
[4] これは，同州が世界で最初に会計士の試験制度を始めた州であり，世界の経済の中心であるからであるといわれている。

は，パートナーシップ，有限責任事業組合（Professional Limited Liability Partnership：LLP），合同会社（Professional Limited Liability Company：LLC），会社（Professional Services Corporation：PC），および個人事務所（Sole Proprietorship）のいずれかの形態で登録した公認会計士（Profession）のみで組成した監査事務所が認められており，一般事業会社が監査事務所として登録することはできない。

これらの形態のうち，米国の監査事務所の多くが，LLP を採用している。

2 監査クライアントの性格

米国の監査事務所は，有効なライセンス登録をしている州において，当該州に本店が所在する企業であれば，監査，レビュー，およびコンピレーション等の業務に関与することができる。ただし，公開会社会計監査委員会（Public Company Accounting Oversight Board：PCAOB）に登録していない監査事務所は，SEC 登録企業の監査等の業務に関与することはできない。すなわち，米国の監査事務所は，州と PCAOB に登録すれば，登録した州のいかなる企業をも監査クライアントとすることができるといえる。

日本では，公認会計士試験に合格するだけでは監査業務に従事することはできず，日本公認会計士協会（Japanese Institute of Certified Public Accountants：JICPA）に登録して初めて監査業務を行うことができる。監査クライアントを制限するような規定はないが，上場会社等を監査クライアントとする場合，監査事務所は JICPA に登録しなければならない。

3 監査事務所の品質管理に対する規制内容

規制の詳細な内容および分析については，第 2 部第 7 章で扱うので，ここでは，項目比較のみに限定して分析する。

(1) 監査事務所に対する品質管理の規制内容

米国の監査事務所は，3 年ごとに各州の公認会計士登録管理局に品質管理

レビュー結果報告書を提出してライセンス登録の更新をする[5]。また，当該監査事務所が米国公認会計士協会（American Institute of Certified Public Accountants：AICPA）に加入している場合には，AICPA のピアレビューも受けている。

それに対して，日本の監査事務所は，公認会計士法のもとで金融庁に設置された公認会計士・監査審査会（Certified Public Accountants and Auditing Oversight Board：CPAAOB）に品質管理レビューを提出して審査および検査を受けるばかりでなく，JICPA の品質管理レビューも受けなければならないことになっている。

ここで，日米の監査事務所に対する品質管理の規制内容で最も異なるのは，会計士協会のレビューである。米国の監査事務所は AICPA への加入が任意であるのに対して，日本の監査事務所は JICPA の加入が義務づけられている点で相違している[6]。すなわち，米国の監査事務所は必ずしも AICPA の規制を受けないが，日本の監査事務所は JICPA の規制に強い影響を受けているといえる。

(2) 監査事務所情報の作成内容

米国においては，監査事務所固有の法的な開示義務規定はない。ただし，AICPA は，SEC 登録企業の監査事務所に対して，ピアレビューの結果，持分所有者数，事務所数等の情報の公開を求めている。この他，米国の監査事務所の多くは，事務所の概要（人員の数と内訳，クライアントの数と内訳，拠点，沿革等）の他，各監査事務所の基本理念や倫理行動規範，提供している業務の概要や各業務の報酬額など種々の情報をウェブサイトに公開している。

一方，日本の監査事務所は，公認会計士法第34条16の3の規定により，

▶5 2011年7月時点で44州が3年ごとの監査事務所による品質管理レビュー結果報告書の提出によるライセンスの登録更新制度を採用している。
▶6 ただし，日米における監査事務所数の違いや対象業務の違いから，JICPA のレビュー対象が244事務所であるのに対して，AICPA のレビュー対象が9,045事務所となっている（2011年）。本章では，会計士の業務を「監査業務」に限定しているため，監査以外の業務に対するレビューについては考察の対象外となる。

会計年度ごとに，業務および財産の状況に関する説明書を作成し，公衆の縦覧に供しなければならない[7]。そのため，監査事務所は，事務所の概要，各監査事務所の基本理念や倫理行動規範，提供している業務の概要等の情報は公開しているが，各業務の報酬額や収益等の財務情報については公開していないケースが多い[8]。

第2節　英国監査事務所の組織形態

1　英国監査事務所が取り得る組織形態

公認会計士の法的責任の有限化の観点からみると，英国において現在，監査事務所が取り得る組織形態は，有限責任会社（Limited Liability Company）か，あるいは有限責任のパートナー型組織である Limited Liability Partnership（以下，英国LLPという）のいずれかである[9]。ところが，実際には英国のビッグファームのすべてが，その組織形態として，英国LLPを採用している。特に大規模な監査事務所が有限責任会社をその組織形態として選択しない理由に関しては，会社に課される税金が個人（パートナー）に比して高いこと，特に利益から支払いが義務づけられている社会保障費（National Insurance Contribution）がパートナーシップに比べて会社の方が著しく高いこと等が指摘されている[10]。以下では，現実に英国のビッグファームのすべてが組織形態として採用している英国LLPについて，それがいかなる方法で公認会計士の法的責任の有限化を実現させているかを中心に説明する。

▶7　有限責任監査法人の開示義務については第4章で詳述する。
▶8　世界各国にネットワークを有しているビッグ4については，グループ全体の収益等についての財務情報も公開している。
▶9　1989年会社法（Companies Act 1989）において法人（a body corporate）を会計監査人の資格対象者に含めたことにより，監査事務所が有限責任会社形態を選択することが可能となった。
▶10　Porter, et al.（2003）p.483. 英国LLPは法人格を有しているが，パートナーシップと同様の税制，すなわち構成員課税が適用される。Limited Liability Partnerships Act 2000, s10 (1)．

(1) 英国 LLP における法人格の付与

 英国 LLP は，2000 年 6 月に法制化され，2001 年 4 月 6 日より施行された「Limited Liability Partnerships Act 2000」（以下，英国 LLP 法という）により創設された。英国 LLP 法は，英国 LLP がその構成員とは分離した法人格を有する法人（a body corporate）であることを，明確に謳っている[11]。LLP がその構成員とは別個の法主体（legal entity）であることで，事業を遂行するのは法人たる LLP であり，各構成員は（他の構成員ではなく）LLP の代理人として行為を行う。結果として，事業の義務および責任の主体となるのは，法人たる LLP となる。すなわち，取引相手たる第三者は，LLP の構成員個人ではなく LLP 自体と契約を締結することになる。

 それゆえ，LLP という存在は，自分以外の他の構成員（あるいは従業員）が事業の過程で遂行した行為を原因として構成員が個人的に連帯責任を負わされることや，事業における一般的な商業上の義務を原因として構成員が個人的に連帯責任を負わされることから，各構成員を守ることに役立つといえる[12]。この点，各パートナーが他のすべてのパートナーの代理人として事業を遂行する結果，各パートナーがあらゆるパートナーの義務および行為に対して無限連帯責任を負う伝統的なパートナーシップの場合と，対照的であるといえる。

(2) 英国 LLP における有限責任制

 継続企業としてであれ，清算中であれ，LLP のファンドに対して構成員が支払わなければならない最低限の金銭出資額は，何ら法定されていない。いずれの場合であれ，出資額は設立の際に構成員間で締結される LLP 契約（Limited Liability Partnership Agreement）によって決定される。例えば，清算下における LLP の債務および負債に関して，各構成員が LLP の外部者に対して果たすべき責任は，そのような場合に LLP の債務および負債の十分な支払いのために当該構成員が出資する責任があるものとして，他の構成員もし

▶11 Limited Liability Partnerships Act 2000, s 1 (2).
▶12 Whittaker and Machell (2004) p.2.

くはLLPと合意した額に限定され,それはLLP契約において明記される[13]。

　ただし,事業の過程で特定の構成員に不法行為や任務懈怠があった場合には,当該構成員とLLPの双方が外部者に対して無限責任を負う[14]。もっとも,このことは,伝統的なパートナーシップの場合に事案に関係しない構成員が負わされていた（不法行為等を犯した構成員の）責任がLLPの場合には法人格を有する法主体たるLLP自体に転嫁されたことを意味する。したがって,大規模な監査事務所はLLPをその法的組織形態として選択しているかぎり,一部の会計士による不法行為等で投資家から巨額の損害賠償を求められても,当該会計士の顔も知らない別の会計士までその私財を失うことは制度上なくなったといえる。

(3) 英国LLPにおける財務諸表の作成・監査・登記

　上述のような有限責任制度の導入に伴って,英国LLP法は,債権者保護のための規定として,LLPに対して財務諸表（accounts）の作成・監査・登記を義務づけており,会社法の財務諸表の作成・監査・登記に係る規定がLLPに準用される[15]。まず,すべてのLLPは十分な会計帳簿を作成・保存しなければならない。会計帳簿の保存は登記事務所等で作成後3年間義務づけられている[16]。また会計帳簿は構成員による調査のため何時でも閲覧可能でなければならない[17]。

　さらに,LLPは各事業年度において貸借対照表と損益計算書を作成しなければならない。貸借対照表は当該事業年度末におけるLLPの財政状態について,損益計算書は当該事業年度末に係るLLPの経営成績について,それぞれ真実かつ公正な概観（a true and fair view）を与えるものでなければならない[18]。

　加えて,LLPの財務諸表は,会計監査人に提出され,当該会計監査人は構

▶13　Limited Liability Partnerships Act 2000, s 1 (4) with Insolvency Act 1986, s 74.
▶14　Limited Liability Partnerships Act 2000, s 6 (4).
▶15　Limited Liability Partnerships Act 2000, s 15.
▶16　Companies Act 2006 (as modified for LLPs), s 388.
▶17　Companies Act 2006 (as modified for LLPs), s 386.
▶18　Companies Act 2006 (as modified for LLPs), s 393.

成員に対して財務諸表に関する報告書（監査報告書）を作成しなければならない[19]。監査報告書は，会計監査人の意見として，財務諸表が会社法に従って適切に作成されているかどうか，特に（a）貸借対照表の場合には当該事業年度末におけるLLPの財政状態について，また（b）損益計算書の場合には当該事業年度に係るLLPの経営成績について，真実かつ公正な概観を与えているかどうかについて言明しなければならない[20]。そして，LLPの指定構成員は各事業年度に係るLLPの財務諸表の写しを，当該財務諸表に関する監査報告書の写しとともに，登記官（Register）に提出しなければならない[21]。

2 監査事務所の品質管理に対する規制内容

英国における監査事務所の品質管理に対する規制として，イングランド・ウエールズ勅許会計士協会（the Institute of Chartered Accountants in England and Wales：ICAEW）が公表した「監査事務所ガバナンスコード（The Audit Firm Governance Code）」（以下，ガバナンスコードという）の概要をここでは紹介する。

(1) ガバナンスコードの目的

ガバナンスコードは，英国の財務報告評議会（Financial Reporting Council：FRC）の要請を受けたICAEWが，協会内に独自に監査事務所ガバナンス作業部会（Audit Firm Governance Working Group）を立ち上げ，文書作成の任務を遂行，完了させた結果として，当該作業部会が2010年1月に公表したものである。作業部会は，ガバナンスコードは20を超える上場会社を監査する監査事務所に，2010年6月1日以降に開始する事業年度から適用すべきことを勧告している[22]。

ガバナンスコードは，上場会社監査に対する市場の継続的な信頼と選択の促進に資することを意図しており，監査を市場経済において不可欠な役割

▶19 Companies Act 2006（as modified for LLPs），s 495（1）．
▶20 Companies Act 2006（as modified for LLPs），s495（3）(a)．
▶21 Companies Act 2006（as modified for LLPs），s 441．
▶22 ICAEW（2010）pp.2-4．

と考えるすべての者にとって関心をもつべきものである，とされる。ガバナンスコードの主たる目的は，良好なガバナンスの実践（good governance practice）を測る正式なベンチマークを提供することであり，上場会社を監査する監査事務所は当該会社の株主のためにこのコードに照らして報告をすることができる。また，ガバナンスコードは，株主に信頼を付与する高品質の業務を遂行するという目標の点で監査事務所を支援する。さらに，それは，資本市場にとって（監査事務所の）選択を向上させるとともに，監査事務所が一般大衆の信頼を喪失したかどで大規模監査市場から撤退するリスクを減少させるはずである，とされる[23]。

(2) ガバナンスコードの構成

ガバナンスコードは，6つのカテゴリーに分類される20の原則と，各原則に対応する31の規定（provisions）で構成されている。6つのカテゴリーと20の原則は，図表3-1のとおりである。

以下では，ガバナンスコードの特徴であると考えられる「独立した非役員」（independent non-executive）のカテゴリーに絞って，その内容を説明する。

(3) 独立非役員の役割と権利

ガバナンスコードは，独立非役員関与の原則（involvement of independent non-executive principles）として，次の原則を置いている[24]。

「C.1 独立非役員関与の原則

監査事務所は，監査事務所の意思決定のうち公共の利益にかかわる側面に対する株主の信頼，ステークホルダーとの対話，そして，監査事務所が行う事業のうち規制によって効果的に対処されることのない事業にかかわるそれを含めて監査事務所の評判に係るリスクの管理を，その関与全体を通して向上させる，独立した立場にある役員でない者を選任しなければな

▶23 ICAEW（2010）p.2.
▶24 ICAEW（2010）p.6.

図表3-1　6つのカテゴリーと20の原則

	第1原則	第2原則	第3原則	第4原則	第5原則
リーダーシップ	所有主説明責任の原則	経営管理原則			
価値観	プロフェッショナリズム原則	ガバナンス原則	公開性の原則		
独立した非役員	独立非役員関与の原則	独立非役員の性格に関する原則	独立非役員の権利に関する原則		
事業活動	準拠性の原則	リスク管理原則	人的資源管理原則	内部通報原則	
報告	内部報告原則	財務諸表原則	経営陣による注釈の原則	ガバナンス報告原則	品質報告原則
対話	監査事務所対話原則	株主対話原則	有識者による投票原則		

出所：ICAEW（2010）pp.5-10に基づき筆者作成。なお，各カテゴリーに含まれる原則の数は一定ではなく，最も多い「報告」のカテゴリーでは第5原則まであるが，「リーダーシップ」のカテゴリーには原則は2つしかない。

らない。」

　まず，ここで独立非役員とは，監査事務所の中で役員（executive）の地位になく，また監査事務所およびその所有主（owners）から独立した立場で判断を行使することが要求される者を指す。そして，上記の原則にあるように，独立非役員は，監査事務所に対する継続的な信頼に対する潜在的な3つの脅威，すなわち，「意思決定が非公開でなされること」・「規制が監査事務所の評判をリスクに晒すすべての活動をカバーするわけではないこと」・「存続に対する主要な脅威に対処するためにステークホルダーと対話することが困難であること」に対するガバナンス面での解決策を与えるものである[25]，とされる。要するに，第1の脅威に対しては監査事務所による公共の利益への奉仕に関する証人に，第2の脅威に対しては監査事務所の評判に対するさらなるセーフガードに，そして，第3の脅威に対してはステー

▶25 ICAEW（2010）p.11.

クホルダーとの対話のための1つのチャネルに，独立非役員はなり得るものである[26]。そこで，このような役割を十分に担えるように，以下に示すような独立非役員の権利に関する原則（Right of independent non-executives principle）が設定されている[27]。

「C.3 独立非役員の権利に関する原則
　監査事務所の独立非役員は，法もしくは規制が認める程度には関連する情報及び人物に対するアクセス権を，また，監査事務所に関してその所有主と重要な見解の不一致がある場合にはそれを報告する権利を，さらには，最終的にその見解の不一致が解決され得ず，当該非役員が解任される場合には当該解任を公表する権利を，含めて自らの役割に一致する権利を有していなければならない。」

3　日英の制度上の相違点

最後に，日本と英国の監査事務所が取り得る組織形態の間の相違点について簡単に説明する。日本の有限責任監査法人と英国LLPは，結果として，損害賠償に関連して事案に関係のない公認会計士の法的責任を有限化する点で大きな違いはない。また，有限責任制の導入に伴って，事業規模に関する一定の条件を満たす監査事務所に対して，毎年財務諸表の開示と監査を求めている点も同様である[28]。

ただし，日本の有限責任監査法人が公認会計士法により創設された組織形態であり，監査事務所，特に実質上は大規模監査事務所を対象とし，それらの受け皿として特に創設された組織形態であるのに対して，英国LLPは監査事務所のみが取り得る組織形態というわけではない。また，英国では，公認会計士の法的責任の有限化という観点からすれば，監査事務所がその組織

▶26 ICAEW（2010）pp.11-12.
▶27 ICAEW（2010）p.7.
▶28 英国LLP規則は，売上高，総資産，従業員数によって適用する規定に差を設けている。The Limited Liability Partnerships（Accounts and Audit）（Application of Companies Act 2006）Regulations 2008, 466.

形態として有限責任会社を選択することも可能である。さらに、日本では公認会計士法上、上場会社監査は共同監査か監査法人による監査に限定されているが、英国ではそのような組織形態による制限はない。もっとも、前述したように、「監査事務所ガバナンスコード」が20を超える上場会社を監査する監査事務所に対して適用される点からすれば、英国においても、組織形態の観点からではないものの、上場会社の監査を行う監査事務所に対して一定の追加的な規制が施されているといえよう。

第3節　日本監査事務所の組織形態[*]

　第1・2節で取り上げたように、欧米の監査事務所が採用し得る組織形態にはさまざまな選択肢が用意されている。一方、日本の場合、1966年の公認会計士法改正に際し、初めて監査法人という法人組織形態が導入され、個人ないし共同事務所形態に加えて合名会社的事業組織である監査法人が選択肢として新たに追加された。その後、第3のさらなる選択肢の追加は、有限責任監査法人制度が新設される2008年まで40年以上待たねばならなかった。この間、一般の事業組織では、有限責任事業組合と合同会社が2005年から2006年にかけて相次いで導入されることとなった。

　本節では、新たに導入された有限責任事業組合や合同会社が日本における監査事務所の新たな組織形態として利用可能であったのかどうか、また、これら新事業組織の特徴が有限責任監査法人にどのように関わったのかについて論じることとする。有限責任監査法人組織自体については、章を改めて第4章で取り上げる。

1　日本監査事務所が取り得る組織形態

　元来、公認会計士や医師、弁護士等の高度専門職業サービスの提供者は独

---

[*]本節は、科学研究費補助金（課題番号20330097）および桃山学院大学特定個人研究費の成果報告の一部でもある。朴（2009）「会計事務所の組織形態とLLP・LLC」『桃山学院大学総合研究所紀要』第35巻第1号につき、その後の制度変更などをもとに必要な加筆・修正を行ったものである。

立した個人事業者と考えられてきた。しかし，関係業務の多様化・高度化・複雑化が進むにつれ，どのような課題にも対応できるオールマイティ型の専門家は影を潜め，分野ごとの専門化が進むことによって，事業の協同化が不可欠となるにいたった。ここに，個人を中心とする標準化業務に特化するか，協同して高度専門サービス業務に向かうかの2極化が避けられなくなった。後者の代表が1966年（昭和41年）の公認会計士法改正によって導入されることとなった監査法人制度である。

監査法人は，合名会社の性格を強く保有する組織形態であり，それは，独立した高度専門職業者である公認会計士の集団にふさわしい組織形態だと考えられてきた。しかし，後にも述べるように，監査法人の大規模化は，個人事業体の枠を超え，株式会社に匹敵する構成員の疎遠化をもたらすこととなった。監査法人という公認会計士の共同体は，一方では，専門職業者としての個人事業主の集団という人的性格をもちながら，他方，株式会社のような物的性格をもった会社形態を取り入れざるを得ない状況となってきた。

2007年6月の公認会計士法改正で新たに導入された「有限責任監査法人制度」（公認会計士法第34条の3他）はこのような状況の変化に対応することを目的としたものである。

一方，民法や商法・会社法は，人的性格に重きを置く組合形態から，その対極として物的性格を基本とする株式会社形態までを規定しながら，他方，それぞれの性格を混合させた組織形態を新たに誕生させてきた。民法上の組合（任意組合：民法第667条），商法上の組合（匿名組合[29]：商法第535条）をより会社形態に近づけた「有限責任事業組合」（有限責任事業組合契約に関する法律：2005年8月施行），人的性格を強くもちながらも，株式会社の特徴を取り入れた「合同会社」（会社法：2006年5月施行）がそれである。

次章では，規模の拡大および寡占化の現状にある日本の監査事務所が取り得る組織形態として，2007年新設の「有限責任監査法人」制度が1つの解

▶29 民法上の任意組合が共同事業体であるのに対して，商法上の匿名組合は出資者と単独営業者との個別出資契約による単独事業体であることから，匿名組合は会計事務所の組織形態として議論の俎上に上るものではない。

決策を提示するものであるのかどうかについて議論する。本節では，その前段として，「有限責任監査法人」制度創設の契機ともなった有限責任事業組合と合同会社等新たな事業組織形態を取り上げる。同時に，両組織形態は，英米における LLP ならびに LLC を嚆矢とするものであることから，これらとの比較のもとで監査事務所の組織形態のあり方を明らかにしようとする。

2　監査法人の現状

2005 年 4 月 27 日に「有限責任事業組合契約に関する法律」（平成 17 年 5 月 6 日法律第 40 号公布：8 月 1 日施行）が成立し，ついで，同年 6 月 29 日，合名会社，合資会社，株式会社について規定された商法第二編，有限会社について規定された有限会社法，および株式会社の監査等に関する商法の特例に関する法律（商法特例法）等を再編した，新たな会社法（平成 17 年 7 月 26 日法律第 86 号：平成 18 年 5 月施行）が成立した。

ここに，民法上の任意組合，商法上の匿名組合，合名会社，合資会社，有限会社[30]，株式会社に加えて，新たな事業形態として，「有限責任事業組合」と「合同会社」が創設されることとなった。

欧米では，これより早く，LLP および LLC という事業形態が認められており[31]，それぞれの特徴から「有限責任事業組合」は日本版 LLP，「合同会社」は日本版 LLC ということができる。

日本では，個人事務所，共同事務所以外では，1966 年の改正公認会計士法以降，監査業務を行う公認会計士の組織形態として，合名会社に準ずる監査法人制度のみが認められてきた。これに対して，個人の公認会計士や公認会計士共同事務所も監査を担当しているが，公認会計士法第 24 条の 4（平成 15 年 6 月 6 日法律第 67 号）の改正により，大会社等の監査証明を単独ですることの禁止規定（共同監査の義務づけ）が設けられたことから，実質的

▶30　2005 年改正の新会社法により有限会社制度が廃止され（既存の有限会社は存続），新規設立はできなくなった。
▶31　米国では，1977 年にワイオミング州で LLC が最初に法制化され，LLP についても，1990 年代，各州法によって創設された。また，英国では大手会計事務所の要望により，2000 年に LLP が創設された（新川，2005，26-27 頁）

には，大会社等の監査証明は監査法人が唯一の担当者であるといっても過言ではない。

周知のように，監査法人制度は，いわゆる昭和40年不況時に，戦後最大の倒産といわれた山陽特殊製鋼事件などを契機として，企業の大規模化と多角化に対応する組織的監査の実現，ならびに，監査人の独立性確保を目的として新設されたものであった。しかし，当時想定された監査法人は，5名以上の公認会計士による共同事務所（公認会計士法第34条の7）を念頭に置いたものであって，この意味で，比較的小規模な会社組織で利用される合名会社の性格を有するものであった。

これに対して，現在では4大監査法人[32]（新日本，トーマツ，あずさ，あらた）が金融商品取引法監査対象企業の70％以上を担当し，社員数はそれぞれ600名を超え，公認会計士・会計士補の職員を加えれば各法人が5,000名を超える会計プロフェッショナルを抱える巨大組織となっている（あらた監査法人を除く，図表3-2参照）。

このような4大監査法人の大規模化，また監査業務の寡占化といった状況のもとでは，従来の合名会社的組織である監査法人形態が，必ずしも監査業務の組織形態として妥当しなくなっているということもできよう。公認会計士に対する損害賠償請求訴訟の増大に伴う無限連帯責任制度の見直しもその1つである。すなわち，監査法人の大規模化に伴い，合名会社制度が念頭に置いている社員の相互監視と相互牽制が必ずしも十分に機能せず，ここに人的性格をもつ監査法人制度が社員に求めている無限連帯責任制は現状にそぐわないものとなっている。

また，個人事務所の共同監査から社員数5名の監査法人による監査，その100倍を超える600名からの社員を抱える大規模監査法人による監査が併存する現状をみるに，規模に応じた監査事務所の組織形態を検討することも必

▶32 2005年のカネボウ㈱，2006年の㈱日興コーディアル・グループ等の粉飾事件への関わりから業務停止処分を受け，最終的には解散となったみすず（旧中央青山）監査法人は，あらた監査法人を中心にいくつかの監査法人に吸収ないし分裂することとなった。そのため，あらた監査法人と他の大規模監査法人との間には，規模・社員数の面での格差があり，この意味で3大監査法人+1という言い方もされる。

figure 3-2　4大監査法人の業容[注1]

	新日本	トーマツ	あずさ	あらた
出資金・資本金[注2] （百万円）	867	810	3,000	1,888
業務収入（百万円）	92,508	83,870	80,081	27,120
社員数 （特定社員を含む）	637名	681名	609名	102名
人員総数 （公認会計士等： その他）	5,858名 (4,475：1,383)	5,472名 (4,120：1,352)	約5,300名 (4,174：約1,126)	2,026名 (1,245：781)
関与会社数 （金商法監査）	6,957社 (1,079)	6,858社 (972)	5,164社 (775)	1,795社 (181)

注1）トーマツは決算日が9月30日で12月中旬に事業報告が行われるため，最新の2013年9月30日現在の数字，他の3法人は決算日が6月30日で9月中旬から下旬にかけて事業報告書が発表されていることから，2013年6月30日現在の最新の数字を計上している。
　　　各監査法人の詳細については，第2部第2章を参照されたい。
注2）従来の無限責任監査法人形態を踏襲しているあらた監査法人は出資金，有限責任監査法人登録を行っているその他3法人は資本金額を計上している。
出所：各監査法人「業務及び財産の状況に関する説明書類」などから作成。

要であろう。

　1つのヒントが，人的性格を残しながらも有限責任制を併存させた新たな組織形態としての日本版LLPと日本版LLCの活用である。次に，この2つの新たな組織形態の特徴，監査業務の組織形態としての利用可能性，ならびにその問題点等を検討してみよう。

3　「有限責任事業組合」（日本版LLP）の概要

　2005年5月6日に公布された「有限責任事業組合契約に関する法律」（最終改正：平成17年7月26日法律第八七号）の第1条は，立法の目的を以下のようにいう。

　「第1条：この法律は，共同で営利を目的とする事業を営むための組合契約であって，<u>組合員の責任の限度を出資の価額とするもの</u>に関する制度を確立することにより，個人又は法人が共同して行う事業の健全な発展を図り，

もって我が国の経済活力の向上に資することを目的とする。」(下線筆者)

本法律が，民法上の組合の特例として新たな事業形態を導入しようとする主旨のもとで制定されたものであることから，その本質は組合であり，当然，組合としての性格を本旨としながらも，経済活力の向上に資するための新たな性格を付与した組合を想定したものであると解される。

したがって，新たに導入された事業組織としての「有限責任事業組合」は，その名のごとく，有限責任を特徴としながらも，一般的な性格は民法上の任意組合を引き継ぐものである。

民法は，その第667条〜688条において任意の組合について規定しており，その特徴は以下のとおりである。

(1) 組合契約の当事者（組合員）は，全員が出資ならびに業務執行の義務と権利を有する共同事業主である（民法第667条）。
(2) 全員が共同事業主であることから，組合の事業で生じた債務について無限連帯責任を負う（民法第675条，第677条）[33]。
(3) 組合の業務執行は組合員の過半数の取決めに従い，損益の分配についても出資割合にとらわれず，自由な取決めが認められている（民法第670条第1項，第674条第1項[34]）。
(4) 組合としての所得は，組合に法人格がなく，組合員個人所得の合算と考えるため，それぞれ，各組合員の個人所得として所得税等が直接課税されるといった，いわゆるパス・スルー課税（構成員課税）が適用される。

民法上の任意組合に対して，今回導入された「有限責任事業組合」は，法律第1条（目的）にあるように，共同事業体という組合の特徴をもちながら，

▶33 第675条，677条は，組合の債権債務が各組合員共有のものであり，組合員の間で分割できないことを規定しており，結果として，各組合員は無限連帯責任を負うこととなる。
▶34 「当事者が損益分配の割合を定めなかったときは，その割合は，各組合員の出資の価額に応じて定める。」（民法第674条第1項：下線筆者）言い換えれば，損益分配の割合は，当事者間で自由に決めることができる。

先の任意組合の特徴2に示した無限連帯責任を破棄して，出資額を限度とする有限責任制を導入するところに最大の特徴があるものである。

「有限責任事業組合契約に関する法律」は，以下のように規定する。

「組合員は，その出資の価額を限度として，組合の債務を弁済する責任を負う」(第15条（組合員の責任))。

また，組合員等の第三者に対する損害賠償責任については，第18条（組合員等の第三者に対する損害賠償責任）で，「組合員又は次条第一項の規定により選任された組合員の職務を行うべき者（以下この条において「組合員等」という。）が自己の職務を行うについて悪意又は重大な過失があったときは，当該組合員等は，これによって第三者に生じた損害を賠償する責任を負う[35]。」として，不法・重過失行為の当事者に対する無限責任は規定するものの，第15条との関連から，組合員間の無限連帯責任は否定されている。

ここに，日本版LLPとしての「有限責任事業組合」は，その名のごとく，有限責任とともに，所有と経営が一致した人的組織という事業体[36]の性格も含めて，以下の3つの特徴をもつこととなる。

(1) 有限責任制：第三者に対する確定した損害賠償責任を含む事業体の債務について，当事者以外の組合員は連帯して出資額を超える責任を負わない。
(2) 内部自治原則：所有と経営が一致することから，取締役(会)や監査役(会)といった機関の設置が任意であるなど，組織内部の取決めが原則として自由であり，また，損益の分配についても出資比率に拘束されずに決定することができる[37]。

▶35 当事者が故意または重過失によって生じた損害賠償責任について当事者自身が無限責任を負うのは，株式会社，合同会社等の場合でも同じである。
▶36 人的組織としての事業体は，全構成員（組合員）による出資ならびに業務執行の権利と義務を負うものであり，有限責任事業組合契約に関する法律第3条第1項が出資の履行による組合契約の有効化を，第13条第1項が業務執行の権利と義務を規定している。
▶37 第56条（民法の準用）では，組合員の損益分配の割合を規定する民法第674条第2項の準用を規定している。

55

(3) パス・スルー課税（構成員課税）：事業体レベルでの課税がなされず，出資者に直接所得税等の課税がなされる。

このような特徴をもつ「有限責任事業組合」は，立法化の旗振り役であった経済産業省によれば，「創業を促し，企業同士のジョイント・ベンチャーや専門人材の共同事業を振興する」ことを目的として，民法組合の特例として本制度を創設したものである。具体的には，ベンチャー企業や中小企業と大企業の連携，異業種間連携，共同開発研究，産学連携，IT・金融等の専門技術をもつ人材による共同事業などを振興し，新産業を創造するところに立法の目的がある。

新産業の創造，研究開発，産業連携等を振興させるためには，有限責任制の導入により，新産業創造に伴うリスクを軽減させるとともに，内部自治原則により，知的専門技術を保持する者と固定資産などの出資を行う者との間に出資額にとらわれずに利益配分を柔軟にすること，さらには，構成員課税により，二重課税を避けるとともに，事業立ち上げ当初の損失を他の所得と損益通算できるといったメリットを与えることが必要となる。「有限責任事業組合」は，このような特徴を備えた新たな事業形態として採用されたのである[38]。

4 「合同会社」（日本版 LLC）の概要

「有限責任事業組合」が民法上の共同事業体である任意組合を発展させたものであり，その元来の特徴である組織内自治や構成員課税に加えて有限責任制を導入した新事業体であるのに対して，法人格を有する会社制度を発展させることによって，新たな有限責任の人的会社制度を指向するものが日本版 LLC といわれる，「合同会社」である。

「合同会社」は，2005 年 6 月 29 日に成立した新たな会社法（平成 17 年 7 月 26 日法律第 86 号：平成 18 年 5 月施行予定）のもとで創設された新事業体である。

▶38 経済産業省（2005b）。

従来，商法ならびに有限会社法において認められてきた会社組織は，人的会社としての合名会社と合資会社，物的会社としての有限会社と株式会社の4種類であった。前者が無限連帯責任社員を中心とし，後者は有限責任社員を想定しての会社組織であった。

　新会社法では，会社類型を持分会社と株式会社の2つに大きく分けることとした。持分会社とは，民法上の組合組織を念頭に置いた会社であり，いわゆる人的会社に該当するものである。これに対し，株式の所有を前提とする物的会社は，従来小規模株式会社を想定していた有限会社を廃止し，株式会社に一本化された。有限会社が廃止されたのは，新会社法が規制緩和の一環として株式会社の最低資本金規制を廃止するとともに，資本金ないし負債総額に応じて株式会社を大会社とそれ以外の会社（中小会社）[39]とに分けて会社規模に応じた規制をしたことにより，有限会社と株式会社を区別する理由がなくなったためであるといわれている。

　資本主義経済社会では，物的会社としての株式会社が中心となり，有限責任制のもとで，不特定多数の出資者から大量の資金を調達し，専門経営者が会社を運営するという考え方が主流であった。これに対して，物的資産より人的資産を重視して事業展開を行おうとする新規創業や創造的な連携共同事業においては，所有と経営の分離した物的会社としての株式会社よりも，人的資産を核とした事業を展開できる企業形態を創造する必要がある。

　このような企業形態の代表の1つが組合であり，この組合に法人格を与えたものが合名会社制度である。さらに，有限責任で経営に参加しない投資家を加えたものが合資会社という制度であった。しかし，これらの組織形態には，出資者が自ら経営し，社内自治を得ることによって意思決定の迅速性も図れるというメリットがある反面，事業主としての無限連帯責任を負わされることにより，参加者に大きなリスクを負わせるという問題があった。

　「有限責任事業組合」は，人的資産の活用を目的とした新規事業形態とし

▶39 会社法第2条第6項によれば，大会社とは，資本金5億円以上ないし負債総額200億円以上の会社をいい，従来，商法特例法（株式会社の監査等に関する商法の特例に関する法律）が取り扱ってきた大規模株式会社であり，新会社法の制定により，有限会社法とともに会社法でその取扱いを統合されることとなった。

て創設された組合であるが，一方，同じ目的のもとで，法人格をもつ会社形態として新たに創設された事業形態がここでいう「合同会社」である。

したがって，合同会社は有限責任事業組合とほぼ同じ特徴，すなわち，有限責任制と内部自治原則を有することとなるが，今1つの特徴である構成員課税については，法人という性格をもつことから，法人税の対象とされることとなった。

合同会社は，人的性格を保有する有限責任事業組織であるのみならず，有限責任事業組合と違って，法人としてのメリットを享受することができる。例えば，事業規模の拡大による株式会社への組織替えが可能であること（会社法第746条，第747条。これに対して組合は解散が前提），法人としての所有権，契約当事者権があることから，組合と違って，出資者と業務執行者を分けることが可能であること，固定税率や損金認定範囲の拡大[40]，欠損金繰越といった節税メリットなどがある。しかし，法人課税となることから，利益配当課税とを含めたいわゆる二重課税になるという欠点もある。

このような合同会社の創設により，会社法が規定する持分会社は無限責任のみの合名会社，無限責任と有限責任とが並存する合資会社，そして，有限責任のみの合同会社の3種類が存在することとなり，会社経営形態の選択肢が広がることとなった。

従来の事業形態と有限責任事業組合も含めた新規事業形態の特徴をまとめたものが図表3-3である。

5　英米のLLP・LLC

有限責任事業組合や合同会社といった新規事業形態が新設されたのは，先にも述べたように，創業を促し，企業同士のジョイント・ベンチャーや専門人材の共同事業を振興することを目的とするものであった。参考とされたのは，英米におけるLLPならびにLLCである。

米国で普及しているLLCは，1977年ワイオミング州でパートナーシップ制度を改正することにより，初めて法制化された有限責任の人的会社制度で

▶40 会社規模によって相違するが，国・地方公共団体への寄付金認定や給料・交際費の認定など。

図表3-3 各種事業形態の特徴

事業形態		出資者の責任	内部自治		課税
			会社機関の設置	利益の分配	
組合	任意組合	無限責任	任意	自由	構成員課税
	有限責任事業組合	有限責任	任意	自由	構成員課税
持分会社	合名会社	無限責任	任意	自由	法人課税
	合資会社	無限責任社員と有限責任社員	任意	自由	法人課税
	合同会社	有限責任	任意	自由	法人課税
株式会社		有限責任	法定	出資割合	法人課税

ある。しかし，当初はいわゆるパス・スルー課税が認められなかったためその利用は限定的であった。その後，1988年に内国歳入庁（Internal Revenue Service：IRS）が，公式に一定の条件を満たしたLLCにパートナーシップ税制（構成員課税）を認めた（キントナー規則[41]）ことを受けて利用が拡大し，各州でLLC法の制定が進んだ。また，1997年には，実際の判断が困難なキントナー規則に代わって，法人課税か構成員課税かを選択できるチェック・ザ・ボックス規則が導入され，税の取扱いがさらに明確化された。ここに，LLC制度は急速に普及し，1993年時点の約2万社から2001年には80万社にまで急増した。また，現在でも年率20％程度の勢いで増加し続けているともいわれている[42]。

　LLCは多種多様な業種・業態で利用されているが，特に，人的資産が競争力の源泉となる事業分野に向いており，個人の専門知識やノウハウを使った事業（投資ファンドの運営組織，コンサルティング業，監査法人等），人

▶41 1954年のキントナー事件（医療団体を法人として扱うか否かについての係争事件）で，（法人税を適用する）法人の特性として4つ（経営の集中，団体の継続，持分の自由譲渡性，有限責任）をあげ，このうち3つ以上を該当する場合に法人とみなして（言換えれば，2つ以上が該当しなければパートナーシップ課税）法人課税をするとした判決から導かれた財務省の判断規則。しかし，実際の判断が困難であるという欠点があった（キントナー規則）。高市（2005a）49頁。
▶42 高市（2005a）49頁；石井（2005）59-63頁。

的資産を元手にした現代的創業(独自のビジネスアイディアを使った創業,サービス業等),法人の専門的能力を使ったジョイント・ベンチャーなどでの活用が進んでいる[43]。

一方,英国では,1990年代後半,弁護士や会計士のパートナーシップ組織において,パートナー間の無限連帯責任の問題が大きく取り上げられるようになってきたことから,大手の監査事務所が,全構成員が有限責任のパートナーシップ型組織の創設を強く求め,政府が2000年にLLP制度を創設した[44]。元来は,会計士事務所や弁護士事務所などの専門職業事業所の利用を想定した制度であるが,その後一般事業会社の利用も進み,2004年現在で約1万社のLLPがあるといわれている[45]。

6 監査業務を行う会計事務所の組織形態とLLP・LLC

従来からの組合ないし株式会社をはじめとする伝統的な事業形態,さらに新たに創設された事業形態としての有限責任事業組合(LLP)や合同会社(LLC)のようにさまざまな事業形態が存在するが,公認会計士という専門職業人が実施する監査業務に適した組織形態はどのようなものがふさわしいのか。この点を,英・米の現状からみてみよう。

米国において,公認会計士事務所が利用可能な組織形態には以下のようなものがあるが,選択基準は被監査会社からの独立性の確保,監査人の能力を向上させる組織構造,および監査人が直面する訴訟リスクの軽減といった側面から判断されるようである[46]。

(1) (Sole) Proprietorship(個人事業):個人が無限責任を負うことから,訴訟リスクに耐えられないことと,独立性の確保が困難なことで監査業務に従事することは難しい。

(2) General Partnership(任意組合):パートナーの無限連帯責任と個人所得課税を特徴とするが,訴訟リスク回避の観点から,(1)と同様,

---

▶43 平野(2005)95頁。
▶44 石井(2005b)8頁。
▶45 高市(2005b)29-33頁。
▶46 Arens, et al.(2008) pp.28-29.

一般的事業形態ではなくなってきている。

(3) General Corporation（株式会社）：監査人の独立性確保，専門能力を重視する観点から，物的会社としてのこの形態での監査事務所の設立はほとんどの州で設立が禁止されているため，州際業務を担当できないなどの問題もあって，利用されていない。

(4) Professional Corporation：医者・弁護士・会計士などの専門資格取得者が会社形態をとるものであるが，対人には無限損害賠償責任を負い，その他の責任については州によってその有限性の内容が大きく異なるため，州際業務を営む監査事務所での採用が困難となっている。

(5) LLC：先に述べた特徴をもち，税務は個人所得課税と法人課税の選択制となっている。会計プロフェッションは多くの州においてLLC創設に向けたロビー活動を行い，現在では大部分の州で監査事務所がLLCを採用できることとなった。ただ，現状では，監査業務を行う会計事務所がLLPからLLCに組織替えする状況にはないようである。米国LLCでは，所有と経営の分離が認められていることから，公認会計士でなくとも出資ができる。この点で，監査を担当する公認会計士組織としてなじまないといえるかもしれない[47]。

(6) LLP：1990年代に創設されたが，州により責任範囲規定が異なる。パートナーは，自らの行為および監督下にあるものの行為によって生じた損害賠償請求ついては無限責任を負うが，他のパートナーや監督下にないものの行為については有限責任となる。現在は，ビッグ4を含む多くの監査事務所がこの形態をとっている。

このほかに日本の合資会社にあたるLimited Partnership（無限連帯責任を負うGeneral Partnerと一般には投資家から成る有限責任のLimited Partnerの混合する会社）があるが，公認会計士事務所は利用不可となって

▶47 実際，米国4大監査法人はすべてLLP形態を採用しており，LLC形態を採用している監査事務所は，Deloitte Touche LLCやKPMG Consultant LLC（2002年にBearing Point Co.に組織変更）といったManagement Consulting会社に限られているようだ。日本でも，有限責任事業組合は組合員全員が業務執行を行う必要があるが，合同会社の社員は全社員が業務執行にあたることが原則であるとしても，定款で業務執行を行う社員を定めることによって，結果として，出資のみを行う社員が認められることとなる。

いる。

　英国では，無限責任のパートナーシップ形態をとる監査事務所と有限責任のパートナーシップ，すなわち，2000年7月に新設されたLLPを採用する監査事務所に分かれている。英国でLLPが導入されたのは，先にも述べたように，当時大型の企業倒産に絡み，弁護士，会計士など専門職業者に対する訴訟が増えており，大規模会計士事務所が政府に強力に働きかけたことによるものである。英国のLLPは，日本の有限責任事業組合と同じくパス・スルー課税が適用されるが，他面，法人格を所有している。LLPは，KPMGなどの監査法人や法律事務所，経営コンサルタントなどの専門職種のみならず，現在では，デザイン，ソフトウェア開発等一般の事業会社においても活用が進んでいる[48]。

　2002年に公表された日本公認会計士協会の「欧州3カ国の監査事情調査報告（第2回）英独仏における会計士の損害賠償責任[49]」によると，英国の会計事務所約1万社のうち，LLPを選択するものは大手では，Ernst &Youngのみ，その他は一部中小事務所200～300社に過ぎないとされていた。その理由として，会計士側は開示義務を負わないLLPを希望したが，有限責任を認める以上，取引先・債権者等に十分な財務内容の開示が不可欠であるとして設定された財務諸表公開義務を嫌ったともいわれている。しかし，現在では，4大監査事務所はすべてLLPを採用しており，例えば，KPMG（UK）は2002年，PwC（UK）は2003年1月にLLPに組織替えしている。

7　日本の監査事務所の組織形態

　最後に，日本の監査事務所の組織形態について現状をみてみよう。

　周知のように，直近の改正公認会計士法（2007年6月）により，全社員の有限責任制を導入した新たな監査法人形態として，「有限責任監査法人」

▶48　根田・矢内編（2005）19-21頁。
▶49　日本公認会計士協会（2002）

制度が創設された[50]。この改正により，日本でも，海外におけるLLPやLLCに準じた組織形態が認められることとなり，2008年4月の施行を受けて，新日本監査法人が新日本有限責任監査法人へと移行し（2008年6月24日付）日本で第一号の有限責任監査法人となった。しかし，法律施行後5年を経た現在，216ある監査法人のうち有限責任監査法人登録数は18法人のみで有限責任監査法人への移行は予想されたほど多くはなさそうである[51]。

　有限責任監査法人の意義ならびに問題点の検証については，本制度の創設から5年が経過したにもかかわらず，その利用が監査法人のごく一部にとどまっているところから，第4章において改めて取り上げる。本節では，「有限責任監査法人」創設前の環境のもとでの監査事務所の組織形態として，有限責任事業組合ならびに合同会社の利用可能性を取り上げることとする。

　日本では，公認会計士の個人会計事務所ないし共同事務所を除けば，現実に監査業務に従事している会計事務所はすべて監査法人の組織形態をとっている。公認会計士法第47条の2は，「公認会計士又は監査法人でない者は，法律に定のある場合を除く外，他人の求めに応じ報酬を得て第2条第1項に規定する業務（監査証明業務：筆者追加）を営んではならない」として，監査証明業務を公認会計士または監査法人の独占業務として制限しているからである。したがって，法律の改正を伴わないかぎり，新たに創設された法人組織形態である「合同会社」として監査業務を営むことはできない。一方，民法上の組合は，組合契約のもとで，各当事者が事業主として出資し共同の事業を営むための事業形態の1つであることから，公認会計士による共同事務所として監査業務を行うことは可能である。この点で，組合の発展形態と

▶50 有限責任監査法人は，会社法が規定する合同会社の性格を有する組織形態であるが，いわゆる士業法人（弁護士法人，税理士法人など専門職業者を主たる社員とする法人）であることから，各士業業務の性格に合わせた特殊な制約が課されている。例えば，有限責任監査法人では，全社員が有限責任（公認会計士法第34条の10の6第7項）でありながら，特定証明業務にかかわる指定有限責任社員については，特定証明から生じた債務について無限連帯責任を負うこととなっている（公認会計士法第34条の10の6第8項）。

▶51 2013年8月31日現在，日本公認会計士協会会員の監査法人数は216，それに対して，金融庁によれば，2013年4月8日現在，有限責任監査法人として登録されているのは18法人で，全体の8.3％に過ぎない（http://www.fsa.go.jp/menkyoj/menkyoj/kansahoujin.pdf）。一方，大規模監査法人で有限責任監査法人登録を行っていないのは，あらた監査法人のみであり，有限責任制度導入の根拠となった監査法人の規模による選択が行われているようである。

63

して新設された「有限責任事業組合」では，監査を業とする会計事務所の組織形態としての利用可能性がある。しかし，「有限責任事業組合」については，2005年7月に公表された「有限責任事業組合契約に関する法律施行令及び有限責任事業組合契約に関する法律の施行期日を定める政令」によると，本組合の業務として行うことのできないものとして，公認会計士法，弁護士法，司法書士法などが規定する9つの業務[52]が定められたことにより，当面，監査法人から「有限責任事業組合」への組織替えは不可能となった。その理由は，公認会計士業務が「性質上組合員の責任の限度を出資の価額とすることが適当でない業務（すなわち，無限責任を本旨とする業務：筆者追加）」（有限責任事業組合契約に関する法律施行令第1条）として認知されていることによるものであった。

したがって，現状では，新たに設置されることとなった「有限責任事業組合」も「合同会社」も監査法人からの組織替えは認められないこととなる。

しかし，英米では監査事務所によるLLPやLLCといった組織形態の採用が進んでおり，日本においても「有限責任事業組合」や「合同会社」の特徴を備えた組織形態の創設が要請されていた[53]。

これら新たに創設された新規事業形態は，監査に従事する会計事務所の組織形態として適当なものかどうか，この点からの検討を行ってみよう。

先にも述べたように，元来，新規事業形態の特徴は，以下の3つであった。

① 有限責任制
② 内部自治原則
③ 構成員課税

このうち，「合同会社」については，現在のところ，法人格をもつがゆえに③の構成員課税は認められていない[54]。この点で，監査法人は有限責任制

▶52 いわゆる職業独占資格を有するプロフェッショナルのみが従事できる業務
▶53 当時の奥山章雄日本公認会計士協会会長は会社法改正に関するインタビューにおいて，合同会社について「公認会計士法の監査法人についても同様の組織を認めてほしい」と発言していた。（日本公認会計士協会，2004，20頁）。
▶54 合同会社を新設した会社法は2005年6月29日参議院本会議において成立したが，それに先立つ6月28日の参議院法務委員会では，会社法案に対する付帯決議14.「合同会社に対する課税については，会社の利用状況，運用実態等を踏まえ，必要があれば，対応措置を検討すること」が委員会決議とされたため，将来，構成員課税が導入される可能性もあったが，8年を経過した現在ま

を除けば，合同会社に近い性格をもっているといえよう。

一方，出資者である社員と業務を執行する社員との関係については，「有限責任事業組合」の場合，出資者である組合員すべてが組合業務を執行する権利と義務を有する[55]のに対して，「合同会社」の場合は，定款に「業務を執行する社員」を定めることによって，社員を業務執行にかかわる者と単に出資を行うだけの者とに分けることが可能である。

先にも述べたように，「有限責任事業組合」や「合同会社」といった新規事業形態が新設されたのは，創業を促し，企業同士のジョイント・ベンチャーや専門人材の共同事業を振興することを目的とするものであった。創業リスク軽減の観点から，構成員課税は重要な要素となり得る可能性があった。しかし，当時，すでに180社を超える監査法人が設立されていたこと，また4大監査法人にいたっては，500名からの社員がその6倍を超える職員を雇用していた状況を顧みるに，構成員課税という特徴は監査業務に携わる事業体としてはそれほど重要性をもたないと思われる。この点では，「有限責任事業組合」であろうが「合同会社」であろうが，大きな相違は認められない。

しかし，「有限責任事業組合」と違って，「合同会社」では，監査業務にかかわらない単なる出資者としての社員を創造することが可能である（会社法第590条）。換言すれば，公認会計士でない者の参加も認められることとなり，監査事業体としての独立性ならびに信頼性の面で齟齬をきたすおそれがある。現状では，この点で，「合同会社」形態の利用には問題があると考えられる[56]。

「有限責任事業組合」の場合はどうか。

有限責任監査法人創設前の当時の監査法人制度と「有限責任事業組合」との最も大きな相違点は，社員の有限責任制の導入である。たしかに，監査法

でその動きはない。
▶55 「組合員は，前条の規定（第12条業務執行の決定：筆者）による決定に基づき，組合の業務を執行する権利を有し，義務を負う」（第13条第1項）
▶56 現行の公認会計士法では，公認会計士でないものにまで監査法人の社員資格を拡大（特定社員）した。この「特定社員」は組織的監査の効果的実施のためには弁護士やIT専門家など公認会計士以外の専門家の参加が必要であるとの観点から導入されたもので，日本公認会計士協会による審査と登録が要求されるとともに，社員に占める割合の上限が25％以下に制限されている。（公認会計士法施行規則第19条）また，特定社員は監査業務にかかわる社員であり，単なる出資者ではない。

人自体の巨大化をみるに，社員の相互監視と相互牽制が必ずしも十分に機能せず，ここに人的組織としての監査法人制度が社員に求めている無限連帯責任制は現状にそぐわなくなってきていることは事実である。この点で，社員の有限責任制を導入した「有限責任事業組合」組織が，無限責任の監査法人組織よりもより適合していると考えることもできる。

しかし，無限連帯責任をとってきた監査法人制度においても，2003年（平成15年）6月に改正された公認会計士法により，指定社員制度が新設された。そこでは，特定の監査証明について業務を担当する社員（指定社員）を指定することができることとし，当該監査証明（指定証明）に関しては指定社員のみが業務を執行し，法人を代表するとともに，無限責任を負う（公認会計士法第34条の10の4，第34条の10の5）こととしたのである。一方，指定社員以外の社員の責任については，監査法人への出資金の範囲に限定する有限責任制が取り入れられた。ただし，被監査会社等以外の第三者からの損害賠償請求については，従来どおり，監査法人の全財産をもって完済できない場合は全社員が連帯してその弁済を行うこととなる。

指定社員制度は，2004（平成16）年4月1日から開始する事業年度から適用となっていたことから，一般には，2005年3月決算企業から適用されることとなった。

eol DBタワーサービスを利用して指定社員制度導入期の調査を行ったところ，2005年3月決算上場企業総数2,755社のうち，監査法人が監査を行ったのは2,658社，そのうち，指定社員の名のもとに署名を行った監査報告書が添付された有価証券報告書発行会社は2,307社であった。

つまり，3月決算上場企業の96.5％が監査法人による監査を受けており，そのうち，86.8％の会社が指定証明を受けていたこととなる。この数字をみるかぎり，指定社員制度が早々に一般化されたことがわかる。

「有限責任事業組合」と指定社員制度を導入した監査法人との相違は，「有限責任事業組合」が組合制度を本旨とするのに対して，監査法人が法人制度を利用できること，有限責任については，前者が（損害賠償請求債務が確定した当事者を除いて）第三者にも対抗できる有限責任制であるのに対して，

後者は第三者に対しては指定社員制度のもとでも無限連帯責任を負うという点にある。

ここまで，監査法人の新たな組織形態としての「有限責任事業組合」と「合同会社」の利用可能性を比較検討してきた。現行法制度上では，いずれの形態を利用することもできないが，新たな監査事務所の組織形態としては以下の方向性が考えられよう。

(1) 「有限責任事業組合契約に関する法律施行令及び有限責任事業組合契約に関する法律の施行期日を定める政令」を改訂して，「有限責任事業組合」の業務として公認会計士法が規定する業務[57]を認めること。これにより，公認会計士の共同事務所を中小規模の監査法人に匹敵する「有限責任事業組合」監査事務所に組織換えすることが可能となり，より組織的な監査を実行できる監査事務所数を増やすことができよう[58]。

(2) 「合同会社」については，出資のみの社員を認めず，業務執行社員だけに限る例外規定を設けることによって合同会社形態の監査法人へ組織換えすることが可能となる。

この結果，監査に従事する会計事務所の多様化が進み，被監査会社の規模・業種に応じた監査事務所の選択範囲が広がることとなり，監査の寡占状態を解消することも可能となろう。

この度の公認会計士法改正で新設された「有限責任監査法人」はまさしく上記(2)の合同会社の性格をもつものである。

8 おわりに

日本版 LLP と日本版 LLC にあたる「有限責任事業組合」ならびに「合同会社」という新規事業形態が新設された。その特徴の第1は，人的組織につ

▶57 いわゆる職業独占資格を有するプロフェッショナルのみが従事できる業務
▶58 次章で議論する有限責任監査法人制度が法人形態をとる合同会社的組織形態であるのに対して，有限責任事業組合は主として人的性格を保つ点で，公認会計士共同事務所が受け入れやすい組織形態であるということができよう。

きものであった無限連帯責任を排除することにあった。その一方，会計プロフェッショナルという人的組織が採用してきた合名会社的組織としての監査法人組織がある。

監査法人制度が導入された当時と巨大化した監査法人が台頭する現在とでは，監査業務の置かれる環境が大きく異なっている。このような状況のもとで，「有限責任事業組合」と「合同会社」を監査業務組織として利用する可能性について検討してみた。

現時点では，両事業形態とも，そのまま監査業務組織として利用することはできない。公認会計士法第47条の2にあるように，「公認会計士又は監査法人でない者は，法律に定のある場合を除く外，他人の求めに応じ報酬を得て第2条第1項に規定する業務（監査証明業務：筆者追加）を営んではならない」とあるため，監査法人でない法人組織としての「合同会社」は本業務を営めない。また，「有限責任事業組合」を公認会計士の共同事務所組織と捉えた場合も，政令によって，本組合制度の利用が禁止されているからである。

しかし，監査法人制度自体を改革することによって，両組織形態の特徴を取り入れることは可能である。「有限責任監査法人」はその一例である。

「有限責任監査法人」制度の導入により，社員である監査人の責任は「有限責任事業組合」の組合員や「合同会社」の社員と同じ第三者にも対抗できる有限責任の性格をもつこととなった。たしかに，現行の組織的監査の広がり，監査法人の大規模化をみるに，監査業務を，無限責任を本旨とする業務と固定化することは現実的でない。現行監査は専門家個人の職人芸というよりは監査法人による組織的な監査のもとで行われ，審査体制も監査法人内部で整備されており，監査の実務もマニュアル化されているという点に，無限連帯責任から有限責任制への移行の根拠があるという考え方には説得力もある。さらに，公認会計士法の改正で導入されることとなった監査人のローテーション制度を加味するならば，特定の業務執行者による監査から監査法人全体での監査へと移行しているとみなすこともできよう。しかし，監査のいわゆるルーティン化は，監査という専門業務の一般化を意味することとなり，

公認会計士というプロフェッショナルが行う専門業務の希薄化を導くのではないかという懸念を払拭することができない。

　この意味で，有限責任制の導入は，専門業務の希薄化というデメリットを補完する制度を伴うことが不可欠である。株式会社における機関の設置義務，情報提供義務など，有限責任制度の利用においては，有限責任制（特に第三者に対する）のあり方，監査業務組織のあり方，組織内情報の公開のあり方，監査人の独立性，信頼性の確保の観点等から，慎重に判断することが肝要と考えられる。「有限責任監査法人」がこれらの問題点を克服できるものであるのかどうか，この点での分析が次の課題である。この点については，第4章で詳しく取り上げる。

【参考文献】

AICPAwebsite（http://www.aicpa.org/）
Arens, A.A. and J.K. Loebbecke (1999) *Auditing: An Integrated Approach*, 8th ed., Prentice Hall.
Arens, A.A., R.J. Elder and M.S. Beasley (2008) *Auditing and Assurance Services: An Integrated Approach*, 12th ed., Prentice Hall.
CPAAOBwebsite（http://www.fsa.go.jp/cpaaob/）
David, N. (2006) Ricchiute, *Auditing*, 8th ed., Thomson South-Western.
ICAEW (2010) The Audit Governance Code, The Institute of Charterd Accontants, Audit Firm Governance Working Group (Chairman: Norman Murray).
PCAOBwebsite（http://pcaobus.org/）
Porter, B., J. Simon and D. Hatherly (2003) *Principles of External Auditing*, 2nd ed., Wiley.
Whittaker,J. and J.Machell (2004) *The Law of Limited Liability Partnerships*, Jordan Publishing limited, Bristol.
新川達也（2005）「有限責任事業組合制度（日本版LLP制度）の創設へ向けて」『金融法務事情』第1731号。
石井芳明・渡邉佳奈子（2004）「日本版LLP制度の導入に向けて」『商事法務』第1710号。
石井芳明（2005a）「日本版LLP制度の導入について－共同事業のためのパートナーシップ型の新組織」『経理情報』第1077号。
石井芳明（2005b）「日本版LLP制度の概要と実務」『経理情報』第1087号。
石綿学（2005）「会社法務：有限責任事業組合（日本版LLP）の新設」『企業会計』第57巻第8号。
井上哲郎（2005）「有限責任事業組合（LLP制度）の創設について」『経済産業ジャーナル』第408号。
大杉謙一（2000）「法人（団体）の立法のあり方について・覚書－米国におけるリミティッド・ライアビリティー・パートナーシップ（LLP），リミティッド・ライアビリティー・カンパニー（LLC）の法制定に見る州際競争のダイナミズムを参考に－」『IMES

第 1 部　監査事務所の組織形態

DISCUSSION PAPER SERIES』No. 2000-J-7。
日下部聡・石井芳明監修,経済産業省産業組織課編（2005）『日本版 LLC－新しい会社のかたち』金融財政事情研究会。
経済産業省（2005a）「有限責任事業組合契約に関する法律案について」平成 17 年 2 月。
経済産業省（2005b）「有限責任事業組合（LLP）制度の創設について」(http://www.meti.go.jp/policy/economic_ogranization/pdf/llp_seidosousetsu.pdf)。
経済産業省（2005c）「LLP に関する 40 の質問と 40 の答え」。
経済産業省（2005d）「有限責任事業組合契約に関する法律について」。
商事法務編集部編（2004）『会社法制の現代化に関する要綱試案の論点』『別冊商事法務』第 271 号。
高市邦仁（2005a）「欧米の LLC」日下部聡・石井芳明監修，経済産業省産業組織課編『日本版 LLC－新しい会社のかたち』金融財政事情研究会。
高市邦仁（2005b）「有限責任事業組合（LLP）制度の創設について」『JICPA ジャーナル』第 17 巻第 8 号。
日本公認会計士協会のウェブサイト（http://www.hp.jicpa.or.jp/）
日本公認会計士協会（2004）「公認会計士制度委員会研究報告第 3 号　指定社員制度 Q&A」3 月 16 日。
日本公認会計士協会（2002）「欧州 3 カ国の監査事情調査報告（第 2 回）英独仏における会計士の損害賠償責任」『JICPA ジャーナル』第 14 巻第 6 号。
日本公認会計士協会（2004）「会社法制の現代化に関する要綱案（案）をめぐって（その 1）」『JICPA ジャーナル』第 16 巻第 11 号。
根田正樹・矢内一好編（2005）『合同会社・LLP の法務と税務』学陽書房。
畑野浩朗（2005）「有限責任事業組合（LLP）制度の創設の必要性」『商事法務』第 1720 号。
平野嘉秋（2005）「米国 LLC の税制－歴史と現状」日下部聡・石井芳明監修，経済産業省産業組織課編『日本版 LLC－新しい会社のかたち』金融財政事情研究会。

第4章 有限責任監査法人制度と独立性[*]

第1節　はじめに

　第3章第1・2節では，英米において監査事務所が取り得る組織形態，ならびにそれぞれの組織形態の特徴，有限責任の導入等によるガバナンスの強化などについて各国の特色を紹介してきた。日本の監査事務所組織形態を取り上げた第3節では，日本の監査事務所が取り得る組織形態の選択肢が少ないこと，それに対して，一般企業が取り得る選択肢が英米のLLP，LLCを真似た有限責任事業組合や合同会社などに広がったことから，監査事務所の組織形態としての採用可能性について論じた。結論として，これら有限責任事業組合と合同会社それぞれの特徴を活かした有限責任監査法人制度が2007年の公認会計士法改正により2008年から導入されたことを示した。

　本章においては，新たに創設された有限責任監査法人制度が大手監査法人に徐々に浸透してきたこと，人的性格を保持してきた無限責任監査法人から株式会社を代表とする有限責任制を表に打ち出した有限責任監査法人の創設により，新たなガバナンス体制の創設が重要であることを強調する。株式会社における機関の設置義務，情報提供義務など，有限責任制度の利用においては，有限責任制（特に第三者に対する）のあり方，監査業務組織のあり方，組織内情報の公開のあり方，監査人の独立性，信頼性の確保の観点等から，

---

[*]本章は，科学研究費補助金（課題番号20330097）および桃山学院大学特定個人研究費の成果報告の一部でもある朴「有限責任監査法人制度の現状と課題」，桃山学院大学総合研究所紀要第37巻第1号（2011.7）につき，その後の制度変更などをもとに必要な加筆・修正を行ったものである。

ガバナンスのあり方を慎重に判断することが肝要と考えられる。「有限責任監査法人」がこれらの問題点を克服できるものであるのかどうか，この点での分析が第4章の焦点である。

第2節　有限責任監査法人制度の問題点

　2008（平成20）年度科学研究費基盤研究（B）に採択された「監査人の独立性確保のための組織ガバナンスと制度改革に関する理論的・国際的研究」（研究代表者：朴大栄）は，監査論・会計学・商法（会社法）の各分野における8名の大学研究者および会計・監査業務に携わる2名の実務家[1]の協力により3年間にわたる総合研究を実施してきた。

　本研究の必要性が認識されたのは，2001年12月に経営破綻した米国のエンロン社の不正事件やそれに続くワールドコム事件（2002年），わが国におけるカネボウ事件（2005年）や日興コーディアルグループ事件（2006年）など，監査の信頼性を根底から覆す事件が続くとともに，それに伴って，関与会計事務所・監査法人に対する批判・処分などのニュースが相次いだことを契機とするものである。

　これらの事件に共通するのは，監査がその本来の役割を果たせなかったという，いわゆる「監査の失敗」がその背景にある。

　専門家集団である監査法人においてなぜ監査の失敗が相次いでいるのか。1960年前後に経済界を騒がせた山陽特殊製鋼などの大型倒産事件を契機として，企業の大規模化と多角化に対応する組織的監査の実現，ならびに，監査人の独立性確保を目的として新たに制度化された監査法人監査が，ここに来てその限界を露呈しているのではないか，ここにわれわれの研究の視点がある。

　監査法人監査に限界が生じている原因は，大きく2つに分けることができる。

　1つは，合名会社的性格をもつ監査法人の組織構造自体にかかわる問題である。社員の責任，資格，組織ガバナンスなど，現状の問題点を捉えるとともに，監査の失敗を避けるためにどのような組織構造の改革が必要かを明ら

▶1　実務家2名のうち1名は，現在大学研究者の立場で研究を続けている。

かにしなければならない。

今1つは，監査法人を取り巻く制度自体にかかわる問題である。監査人のローテーション，選任権・報酬決定権の主体のあり方などが問われている。

これら2つは，いずれも監査人の独立性にかかわる問題である。独立性確保のためのルールづくりの必要性は，国際会計士連盟をはじめ，会計不祥事が相次ぐ世界各国で主張されるところである。

科学研究費補助金対象となった本研究は，独立性確保の観点から，監査法人の組織形態，ガバナンス，監査環境といった3つの側面での理論的・国際的比較研究を進め，監査制度のあり方に対する具体的提言を目的とするものであった。

研究の1つのテーマは，合名会社的性格をもつ監査法人自体における組織構造の改革に関するものであった。このうち，採用すべき組織形態については，2009（平成21）年発表の論文[2]ならびに本書第3章第3節においていわゆるLLP（有限責任事業組合）やLLC（合同会社）と絡めてすでに論じたところである。

2007（平成19）年における改正公認会計士法は，この問題の解答の1つとして，LLC（合同会社）の特徴を備えた新たな特別法人である有限責任監査法人制度を創設した[3]。以来，大手監査法人3事務所[4]のうち，新日本監査法人が先陣を切って2008年6月24日をもって新日本有限責任監査法人へと組織替えし，つづいて，トーマツ（2009年），あずさ（2010年）も有限責任監査法人へと組織替えをすませている。

大手監査法人3事務所が有限責任監査法人へと衣替えをすませたことから，改めて，監査法人組織における有限責任制，組織ガバナンス，組織内情報の公開のあり方等について，監査人の独立性，信頼性の確保の観点から再検討を行うことが必要である。「有限責任監査法人」制度がこれらの問題点

▶2 朴（2009a）。
▶3 有限責任監査法人制度の創設により，従来の合名会社的組織形態としての監査法人は無限責任監査法人として取り扱われることとなった（公認会計士法第1条の3第5項）。
▶4 新日本，あずさ，トーマツの3大監査法人に対し，あらた監査法人を加えて4大監査法人と呼ぶこともあるが，規模の格差から，本章ではあらた監査法人を準大手として別枠で取り扱う。

を克服できるものであるのかどうか，有限責任監査法人の現状と課題の分析が重要な焦点となる。

第3節　有限責任監査法人制度創設の背景

　1945（昭和20）年の終戦後，荒廃した日本社会は経済の復興を第1に掲げた。経済復興の主体は人であり，体力，資力，能力を備えた2種類の人であった。2種類の人，1つはわれわれ自然人であり，今1つは，その集合体であって，体力，資力，能力の面ではるかにわれわれ自然人を凌駕する法人がそれであった。証券市場を背景にもつ株式会社がその代表である。

　株式会社の興隆が日本経済の復興を担ってきたことに疑問の余地はない。しかし，さまざまな面で自然人をはるかに凌駕する法人（株式会社）は時として暴走する危険性と隣り合わせにあった。証券市場における法人の暴走を阻止し，自然人との共生を図らせるために整備された法律の1つが1948（昭和23）年4月に制定・公布された証券取引法であった。

　証券取引法第1条はその目的を，「国民経済の適切な運営及び投資者の保護[5]」と規定し，目的達成の一環として，貸借対照表，損益計算書その他の財務計算に関する書類に対する監査証明を受けることが定められた（1948年公布旧証券取引法第193条）。証券取引法に基づく財務諸表監査制度の新設である。

　1948年証券取引法では，監査証明の主体は，当時唯一の会計専門職であった計理士が担うと規定されていた[6]が，その資格取得については試験合格者に加えて，一定の科目修得者にも無試験で登録を認めていたことから，この

▶5　証券取引法は2006（平成18）年の改正により，金融商品取引法と名称を改め，取扱対象を有価証券から金融商品全般に拡大するとともに，その目的も「国民経済の健全な発展及び投資者の保護」と文言を改めている。

▶6　1948年証券取引法第193条は，「証券取引委員会は，この法律の規定により提出される貸借対照表，損益計算書その他の財務計算に関する書類が計理士の監査証明を受けたものでなければならない旨を証券取引委員会規則で定めることができる。」（傍点筆者）と規定するのみで，証券取引法による法定監査が強制されたのは，正確には，1950（昭和25）年の改正により第193条の2「証券取引所に上場されている株式の発行会社その他の者で証券取引委員会規則で定めるものが，この法律の規定により提出する貸借対照表，損益計算書その他の財務計算に関する書類には，その者と特別の利害関係のない公認会計士の監査証明を受けなければならない。」が追加制定されてからである。

新たな証券取引法監査を担当する能力に懸念があった。そのため，証券取引法制定と並行して計理士に代わる監査主体を設置する法律が立案検討され，同年7月に監査証明を担当する会計専門職として欧米にならった公認会計士制度を創設するための公認会計士法が制定されたのである[7]。

1948年公認会計士法は以下のように規定していた。

第2条第1項（公認会計士の業務）
「公認会計士は，他人の求めに応じ報酬を得て，財務書類の監査または証明をすることを業とする。」

第47条（公認会計士でない者の業務の制限）[8]
「公認会計士でない者は，法律に定のある場合を除く外，他人の求めに応じ報酬を得て第2条第1項に規定する業務を営んではならない。」

監査独占職業人としての公認会計士の誕生であった。

以来，半世紀以上が経過したが，この間，証券取引法監査の主体は大型粉飾事件に伴い2度の大きな変化を遂げることとなった。1つは，虚偽証明により初めて公認会計士登録抹消処分を引き起こした1965（昭和40）年の山陽特殊製鋼事件であり，今1つは，当時4大監査法人の1つであったみすず監査法人（旧中央青山監査法人）の解散という結果を招いた2004年から2006年にかけてのカネボウ事件[9]と日興コーディアル事件がそれであった[10]。

周知のように，山陽特殊製鋼事件は，大会社に対する監査主体としての公認会計士個人事務所の限界を露呈し，ここに専門職業人の業務分野，いわゆ

▶7　1948年7月の公認会計士法制定に伴い，同年4月に制定されていた証券取引法第193条に規定する「計理士」は「公認会計士」に読み替えられるとともに，計理士法も廃止され，実質的に証券取引法監査の担い手は監査実施当初から公認会計士に限られることとなった。
▶8　現行公認会計士法では，第47条の2で規定。
▶9　2004年に粉飾が明るみに出たカネボウ事件は過去5年間で2,000億円を超える粉飾を行っていたこと，粉飾実行犯であった社長をはじめ，公認会計士4名の逮捕を伴ったことなど，監査の信頼性を大きく傷つけることとなった。
▶10　2006年に粉飾決算が明るみに出た日興コーディアル事件は，カネボウ事件で信頼を損なっていたみすず監査法人（旧中央青山監査法人）の解散につながった。

る士業業務においても法人化の波が押し寄せることとなったのである。

　1966（昭和41）年，公認会計士法が大きく改正され，監査業務の担い手として，公認会計士個人ないし共同事務所に加えて監査法人が創設されることとなった。大規模企業の監査はもはや，公認会計士個人や共同事務所が対応できるものではなくなっていたのである。公認会計士監査から監査法人監査への移行であった。

　監査法人制度創設後ほどなくして，監査法人の設立は急増し，また法人間の合併，合同も相次ぐこととなり，ここに大規模監査法人が誕生することとなった。これにより，証券取引法監査は寡占化の様相を呈することとなるのである[11]。

　監査法人の大規模化は，1966年公認会計士法改正当初の趣旨とはかけ離れた状態を生み出した。

　当時の公認会計士法が意図した監査法人は，専門職業人としての人的組織の性格を保持しながらも，個人ないし共同公認会計士事務所の監査実務上の弱点である組織的監査を実現させるために，5名以上の公認会計士の資力と能力を集結する合名会社的組織形態であった。したがって，当然に社員全員が業務を遂行する権利と義務をもち，同時に，各自の業務内容を相互に牽制する組織が想定されていた。

　しかし，社員数が400名を超えるような大規模監査法人の出現は，監査法人制度創設当初の法規定と齟齬が生じるようになってきた。監査法人の大規模化は，株式会社の出現による普通法人規制の強化が必要とされたのと同様の経緯をたどるとともに，合名会社的組織の変革を要求することにもなったのである。図表4-1は，2007（平成19）年公認会計士法改正前と現在の4大監査法人の社員数を示している。

　旧中央青山監査法人の分裂により創設されたあらた監査法人を除けば，大規模監査法人の社員数は，2005年にはすでに400名を超えており，2013年には600名を超える社員で構成されることとなった。このように，監査法人の大規模化により，社員の相互監視・相互牽制が困難となった状況を受けて，

▶11　エンロン事件発覚前の2000（平成12）年当時の証券取引法監査は4大監査法人が80%の占有率を示していた。監査業務の寡占状態については，朴（2009b）26頁を参照されたい。

図表4-1　4大監査法人の社員数

		新日本	トーマツ	あずさ	中央青山（2005）あらた（2009）
2005年	社員数	565	403	425	471
2013年	社員数	637	681	609	102

注）カネボウ事件，日興コーディアル事件により中央青山監査法人はみすず監査法人とあらた監査法人その他に分裂することとなったが，業務停止処分を受けたみすず監査法人は2007年に解散した。
出所：各監査法人ウェブサイトおよび事業報告から作成（トーマツのみ，2013年9月30日現在の数字であるが，その他は2013年6月30日現在）。

2003（平成15）年公認会計士法改正では，弁護士法人制度にならった指定社員制度が新設され，クライアント（被監査企業）に対する有限責任制が取り入れられることとなった。さらに，2007（平成19）年成立の改正公認会計士法では，第三者責任をも含めた有限責任制が取り入れられ，有限責任監査法人の設立が認められることとなったのである。これらの改正は，監査法人の現状にあわせて，社員である公認会計士に有限責任制を導入すると同時に，一方では，監査法人規制を強化することを目的としたものであった[12]。

第4節　有限責任監査法人制度の概要

2007（平成19）年改正の公認会計士法により，公認会計士・監査法人の独占業務であった財務書類の監査は，従来の個人公認会計士[13]および合名会社的監査法人（無限責任監査法人）に加えて，合同会社（LLC）の性格をもつ有限責任監査法人の3つの主体によって担われることとなった[14]。

監査法人の規模の拡大に伴い，無限連帯責任制度が実態とそぐわなくなった大規模監査法人にとって，有限責任制度の導入は必然であった。しかし，監査主体にとって有利な有限責任制導入においては，一方で，監査利用者を

▶12 指定社員，有限責任監査法人制度創設の経緯については，朴（2009b）26-30頁を参照されたい。
▶13 2003（平成15）年改正の公認会計士法では，大会社等に対する公認会計士単独による監査の禁止規定（第24条の4）が追加されたことにより，上場会社など大会社に対する監査は監査法人ないし複数の公認会計士による共同監査に制限されることとなった。
▶14 公認会計士法第34条の7および第47条の2参照

保護するための情報公開の促進，経営基盤の強化などをあわせもつことが必要であった。

本節では，2007年改正の公認会計士法から，これらの点を整理してみよう。

有限責任監査法人に関する公認会計士法の規定と各条文の内容は以下のとおりである。

1　有限責任監査法人の設立

① 定款において社員全員が有限責任社員である旨の記載（第1条の3第4項・第34条の7第3項5号・第34条の7第5項）
② 社員全員が有限責任を意味する名称の使用（第34条の3第2項）
③ 特定証明業務[15]を担当する社員（指定有限責任社員）の指定（第34条の10の5第1項）

2003年公認会計士法改正で導入された指定社員制度は，無限責任監査法人を前提とするものの，特定の証明について「業務を担当する社員を指定できる」（第34条の10の4第1項）と規定し，無限責任社員を関与社員（指定社員）に限定する指定証明を例外的に取り扱っていた。これに対し，有限責任監査法人は，全社員が有限責任であることが原則であり，定款ならびに法人名称においてその事実を明らかにすることが要求されている。したがって，有限責任監査法人においては，特定証明業務を担当する社員の指定が原則であって，指定証明を例外として扱う無限責任監査法人と比して，証明業務を担当しない社員の責任範囲が異なる扱いとなる。次に，監査法人の社員が負うべき責任の範囲の相違について取り上げてみよう。

2　有限責任監査法人における社員の責任範囲

① 社員の責任（第34条の10の6第7項）
② 指定有限責任社員の責任（第34条の10の5第2項・第34条の10の6第8項から第11項）

▶15 指定有限責任社員の指定がなされた監査証明（公認会計士法第34条の10の5第2項）

無限責任監査法人における指定社員と有限責任監査法人における指定有限責任社員が担当する証明業務に関しては，両法人とも関与社員が無限連帯責任を負うこととなるが，1で述べたように，それぞれの法人における証明業務に関与しなかった社員の責任は異なる扱いとなる。無限責任監査法人の社員は，原則として，監査法人が負うべき債務に対して無限連帯責任を負う（第34条の10の6第1項・第2項）のに対して，有限責任監査法人の社員については，原則として，「その出資の価額を限度として，有限責任監査法人の債務を弁済する責任を負う」（第34条の10の6第7項）からである。

　したがって，無限責任監査法人においては，指定証明の場合，監査証明契約の当事者である被監査会社に対する無限連帯責任は限定されるものの，第三者に対する責任は，全社員が無限連帯責任を負ったままである。一方，有限責任監査法人では，指定有限責任社員以外は当該監査証明に対して第三者に対しても有限責任となる。監査法人ごとの社員の責任関係について，図表4-2にまとめてみよう。

図表4-2　監査法人の社員の責任

		対被監査会社	対第三者
無限責任監査法人	指定社員	無限責任	無限責任
	その他の社員	有限責任	無限責任
有限責任監査法人	指定有限責任社員	無限責任	無限責任
	その他の社員	有限責任	有限責任

3　法人情報の作成と開示

① 内閣総理大臣提出用業務報告書の作成（第34条の16第2項）
② 業務および財産の状況に関する説明書類の作成と公衆への縦覧（第34条の16の3第1項）

　法人情報の作成・開示に関しては，1966年公認会計士法により監査法人制度が新設された当時から会計報告書（財務諸表等）ならびに業務報告書の

作成と関係官庁への提出が義務づけられていた（1966年公認会計士法第34条の16）。しかし，その内容は業務の概況，事務所・使用人の状況に関する簡潔な記載で足り，当時の大蔵省令が提示する記載様式も1ページ程度のものに過ぎなかった。

これに対し，有限責任監査法人制度の創設は，有限責任を原則とする法人組織の導入であることから，有限責任組織の代表である株式会社並みの計算書類ならびに業務報告書の作成・提出が規定されたのみならず，業務および財産の状況に関する説明書類については公衆への縦覧に供することが必要とされている。この規定は，一部適用除外を設けてはいるが現在の無限責任監査法人にも適用されている[16]。

4 計算書類の監査

① 収益規模が一定以上である有限責任監査法人の計算書類への監査報告書添付（第34条の32第1項）

有限責任監査法人が株式会社同様，社員の有限責任を原則とする以上，第三者による損害賠償請求への対応能力を示すために財務内容を公開することが必要である。そのため，3で取り上げたように，業務および財産の状況に関する説明書類の作成と公衆への縦覧を要求する規定が制定されたのであるが，さらに公開情報の信頼性を確保するために，計算書類について，特別の利害関係のない公認会計士または監査法人による監査報告書の添付が規定されることとなった。ただ，監査報告書の添付は経済的負担の面からも大規模監査法人に限るという趣旨から，収益の額（売上高に相当）が10億円以上である有限責任監査法人に限られることとなっている（公認会計士法第34条の32第1項および公認会計士法施行令第24条）。

▶16 公衆の縦覧に供すべき説明書類の記載事項については公認会計士法施行規則で詳細に定められているが，無限責任監査法人の場合は，財産の概況に関する事項について計算書類に代えて直近2会計年度の売上高の総額の記載で足りることとされている。また，計算書類の作成義務がないことから，当然に，計算書類の監査を受けることも免除されている。（公認会計士法施行規則第39条）

5　財務内容の強化

① 　最低資本金制度（第34条の27第3項・公認会計士法施行令第22条）
② 　供託金制度（第34条の33第1項・公認会計士法施行令第25条）
③ 　責任保険契約による供託の代用（第34条の34・公認会計士法施行令第29条他）

　有限責任監査法人制度の創設は，財務内容の公開のみならず，損害賠償請求権者保護の面からも財務基盤・経営基盤の強化を伴う必要がある。このために導入されたのが最低資本金制度と供託金制度であり，また供託金に代わる責任保険制度である。最低資本金と供託金は，いずれも社員数に応じて決められており，それぞれ社員数に100万円ならびに200万円を乗じた額とされているが，供託金額は責任保険金額に応じて減額することが可能である。

第5節　有限責任監査法人制度の現状と課題

1　金融商品取引法監査主体の現状

　有限責任監査法人制度が創設されて（2007年6月公認会計士法改正，2008年4月施行）6年，その間，新日本監査法人が先陣を切って2008年6月に新日本有限責任監査法人と組織替えし，大手監査法人では，監査法人トーマツが翌年の2009年6月に，あずさ監査法人が2010年6月に，順次有限責任監査法人トーマツ，有限責任あずさ監査法人へと改組を行ってきた。また，準大手の太陽ASG監査法人なども太陽ASG有限責任監査法人への組織替えを行っている。

　2013年4月8日現在，金融庁に登録が認可された有限責任監査法人は第20号のこのえ有限責任監査法人まで20法人あるが，登録番号第10号と第15号が欠番となっているため，実際の登録有限責任監査法人は18法人となっている[17]。

▶17 金融庁に問い合わせたところ，2009年および2010年に登録が承認された麻布有限責任監査法人（登録番号第10号）ならびに宙有限責任監査法人（登録時はアクティブ有限責任監査法人：登

一方，216ある監査法人全体（2013年8月31日現在）に占める有限責任監査法人の割合は，8.3％である。この数字を大きいとみるか小さいとみるかは，有限責任監査法人と無限責任監査法人を対比して分析することが必要である。また，一口に監査法人といっても，社員数も所属公認会計士数も公認会計士法の要求する最低限の数字である5名程度で構成される小規模監査法人のうちには，必ずしも監査証明を主たる業務としていないもの，株主・投資者といった第三者からの損害賠償請求のおそれが小さい業務に従事する監査法人なども多数存在する。有限責任監査法人制度の現状と課題を分析するためには，分析対象とする無限責任監査法人を限定する必要がある。

このもとで，分析課題は，公認会計士法第2条第1項にいう監査証明業務を行う監査法人組織について，有限責任制，組織ガバナンス，組織内情報の公開，それぞれのあり方等に焦点を合わせ，有限責任監査法人制度と無限責任監査法人制度の比較研究を進めることである。われわれは，有限責任監査法人の現状と課題を分析するため，調査対象監査法人を上記の観点から絞った上で，アンケート調査を実施した[18]。

監査証明には，金融証券取引法，会社法，その他，多くの法定監査や任意監査が含まれるが，ここでは最も代表的な監査として金融商品取引法監査（以下，金商法監査という）を対象とした分析を行う。大会社に対する会社法監査も重要な意味をもっているが，監査結果が不特定多数の金融商品市場参加者に広がるという意味で，金商法監査の方が有限責任制とより強い関係をもつからである。したがって，有限責任監査法人と無限責任監査法人を比較する場合，監査法人の中でも上場会社監査を担当する監査法人を中心に分析することとした。

日本公認会計士協会は，2007年4月より，社会的に影響の大きい上場会社を監査する事務所の品質管理体制を強化し，資本市場における公認会計士監査の信頼性を確保するため上場会社監査事務所登録制度を導入し，協会が

録番号第15号）は，解散のため登録が抹消されたとのことである。
▶18 本アンケート調査は，科学研究費補助金（課題番号20330097）を受けて2009年6月に実施した。本章の分析内容はこのアンケート調査に基づいている。アンケート調査の概要は章末に添付する。

実施する品質管理レビューと一体化させて運用している。本節の分析では，この上場会社監査事務所に登録を行っている監査法人（以下，登録監査法人という）を中心に取り扱うこととする。

　2013年9月13日現在，登録上場会社監査事務所は159，そのうち，監査法人は136（85.5％）である。協会会員監査法人が216（2013.8.31現在）法人であるので，登録監査法人は全体の63％に過ぎず，40％に近い監査法人は上場会社監査をほとんど担当していないともいえよう。

　また，有限責任監査法人18のうち，登録監査法人は10，準登録法人が2，残り6法人は未登録である。準登録法人，未登録法人とも各法人ウェブサイトなどで説明書類が添付されていないため監査内容の実態は不明であるが，いずれも社員数は5名程度と最小規模の監査法人に過ぎず，金商法監査契約は現時点ではほとんどないものと思われる。

　図表4-3によると，上場会社監査事務所登録を行っている136監査法人のうち，組織形態として有限責任監査法人を採用しているのはわずか9法人（6.6％）に過ぎない。しかし，金商法監査については，この9法人で延べ4,090社のうち2,960社（72.4％）を担当している。また，136登録監査法人のわずか2.2％の数字でしかない3大有限責任監査法人が69.6％の金商法監査を担当するなど寡占化の状態が明らかである。

　大手監査法人に，無限責任監査法人も加えた準大手監査法人3法人を加えると6法人，4.4％の監査法人が78.8％の金商法監査を実施していることとなる。さらに，中規模監査法人を加えるならば，この数字はそれぞれ7.4％，83.0％となる。

　反面，有限責任監査法人9法人をみると，全体としては，金商法監査を69.6％担当しているとはいえ，その99.6％は大手ならびに準大手の有限責任監査法人4事務所が占め，小規模監査法人に分類される5有限責任監査法人の金商法監査数はわずか11社に過ぎないことがわかる。

2　金融商品取引法監査主体と監査法人

　1で分析した数字は何を意味しているのであろうか。

第 1 部　監査事務所の組織形態

図表 4-3　金商法監査担当監査法人の実態調査

規模別監査法人[注1]	組織形態	監査法人数	金商法監査数
大手監査法人	有限責任監査法人	3 (2.2%)	2,846 (69.6%)
	無限責任監査法人	0 (0%)	―
準大手監査法人	有限責任監査法人	1 (0.7%)	103 (2.5%)
	無限責任監査法人	2 (1.5%)	274 (6.7%)
中規模監査法人	有限責任監査法人	0 (0%)	―
	無限責任監査法人	4 (2.9%)	172 (4.2%)
小規模監査法人	有限責任監査法人	5 (3.7%)	11 (0.3%)
	無限責任監査法人	121 (89%)	684 (16.7%)
合計		136	4,090[注2]

注1）便宜上，社員数 500 名以上，金商法監査数 500 以上の 3 法人を大手監査法人と分類した。続いて，社員数 50～100 名前後，被監査会社数 100 前後から 200 社以下の 3 法人を準大手，被監査会社数 30～60 社の監査法人を中規模，それ以下を小規模監査法人と分類した[19]。

注2）2013 年 4 月 15 日現在の上場会社は約 3,570 社であるが，表の合計数字は，非上場会社に対する金商法監査も含んでおり，また上場会社監査事務所に登録している 136 監査法人の説明書類に記載された金商法対象クライアント数を合計したものであるので，共同監査の場合，複数カウントされている。

出所：2013 年 9 月 19 日付日本公認会計士協会上場会社監査登録事務所情報（http://tms.jicpa.or.jp/offios/pub/agree.do）に掲載された名簿ならびに各法人添付の説明書類に基づいて作成。

　金商法監査の 70% 近くを担当している 3 大手監査法人はすべて有限責任監査法人形態をとっているが，準大手 3 法人まで含めると，80% 近くの金商法監査は有限責任監査法人 4 法人と無限責任監査法人 2 法人が担当している。さらに，中規模監査法人まで含めると，83% にのぼる金商法監査をわずか 10 法人が実施していることとなるが，ここでは，有限責任監査法人と無限責任監査法人の比率は 4 対 6 と逆転するのである。

　有限責任監査法人が創設されたのは，監査法人の規模が合名会社的組織の

▶19　説明書類によれば，大手に分類した新日本（社員数 672 名，金商法監査 1,173 社），トーマツ（671 名，1,000 社），あずさ（574 名，832 社）に対して，準大手は有限責任監査法人の太陽 ASG（54 名，111 社），無限責任監査法人のあらた（102 名，169 社），東陽（102 名，97 社）の 3 法人であった。中規模 6 法人は社員数 24 名の京都監査法人を筆頭に，最少が 12 名，被監査会社数は三優の 59 社を筆頭に，最少が 31 社である。また，90% 以上の監査法人が所属する小規模監査法人は，社員数最大 16 名，被監査会社数最大 24 社の霞が関監査法人を筆頭に，大部分は社員数，被監査会社数とも 10 以下の監査法人である。

域を超えて拡大したため無限連帯責任制と相容れない側面が出てきたためであり，同時に，監査証明業務を担当した指定有限責任社員には，関与社員のみに無限連帯責任を負わせることにより連帯責任の希薄化を防ぎ，これまで以上にプロフェッショナルとしての責任を意識させることができるためであった。

　現行の公認会計士法では，監査法人がいずれの法人形態をとるかは一定の基準さえ満たせばまったくの自由である。そのため，無限連帯責任の範囲を縮小する有限責任監査法人に対しては，財務体質の強化や情報公開の拡大，一定の条件下で監査証明を受けるなどの新たな義務を課している。しかし，監査利用者からみた場合，同じ金商法監査であるにもかかわらず，有限責任監査法人，無限責任監査法人のいずれもが監査業務を担当することが可能であり，さらに，監査法人の規模を問わないこと，ひいては単独監査でないかぎり個人ないし共同監査事務所でも担当可能であることについて監査の信頼性に疑問を生じさせるのではないかという危惧がある。

　有限責任監査法人制度については，創設後まだ6年であり，今後改組する監査事務所がさらに増えてくる可能性もあるといえるが，その実態はいかがであろうか。

　これに関して，無限責任監査法人の有限責任監査法人への改組指向について，われわれが2009年6月に実施したアンケート調査がある。

　本アンケート調査は，当時の193監査法人と2共同事務所に対して行ったものであり，回答数（率）は49法人・事務所（25.1％）であった。

　アンケート回答を集計した図表4-4によると，有限責任監査法人に組織替えをした監査法人は4法人（8.2％），組織替え予定が5法人（10.2％），あわせて総数9法人（18.4％）である。この数字は，現在の有限責任監査法人が18法人（8.3％）であることを考えると高い数値にみえるが，社員数5名以下の小規模監査法人の回答率が低い結果を示している点を考慮すれば，有限責任監査法人への組織替えはそれほど進まないと考えることもできよう。ちなみに，本アンケートの回答期限とした2009年7月時点での有限責任監査法人登録数は8法人であったので，有限責任監査法人に限れば，回答率は

図表4-4　組織形態についてのアンケート回答結果（回答数：49）

	質問内容	選択肢	回答数（割合）
15-1	有限責任監査法人ですか	1. はい 2. いいえ	4（8.2%） 43（87.8%）
15-2	有限責任監査法人に組織替した理由（複数選択可）	1. 社員の有限責任化 2. 無限連帯責任を負う業務執行社員と有限責任の経営執行社員の役割分担による組織運営の効率化 3. 監査報告書を添付した計算書類の開示による説明責任の履行 4.「有限責任監査法人」名称の使用によるステータス化 5. その他	3（6.1%） 1（2.0%） 0 1（2.0%） 0
15-3	有限責任監査法人に組織替予定	1. はい 2. いいえ	5（10.2%） 37（75.5%）
15-4	有限責任監査法人に組織替えする理由（複数選択可）	1. 社員の有限責任化 2. 無限連帯責任を負う業務執行社員と有限責任の経営執行社員の役割分担による組織運営の効率化 3. 監査報告書を添付した計算書類の開示による説明責任の履行 4.「有限責任監査法人」名称の使用によるステータス化 5. その他	5（10.2%） 0 0 0 0
15-5	有限責任監査法人に組織替えしない理由（複数選択可）	1. 社員の有限責任化 2. 定款変更，登録申請などの煩雑な手続とコスト負担の割にメリットが小さい。 3. 最低資本金（社員数×100万円）制度や供託金（社員数×200万円）の供託に社員の賛同を得られない。 4. 指定有限責任社員や審査等を担当する関与社員に有限責任が認められていない。 5. 監査報告書を添付した計算書類の開示 6. その他 ①組織規模衰退縮小のため ②必要性が認められない ③意味がない ④監査人が責任をもつのは当然 ⑤社員が少数のため ⑥検討中 ⑦規模が小さいので，どちらにしても問題をおこせば同じである。 ⑧クライアントの同意 ⑨社員は少数でありよく知っている ⑩同一組織体として監査を行う以上，社員は無限責任であるべき。	6（12.2%） 13（26.5%） 3（6.1%） 10（20.4%） 8（16.3%） 10（20.4%）

50％となり，全体の回答率のほぼ倍の数値を示している。また，有限責任監査法人の登録一覧をみると，初年度の2008年は6月以降，ほぼ半年間で5法人，翌2009年度は8法人（1法人は廃業）であったのに対して，2010年度は5法人（1法人は廃業）となっており，しかも，同年6月の有限責任あずさ監査法人，12月の信永東京有限責任監査法人の登録後は3年の間をおいて2013年に2法人の登録があったのみであり，有限責任監査法人登録がほとんど進んでいないとみることもできよう。

　有限責任監査法人へ組織替えをする理由については，組織替えを終えた法人のみが「無限連帯責任を負う業務執行社員と有限責任の経営執行社員の役割分担による組織運営の効率化」ならびに「有限責任監査法人名称の使用によるステータス化」をあげているが，いずれも1法人に過ぎず，組織替え済み4法人のうち3法人は「社員の有限責任化」を選んでいる。この傾向は，組織替え予定法人においても明らかであり，5法人すべてが組織替えの理由として「社員の有限責任化」のみを選択している。

　一方，有限責任監査法人への組織替えを予定しない監査法人においては，その理由として，「社員の有限責任化」を反対の理由として捉えているものが6法人あり，その他，「手続きの煩雑さ」(13件)，「指定有限責任社員や関与社員に有限責任が認められていないこと」(10件)，「監査報告書添付の計算書類の開示」(8件) とつづいている。

　組織替えを予定しない理由の自由記述では，「監査人が責任を持つのは当然である」，「同一組織体として監査を行う以上，社員は無限責任であるべきである」といった社員の有限責任化に対する否定的意見の記載がみられる。これは，6法人が「社員の有限責任化」を組織替えの反対理由としてあげているように，資格独占業務としての監査証明をいわゆる士業業務として捉えるともに，監査法人の性格を従来同様，人的組織としての合名会社の組織として捉えるべき立場があることを示している。

　一方では，「有限責任化の意味がない」とか，「規模が小さいので，どちらにしても問題をおこせば同じである」といった記述にみられるように，監査法人の規模の面から組織替えの意義を認めない意見も散見される。この点は，

小規模監査法人が監査法人全体の90％以上を占めることを考えれば，大部分の監査法人は合名会社的性格をもっており，監査法人の規模の拡大による有限責任監査法人の創設の必要性は一部中規模以上の監査法人にのみ当てはまるものであるということもできよう。

アンケート結果でみえてくることは，先に危惧する点として指摘したように，多くのステークホルダーをもつ金商法監査において，監査法人の性格などを問わない監査主体のあり方が正しいかどうかの再検討であろう。有限責任監査法人制度もこの点に絡めて見直す必要があるかもしれない。

この論点を検討する上で参考になるのは，隣国，韓国の監査制度である。2011年3月に実施した韓国大手4大会計法人に対するヒアリング調査では，以下の調査結果を得ることができた。

①監査事務所はその規模別に，個人事務所，監査班，会計法人の3つの組織形態が存在する。
②監査班は一般に個人事務所をもつ公認会計士3人以上で構成し，公認会計士協会に登録する必要がある。
③会計法人は公認会計士10名以上，資本金5億ウォン以上で設立される有限責任制の特別法人である。
④個人事務所の監査は認められず，株式会社の会計監査は監査班か会計法人に限られ，中でも上場会社監査は会計法人にのみ認められている

このように，韓国では被監査会社の性格により監査主体の範囲に制限が加えられ，特に，上場会社監査については日本の監査法人にあたる会計法人のみが実施できる業務とされている。一方，会計法人はすべて有限責任の組織形態をとる[20]ことなど統一的な取扱いをされており，結果として，上場会社監査に関しては，規模の相違はあるものの同一の規定に従う会計法人による監査が実施されることとなる。

翻って，日本の金商法監査の監査主体については，公認会計士単独監査の禁止規定があるのみで（公認会計士法第24条の4），公認会計士の共同監査，

▶20 韓国でも，会計法人制度創設時は合名会社的性格をもつ組織形態であったが，公認会計士法の改正により，現在はすべてが有限責任の組織形態に改められている。

有限責任監査法人制度と独立性 第4章

共同監査事務所監査，無限責任監査法人監査，有限責任監査法人監査など，監査業務が公認会計士の独占業務であるにしても，監査主体に対する規制内容はそれぞれに異なっているのが実情である。2007（平成19）年4月より日本公認会計士協会が品質管理体制の整備・強化のもとに上場会社監査事務所登録制度を導入したとはいえ，登録外事務所の上場会社監査が禁止されたわけでもなく，上述のように，同じ上場会社監査であるにもかかわらず，監査主体に対する規制内容が異なる点に監査に対する信頼性を損なうことになりはしないかという懸念が生じるものである。ここに，金商法監査主体に関する1つの課題があるといえよう。

課題の解決には，監査主体を一定の範囲に限ることも1つの方策と考えられる。例えば，監査法人の組織形態を有限責任監査法人に一本化することによって規制内容を統一化するか，無限責任監査法人制度を残したまま，金商法監査主体を有限責任監査法人に制限することなどの可能性を検討する必要があろう。これにより，情報公開の面でも，財務基盤の面でも監査法人間で同等の扱いができることとなる。

金商法監査に関しては，監査主体について上記の課題が残されているが，一方において，実態面では改革が進んでいる。

東京証券取引所においては，上場規程等の一部改正（平成23年3月31日施行および平成23年8月31日施行）が行われ，上場を申請する会社および既上場会社の監査人は日本公認会計士協会の上場会社監査事務所名簿等に登録されている監査事務所に限られることとなった。上場会社監査事務所登録を行う監査事務所には，監査法人のみならず個人事務所も含まれているが，日本公認会計士協会より一定の品質を認定された監査事務所であることから，金商法監査を代表する上場会社の監査主体に一定の資格制度が導入されたこととなり，今後の行方が注目される[21]。

▶21 東京証券取引所では，本上場規程の改訂に先立ち，「マザーズの信頼性向上及び活性化に向けた上場制度の整備等について」を平成22年12月21日に公表し，マザーズ上場会社監査においては，上場会社監査事務所名簿に登録された監査事務所に監査主体を制限することとした。また，上場規程については大阪証券取引所でも監査主体の資格制限について同様の改訂が行われている。

89

3 法人情報の作成と計算書類の監査ならびに開示に関する現状と課題

　有限責任監査法人制度を創設した2007年公認会計士法の改正で最も規定内容が拡大された事項の1つに①法人情報の作成，②開示，および③計算書類に対する監査の導入がある。いずれも，無限責任を原則としてきた監査法人に有限責任監査法人の創設を認めたことから，損害賠償責任の履行など，債権者に対する支払能力の明示，財務内容の透明性の確保を図る必要性からの改正である。ただ，法人情報の作成と開示は無限責任監査法人にあっても同様に重要であるという観点から，一部免除規定があるものの無限責任監査法人も同様の規制を受けることとなっていることは前述のとおりである。

　有限責任監査法人については，これに加えて，株式会社に準ずる計算書類の作成，ならびに説明書類の追加開示事項として直近2会計年度の計算書類と監査報告書（収益額による免除規定あり），供託金等の額，供託に代える責任保険契約の内容についても開示が求められている（公認会計士法施行規則第39条第5号ロからホ）。

　公衆の縦覧については当該事務所での備え置きを原則とするものの，電磁的記録での説明書類の作成が普及している現状から，「説明書類の内容である情報を電磁的方法により不特定多数の者が提供を受けることができる状態に置く措置」をとることによって，備え置きによる「公衆の縦覧に供したものとみなす」規定が盛り込まれてきた（公認会計士法第34条の16第3項）。電子媒体が普及している現状のもとでは，この方法による公衆の縦覧が望ましいことはいうまでもない。

　しかし，現状では，監査法人のウェブサイト等で説明書類を開示している法人は少なく，一方，登録監査法人の場合は，日本公認会計士協会上場会社監査事務所登録情報一覧から電磁的開示による説明書類を閲覧することが可能となっているが，あくまでも画面における閲覧のみであり，説明書類ファイルのダウンロードはできない設定となっている。

　施行規則によれば，「紙面又は映像面に表示する方法」をもって不特定多数の者が提供を受けることのできる状態，すなわち公衆の縦覧に供したものと認められることになっている（公認会計士法施行規則第16条）が，「受信

者がファイルへの記録を出力することにより書面を作成することができる」（公認会計士法施行規則第15条第2項）ようにすることも検討の必要があろう。

　法人情報の作成と計算書類の監査ならびに開示の問題を扱う上で重要ことは，前節で述べたように，上場会社監査について単独監査を禁止するのみで，監査事務所，無限責任監査法人，有限責任監査法人のいずれもが監査主体となり得るのに対して，計算書類の内容，監査報告書の添付，ならびに開示の点でその取扱いに相違が存在することである。金商法監査の70%を担当する3大監査法人がすべて有限責任監査法人に組織替えしているのに対して，登録監査法人の92.7%を占める126の小規模監査法人（内，有限責任監査法人は5法人）の大多数が無限責任監査法人として17%に及ぶ金商法監査を担当していることを考えれば，社員の無限連帯責任が原則とはいえ，社員数が関与社員とほぼ変わらない規模であり，この点では有限責任会社形態をとっても全社員が指定有限責任社員として無限責任を担うことには変わりがないようにみえる。したがって，法人情報の開示の拡大，信頼性確保のための監査報告書の添付を一部有限責任監査法人に限る規定を設けることが妥当かどうかについて，再度検討する必要があろう。

4　財務基盤の強化に関する現状

　有限責任監査法人は最低資本金の維持（100万円×社員総数）ならびに供託義務（200万円×社員総数）により，財務基盤の強化が求められている。その目的は，有限責任監査法人に生じた損害賠償責任について十分に支払い原資を確保させるためであり，さらに供託義務を課すことによって，一定の財産を法人の財産から切り離すことが可能となるからである[22]。

　しかし，この目的が実際に果たせているか否かについては疑問もある。別稿[23]では，2008年当時有限責任監査法人に改組済みであった新日本有限責任監査法人のみを取り上げたが，ここでは，3大監査法人すべてについてみ

▶22　町田（2009）99頁。
▶23　朴（2009b）30頁。

図表 4-5　3 大監査法人の社員数と出資金

		新日本	トーマツ	あずさ
改組前	出資金（百万円）	1,824	2,423	3,955
	社員数	565	609	523
	社員 1 人当たり出資金	323 万円	398 万円	756 万円
改組後	資本金（百万円）	817	692	3,000
	社員数	690	666	557
	社員 1 人当たり資本金	118 万円	104 万円	536 万円

注）新日本有限責任監査法人の改組前は 2005 年。
出所：トーマツとあずさが有限責任監査法人に改組したのは 2010 年であることから，その前後における各監査法人ウェブサイト（2009 年および 2010 年 12 月現在）から作成。

てみよう。

　図表 4-5 をみてもわかるように，社員 1 人当たりの出資額は改組前後において 200 万円以上の減少となっている。この金額は，有限責任監査法人の社員が供託することを要求される金額とほぼ同額かそれ以上である。換言すれば，有限責任監査法人への改組によって，新たな金額の供託を行ったのではなく，従前の出資金を供託金に振り替え，かつ出資金の一部返還を行った可能性もある。この点は，資本金ならびに供託金規制の趣旨に沿うものとは言い難く，財務基盤の強化と相容れない行動と批判されてもいたしかたなかろう。

第 6 節　おわりに

　2007 年の公認会計士法改正により有限責任監査法人制度が創設され，すでに 6 年が経過しようとしている。この間，無限責任監査法人から有限責任監査法人への組織替えを実行した監査法人が全数 216 法人（2013 年 8 月 31 日現在）に対してわずか 20 法人（2013 年 4 月現在の実数は 18 法人）に過ぎないことをみると，必ずしも当初の想定どおりに進んでいるとは思えない。有限責任事業組合（LLP）や合同会社（LLC）など新たな事業組織形態の議論が盛んであったときに，合同会社の性格をもつ監査法人の創設が当時

の日本公認会計士協会会長の口から要望された[24]のは記憶に新しいところである。

　有限責任監査法人制度の創設は，単に社員の有限責任化を目的とするのみならず，監査法人の独立性ならびに信頼性の確保に有効な組織形態を新たに構築することに真の目的があったはずである。そこでは，有限責任制に加えて，監査法人自体の組織ガバナンス，組織内情報の作成・開示のあり方も絡んでくる。

　社員の有限責任制の導入も，単に，自らが関与しない業務に対する責任からの回避を目指すものではなく，業務上の責任と財産上の責任を連携させることで関与社員の業務品質に対するモティベーションを高めるという効果を期待するものでもある。したがって，有限責任監査法人の創設は，同時に，品質管理を中心とした組織ガバナンスの構築，組織内情報の作成・開示のあり方を改善するものでなければならない。

　本章では，このような目的が実際に達成されているか否かについて，有限責任監査法人制度の現状を分析するとともに，今後さらに検討すべき課題を見いだすことに主眼を置いた分析を行ってきた。

　その結果，監査にかかわるステークホルダーにとっては，有限責任監査法人か無限責任監査法人か，あるいは監査法人か共同監査かといった2者ないし3者択一ではなく，監査目的を同じくする監査，例えば金商法監査についてはいずれの主体が監査を実施しようが同等の結果を生じさせることのできる環境づくりが必要であること，換言すれば，組織ガバナンスにおいても組織内情報の作成・開示においても，同等の規制をいずれの監査主体にも適用することが重要であることを指摘した。同等の規制を適用できない監査主体については，担当できる監査の範囲に制限を加えることも必要であろうし，また，規制に適用できる改善策を探ることも今後の重要な課題である。

　この点については，監査主体の品質管理のあり方，その開示のあり方も含めて第2部で取り扱う。

▶24 日本公認会計士協会（2004）20頁。

【参考文献】

池田唯一・三井秀範監修（2009）『新しい公認会計士・監査法人制度』第一法規。
小関勇（1991）『わが国監査法人の実証的研究』税務経理協会。
加藤義孝ほか（2008）「TOP INTERVIEW　加藤義孝／新日本有限責任監査法人理事長」『週刊東洋経済』第6169号。
川口勉（2010）「大規模監査事務所の品質管理体制」『商学論纂』第51巻第1号。
月刊金融ジャーナル／金融ジャーナル社編（2008）「強みは強固なクライアントベース―7月に有限責任監査法人に転換（監査法人の金融部門（2）新日本有限責任監査法人）」『月刊金融ジャーナル』第49巻第12号。
日本監査研究学会監査法人のあり方研究部会編（1990）『監査法人』第一法規。
日本公認会計士協会（2004）「会社法制の現代化に関する要綱案（案）をめぐって（その1）」『JICPAジャーナル』第16巻第11号。
日本公認会計士協会京滋会編著（1997）『日本の公認会計士』中央経済社。
朴大栄（2009a）「会計事務所の組織形態とLLP・LLC」『桃山学院大学総合研究所紀要』第35巻第1号。
朴大栄（2009b）「公認会計士事務所の有限責任化と利害関係者保護」『商経学叢』第56巻第1号。
羽藤秀雄（2009）『新版公認会計士法：日本の公認会計士制度』同文舘出版。
町田行人（2008）「有限責任監査法人制度への移行に伴う諸問題の検討」『商事法務』第1824号。
町田行人（2009）「有限責任監査法人制度の概要」『会計・監査ジャーナル』第21巻第1号。

【資料】

|資料| アンケート依頼文と調査票（本稿に関係するアンケート内容抜粋）

平成 21 年 6 月 30 日

各 位

日本学術振興会科学研究費補助金　課題研究
「監査人の独立性確保のための組織ガバナンスと
制度改革に関する理論的・国際的研究」
研究代表者　朴　大栄（桃山学院大学教授）

アンケート調査へのご協力およびご回答のお願い

前略

　日本監査研究学会（日本学術会議登録団体）では、わが国監査制度の発展に寄与するため、毎年、監査に関する特定課題につき、研究部会を設置しております。本研究代表者は、日本監査研究学会課題別研究部会「会計事務所の組織形態研究」（2006－2007 年度）を主催し、2007 年 9 月に最終報告書を取りまとめ発表しました。

　本課題別研究部会では、新たに創設された有限責任事業組合と合同会社を中心に、その特徴を諸外国と比較して明らかにし、さらには、株式会社制度を含むあらゆる組織形態を取り上げることによって、監査法人が真に組織的な監査を効率的に実施するために備えるべき要因を明らかにしようとしました。しかし、監査の失敗を生起させる最大の要因は、組織的・効率的監査の達成を阻害する独立性の欠如にあります。独立性の確保のためには、組織形態のみならず、組織内部におけるガバナンスのあり方、さらには、監査契約を取り巻くインセンティブのねじれ現象について議論を拡大せざるを得ません。ここに、監査法人制度における独立性の確保に焦点をあてた組織ガバナンスと制度改革に関する研究を進めるため、日本学術振興会科学研究費補助金による研究プロジェクト「監査人の独立性確保のための組織ガバナンスと制度改革に関する理論的・国際的研究」（課題番号 20330097）を立ち上げることとなりました。

　本研究プロジェクトの一環として実施することとなりました本調査研究の目的は、独立性確保の観点から、会計事務所の組織形態及び業務管理体制の特徴、並びにその望ましいあり方を明らかにすることにあります。

　本研究の意義をご賢察くださり、同封いたしましたアンケート調査にぜひご協力を賜りますよう、研究者一同、心よりお願い申し上げます。

　ご回答いただきました調査票は、平成 21 年 7 月 31 日（金）までに同封の返信用封筒にてご返送いただきたくよろしくお願いいたします。

　以上、ご高配のほど、なにとぞよろしくお願い申し上げます。

草々

研究代表者　朴　大栄（桃山学院大学経営学部教授）
　　　　　　異島須賀子（久留米大学商学部准教授）
　　　　　　井上善弘（香川大学経済学部教授）
　　　　　　岸田雅雄（早稲田大学商学学術院教授）
　　　　　　高田知実（神戸大学大学院経営学研究科准教授）
　　　　　　藤岡英治（大阪産業大学経営学部准教授）
　　　　　　松本祥尚（関西大学大学院会計研究科教授）
　　　　　　宮本京子（上智大学経済学部准教授）

平成 21 年 6 月 30 日

第 1 部　監査事務所の組織形態

わが国会計事務所の組織形態及び業務管理体制のあり方に関する調査

「監査人の独立性確保のための組織ガバナンスと制度改革に関する理論的・国際的研究」
（日本学術振興会科学研究費補助金による研究）

研究代表者
朴　大栄（桃山学院大学教授）

ご記入上のお願い

1. 本調査は，上記科学研究費補助金に基づく研究の一環として実施するものです。調査の目的は，金融商品取引法監査及び会社法監査を担当しておられる会計事務所の組織形態及び業務管理体制の特徴，ならびにその望ましいあり方を明らかにすることにあります。調査の結果は，上記の研究会での研究調査における重要なデータ資料としてのみ活用させて頂きます。
2. **本調査は，監査業務の品質管理に係わる責任者ないし部門でのご回答をお願いいたします。**
3. ご回答は統計的にのみ処理し，個別情報を公表することは一切ありません。
4. <u>一部分のみのご回答につきましても貴重な資料として活用させて頂きますので</u>，是非ご記入下さるようお願い致します。
5. なお，ご回答は無記名とさせて頂きます。

問い合わせ先：桃山学院大学経営学部教授　朴　大栄
Tel：0725-54-3131　Fax：0725-54-3200
e-mail：park@andrew.ac.jp
住所：〒594-1198　大阪府和泉市まなび野 1-1

※ ご回答頂きました本調査票は，同封の返信用封筒をご利用の上，<u>7 月 31 日（金）</u>までにご投函して下さい。ご協力をお願い申し上げます。

会計事務所の組織形態及び業務管理体制のあり方に関する調査票

* 本調査票を同封の返信用封筒にて，<u>2009 年 7 月 31 日（金）</u>までにご投函ください。

15．組織形態

貴事務所の組織形態についてお伺いします。次の 15-1 から 15-6 のそれぞれについて，選択肢の中から該当する番号を 1 つ選択し，〇をお付け下さい。また，（ ）内にご記入下さい。

15-1	貴会計事務所の組織形態は有限責任監査法人ですか。	1．はい　2．いいえ
15-2	15-1 で「1．はい」と回答された場合，有限責任監査法人に組織替えされた理由についてお答え下さい。 （複数選択可）	1．社員の有限責任化 2．無限連帯責任を負う業務執行社員と有限責任の経営執行社員の役割分担による組織運営の効率化 3．監査報告書を添付した計算書類の開示による説明責任の履行 4．「有限責任監査法人」名称の使用によるステータス化 5．その他 （　　　　　　　　　　　　　　　　　　　　）
15-3	15-1 で「2．いいえ」と回答された場合，近い将来，有限責任監査法人に組織替えする予定がありますか。	1．はい　2．いいえ
15-4	15-3 で「1．はい」と回答された場合，有限責任監査法人に組織替えをする理由についてお答え下さい。 （複数選択可）	1．社員の有限責任化 2．無限連帯責任を負う業務執行社員と有限責任の経営執行社員の役割分担による組織運営の効率化 3．監査報告書を添付した計算書類の開示による説明責任の履行 4．「有限責任監査法人」名称の使用によるステータス化 5．その他 （　　　　　　　　　　　　　　　　　　　　）
15-5	15-3 で「2．いいえ」と回答された場合，有限責任監査法人に組織替えしない理由についてお答え下さい。 （複数選択可）	1．社員の有限責任化 2．定款変更，登録申請などの煩雑な手続とコスト負担の割にメリットが小さい。 3．最低資本金（社員数×100 万円）制度や供託金（社員数×200 万円）の供託に社員の賛同を得られない。 4．指定有限責任社員や審査等を担当する関与社員に有限責任が認められていない。 5．監査報告書を添付した計算書類の開示 6．その他 （　　　　　　　　　　　　　　　　　　　　）

第2部
品質管理とガバナンス

第5章 監査契約と独立性

第1節　品質管理のための業務管理体制

1　はじめに

　平成19年6月20日に成立した「公認会計士法等の一部を改正する法律」(以下,「改正公認会計士法」とする)により,「Ⅰ．監査法人の品質管理・ガバナンス・ディスクロージャーの強化」,「Ⅱ．監査人の独立性と地位の強化」,「Ⅲ．監査法人等に対する監督・責任のあり方の見直し」,について定められた。

　第2部では,主に「Ⅰ．監査法人の品質管理・ガバナンス・ディスクロージャーの強化」について検討している。改正公認会計士法において,「Ⅰ．監査法人の品質管理・ガバナンス・ディスクロージャーの強化」を実現すべく「1．業務管理体制の整備」,「2．監査法人の社員資格の非公認会計士への拡大」,「3．監査法人による情報開示の義務づけ」について定められている。ここでは,特に「1．業務管理体制の整備」について検討する。

　旧公認会計士法34条の13では,「監査法人は業務を公正かつ的確に遂行するため,内閣府令で定めるところにより,業務管理体制を整備しなければならない」と定めているだけで,業務管理体制の中身については触れられていない。しかし,改正公認会計士法における業務管理体制には次に掲げる各事項を含むものでなければならないとなっており,より具体的なものとなっている。

①「業務の執行の適正を確保するための措置」
②「業務の品質の管理[1]の方針の策定及びその実施」
③「公認会計士である社員以外の者が公認会計士である社員の監査証明業務の執行に不当な影響を及ぼすことを排除するための措置」

以上のような改正公認会計士法や日本公認会計士協会倫理規則の改訂などを通じて，監査法人に求められる独立性保持の厳格性への流れは益々高まってきているのが現状である。

第1章でも説明されたように，監査法人に求められる独立性保持への社会的な要請は高まる一方であり，大手監査法人を中心に監査の独立性を維持・監督するための社内システムの強化が一段と加速してきている。これまでも，大手監査法人であればこのようなシステムはある程度整備されていたが，米国SOX法が導入されたころから，全世界的に強化される流れとなっている。

クライアントがグローバル化している昨今では，ある程度システマティックに監査の独立性を維持できるように仕組みを整備しておかなければ，知らないうちに独立性違反に該当するような契約を結びかねないような環境となっている。

実際，実務においては監査クライアントではないクライアントに対してアドバイザリー業務を提供しようとした監査法人において，当該クライアントの株式を大量保有している投資ファンドを米国の事務所が監査しているという情報が入り，独立性に抵触するということでサービス提供を取りやめたというような事例も少なからず存在している。このような場合，すべての案件（営業案件を含む）をグローバルベースで管理するようなシステムでなければ，到底発見できるものではない。

このようなことから，昨今では監査法人において，独立性を維持・監督するためには社内管理システムの存在は必要不可欠なものとなってきている。

以下では，このような社内管理システムによるリスク管理体制の現状と今

▶1 業務に係る契約の締結および更新，業務を担当する社員その他の者の選任，業務の実施およびその審査その他の内閣府令で定める業務の遂行に関する事項について，それぞれの性質に応じて業務の妥当性，適正性または信頼性を損なう事態の発生を防止するために必要な措置を講ずること

後の課題について考察する。なお，本章で記載する社内管理システムなどについては，大手監査法人において通常導入されているシステム一般を念頭に置きながら，個人的な見解を記載しているものであり，特定の監査法人について言及しているものではない。

2 契約時における独立性侵害のリスク管理の現状と問題点

独立性に関する社内管理システム（以下，独立性管理システムという）は，監査法人が改正公認会計士法やSEC規則などの法的な規制に加えて，グローバルで遵守すべく策定している事務所としてグローバル基準[2]などを遵守すべく構築されている管理システムである。

主として，会計監査業務とアドバイザリー業務の同時提供などの独立性違反（independent issue）に陥らないようにするのが主目的であるが，そのほか利益相反（conflicts of interest）行為に陥らないように配慮されて設計されている。

さらに，独立性管理システムは業務品質管理システムとも密接に関連しており，実務上は，業務に着手する前段階から業務が完了するまでの一連のプロセスの中に，これらの両システムが有機的に結びついている。

3 独立性管理システムについて

独立性管理システムは，大きく分けて①クライアントとの契約に関する独立性管理システムと②個人ごとの独立性遵守確認システムが存在する。②のシステムは，監査法人に勤務している職員とクライアントとの間に独立性を侵害するような関係がないのかを確認するシステムのことである。まず，①のクライアントとの契約に関する独立性管理システムについて検討したい。

クライアントからの問い合わせを受けたり，提案書を提出しようとする場合には，グローバルで展開されている検索システムにより第1次スクリーニングを行うことになる。当該クライアントが監査証明業務を請け負っている

▶2 近年では，大手監査法人では各国ごとの規制よりもより厳格な事務所としての基準を設けている場合が多く，通常グローバルのリスクマネジメントマニュアルとして策定されている。

会社かどうかはもちろんのこと，提供する可能性のあるサービスの内容が利益相反[3]行為にならないのかをグローバルベースでチェックするのである。

この独立性管理システムにおいては，この第1次スクリーニングが非常に重要視されており，監査法人内での内部監査等においても，このプロセスに関する履行状況は特に厳しくチェックすることになる。なお，このスクリーニングで監査証明業務を請け負っているクライアント，いわゆる監査クライアントであるとなると，システム上，当該クライアントの監査担当パートナーへの確認はもちろんのこと，より厳格な確認プロセスへ進むことになる。このようにして，監査法人では知らないうちに独立性違反に陥ることのないようにするための管理システムを構築・運用している。

第1次スクリーニングで，問題がなければ，その案件ごとに管理番号が付与され，独立性以外の視点も含めたより詳細なスクリーニングを受けることになる。具体的には，契約予定の会社自体のスクリーニングと契約内容のスクリーニングを実施することになる。

会社のスクリーニングに関しては，監査やアドバイザリー契約を結ぶ上でのリスク評価を以下のような視点から実施することになる。

【企業スクリーニングの視点】
- 会社の背景情報等からコンプライアンス上，問題のない会社であるかどうか
- 会社のビジネスの性質などから，監査法人の評判を害したり，何らかの影響を及ぼすような事態を引き起こす要因があるかどうか
- 会社の財務状態から，報酬の支払いに問題があるかどうか

さらに，契約内容のスクリーニングに関しては，契約しようとしている業務内容について以下の視点からリスク評価をすることになる。

▶3　客観的な業務遂行に支障をきたす状況をいう。例えば，M&AにおけるBuyerサイドとSellerサイドの両方に同じ監査法人（会計事務所）がアドバイザリー業務契約を結ぶような状況がその典型例だろう。特に，昨今のように，企業がグローバルベースでM&Aを展開するような状況下では，グローバルでのスクリーニングは必要不可欠となってきている。

【契約業務スクリーニングの視点】
- 独立性の視点（当該業務が，監査法人の独立性を損なうような要因があるか。特に，業務が監査クライアントおよびその関係会社であって独立性の規制対象となる会社に提供される場合，その業務が提供禁止業務ではないかどうか）
- 当該業務内容が関与するメンバーで問題なくこなせるものであるかどうか（監査法人で取り決められている研修を受講しているか，関与メンバーが経験をしたことのある業務であるか等）
- 当該業務を適切に行う上で，クライアントサイドの経営者や体制に問題がないか
- 報酬規模や報酬体系の視点

　これらのスクリーニング項目に関する情報と契約書の内容等を独立性管理システムに担当者が入力すると，エンゲージメント担当のパートナーや関係部署にそれが回覧されることになる。回覧を受けたパートナーやリスク管理部署や業務管理部署等は，担当者から提出を受けた情報をもとに，監査法人内で共有化された方針や手順に従って，受嘱しても良い案件であるかどうかを決定し，システムにその判定結果を入力することになる。
　すべての判定が受嘱可となれば，晴れてクライアントと契約を交わし業務を開始することができる。契約締結までのプロセスが厳格に管理されているだけでなく，契約締結後から業務終了後までのプロセスも同様に厳しく管理されることになっている。業務遂行プロセスにおいては，業務遂行内容が監査法人の求める基準[4]を満たすものになっているかどうかを業務終了後に確認できるように，成果物だけでなくクライアントとのやり取りなどについても適宜記録をとり，調書に保管することになる。
　次に，②の個人ごとの独立性遵守確認システムについて，簡単に解説する。

▶4　ここでいう基準とは，国内外の法規制やグローバルアカウンティングファームが求めている基準などを踏まえて監査法人ごとに作成された品質管理基準になる。この基準には，独立性はもとより，業務そのものの品質基準についても定められている。

これは，監査法人に勤務している職員と監査クライアントとの間で監査の独立性に抵触するような利害関係が発生していないかを確認するシステムである。具体的には，監査法人に勤務している職員と監査クライアントとの間に投資関係が存在するかを確認するシステムで，定期的にシステムを通じて全従業員が報告署名するようになっている。個人を対象としているシステムであるため，職位や置かれている立場によって求められる遵守レベルは異なっており，パートナーなどの役員待遇になるとその遵守レベルは高いものが求められており，身内をも含めた投資関係などまでもが報告事項となっている。

以上のように，大手監査法人ではこのような厳格な独立性管理システムが業務の中に組み込まれている。さらには，定期的なグローバル本部および監査法人独自の内部監査が定期的に実施されている。このような仕組みを確立することで，各種規制などに対応するようになっている。

次に，このような現状を踏まえて，独立性管理システムが抱える課題について，筆者の見解を述べたい。

4　担当者のスキル依存の側面

独立性管理システムの第2次スクリーニングの詳細分析時には，スクリーニング上の重要な視点は，このような管理システムを構築した部門によって網羅的に取り入れられているが，その視点ごとの判断は担当者ごとのスキルに大きく依存している。

例えば，企業スクリーニングの視点で「会社の背景情報等からコンプライアンス上，問題のない会社であるかどうか」という視点を取り上げたが，どのような方法で，どのような背景情報をとることによって，当該企業が「問題のない会社」であるのかを判断するのかが決められていない監査法人も多いと考えられる。もちろん，財務状態については専門分野でもあり，比較的担当者に対する依存度が高くなってもそれほど問題ではないものと思われる。

今後は，このようなスクリーニングの視点の具体化と担当者に対する教育研修のさらなる充実が求められよう。

5　システム運用上のコストの側面

次に，この独立性管理システムの運用上のコストの問題に触れたい。どの監査法人においても，前述のような大規模システムを構築しており，システム投資はかなりの規模になっている。さらに，そのシステムを維持・運用する部門の人件費も拡大傾向にある。

これらのコストは監査法人が抱えるリスクからすれば，当然必要なコストだと思えるが，問題はこのシステムを利用する監査法人の専門家が費やす膨大な時間である。独立性を厳格に管理するために，受嘱するかどうか不明な会社も含め1件当たり何時間も費やさないと提案や契約を結べないのが現状である。何千人の専門家を抱える大手監査法人になると，この膨大な時間の発生は経営に少なからず影響しているものと思われる。

今後は，独立性システムの効率化や管理プロセスの見直しなどが求められよう。

6　担当者のリスク感度の側面

次に，担当者のリスク感度の問題について触れたい。前述したように，独立性管理システムはある意味で非常に精巧に作られているため，ある程度システマティックに独立性評価を実施することができる。しかし，その一方で，担当者はシステムに入力さえすれば，独立性上問題ないという意識になり，形式的な対応に陥り，自身のリスク感度も低くなってしまうおそれがあるものと思われる。

今後は，教育研修などを通じて，担当者がものを考えることでリスク感度が落ちないような工夫が求められよう。

7　おわりに

以上のように，このような独立性管理システムは，監査法人にとって必要不可欠なものである一方で，その運用維持には，前述のようなさまざまな困難な問題が内在している。監査法人を取り巻く環境も事業会社と同様にめまぐるしく変化しており，それに伴って，監査法人が遵守しなければならない

事項も複雑かつ多様なものとなってきている。

そのため，独立性管理システムを構築する側だけでなく，現場でこのシステムを利用する利用者サイドにも常にアンテナを高くもってもらう必要がある。要するに，利用者サイドは，推進部署が提示するものに対して機械的に対処するのではなく，常に能動的に自分の頭でしっかりと判断できるだけのスキルを身につけていかなければならない。

第2節　アンケート調査による業務管理体制の現状と課題

1　はじめに

監査契約の新規締結および更新にあたっては，法規委員会研究報告第11号「監査および四半期レビュー契約書の作成について」により，監査業務にかかる合意事項を契約書に文書化し，当該契約の監査リスクを評価し，それに応じた事前承認を行う手続を設けて実施することとされている。また，監査事務所における品質管理に関する実務上の指針として品質管理基準委員会報告書第1号「監査事務所における品質管理」，および個々の監査業務における品質管理に関する指針として監査基準委員会報告書220「監査業務における品質管理」があり，これらの基準が監査契約の新規締結および更新についての方針と手続を規定している。

このように，監査契約の新規締結および更新についての方針と手続にかかる基準は，概ね整備されていると考えられる。しかし，公認会計士・監査審査会による品質管理レビューに対する審査・検査・勧告等に関する報告書はさまざまな問題点を指摘しており，主に次の事項をあげている。

- 大手監査事務所では，監査契約の事前承認手続を経ずに監査契約締結前に監査業務に着手する事例が認められること
- 中小監査事務所では，具体的なガイドラインや審査手続を定めていない事例や，リスク評価が適切に実施されていないなど運用に問題がみられる事例があること

上記のように，大手監査事務所と中小監査事務所ではともに問題点が指摘されている。ただし，両者は人的資源の制約も異なり，いかに適切な業務管理体制を構築し運用していくか，そのあり方を検討する上で相違がある可能性もある。

　そこで，かかる状況を踏まえ，本節ではこのような問題の要因をより正確に実態把握することを目的として実施した質問票調査の結果を明らかにする。この調査は，「会計事務所の組織形態および業務管理体制のあり方に関する調査票」を表題として，日本公認会計士協会上場会社監査事務所部会登録事務所195事務所を取り上げ，総計292監査事務所（このうち監査法人は193，共同事務所が2であり，大手監査法人については本部事務所以外に97の地方事務所を選定して調査対象とした）に対するアンケート調査によって実施した。以下，本節では，この調査のうち監査契約にかかる管理体制のあり方を明らかにすべく，監査契約の新規締結および更新に関係する部分の質問内容と分析結果を取り上げて概説し，調査結果の含意をまとめる。

2　調査の概要

　調査は，公認会計士の意識を明らかにする意図をもって行い，記述選択方式の調査票を郵送する方法による。調査票は2009年6月30日に発送し，同年7月31日を返送期限とし，回収された回答票総数は72件である（回収率は約24.7%）。回答者を所属事務所の規模でみると，大手監査事務所所属者の回答割合は36.1%であり，中小監査事務所所属者の回答割合は61.1%である（2.8%は不明）。回答者全体を職位別にみると，代表社員・社員が92.86%，シニアマネージャー・マネージャー・シニアが4.29%，スタッフが2.86%であり，社員の回答割合が高い。

　調査では，監査契約にかかる質問項目として図表5-1のように，2区分の大項目を設定した。

　「監査契約締結の可否判断」では，10項目の設問を設定し重要度を尋ねる回答形式とした（「非常に重要」から「まったく重要でない」の5点法評価）。また，「監査契約締結にかかる方針と手続」については8項目の質問を設定

図表 5-1　監査契約にかかる質問項目

大項目	主な質問内容
監査契約締結の可否判断	監査を実施するための基礎条件の確認 クライアントのビジネス・リスク 監査人自体のビジネス・リスク 監査事務所の収益性
監査契約締結にかかる方針と手続	承認手続，リスク評価，文書化

し，具体的な手続や方針，事例を示して 5 点法評価で選択する回答形式とした。以下で詳説するが，あらかじめ重要と想定される事項を設問としたこともあり，全体的に重要であると回答する割合や設問に対して肯定的な意識を示す回答割合は高い。

　以下では，単純集計の分析結果から，特徴的なものを抽出して概説する。また，「所属事務所の規模別」と「職位別」の 2 つの切り口でクロス集計による独立性の検定を行い，公認会計士の意識に有意な差異があるのか，または意識に有意な差異がなく類似傾向がみられるのかを明らかにする[5]。

3　分析結果

　監査契約を締結するにあたっては，クライアントが社会的・経済的にいかなる状況下にあるのかを慎重に検討した上で監査契約締結の可否判断を行う必要がある。監査契約締結上の危険を契約リスクといい，監査リスクが顕在化するのを未然に防止するために行う手続が契約リスクの程度の評価手続である。監査事務所は，契約リスクの程度を最小化するために，監査契約の新規締結の可否判断または監査契約の更新の可否判断に関する方針と手続を策定する。

　調査票では，まず，「監査契約締結の可否判断」に関する事項として，4 事項，計 10 項目を設定した。

▶5　有意確率 p 値が 0.05 以下となった回答パターンは，グループ間の意識に差異があるということを意味する。

（ⅰ）監査を実施するための基礎条件の確認（1-1, 1-2, 1-3）
（ⅱ）クライアントのビジネス・リスク（1-4, 1-6）
（ⅲ）監査人自体のビジネス・リスク（1-5, 1-7）
（ⅳ）監査事務所の収益性（1-8, 1-9, 1-10）

このうち，（ⅱ）と（ⅲ）は，契約リスクを高める要因である。

次に，「監査契約締結にかかる方針と手続」に関して4事項，8項目をあげて調査対象とした。

（ⅰ）監査契約締結の可否決定手続のコンピュータ化（2-1）
（ⅱ）事前承認手続（2-2, 2-3, 2-4, 2-5）
（ⅲ）リスク評価（2-6, 2-7）
（ⅳ）文書化（2-8）

以下，順次説明する。

（1）監査契約締結の可否判断

（ⅰ）監査を実施するための基礎条件の確認

1-1	クライアントの業種・業態に対する対応能力を検討すること
1-2	当該監査に配分できる十分な時間と人的資源を検討すること
1-3	当該監査において法令および倫理的要求事項を遵守できるかどうかを検討すること（独立性に疑念を及ぼす要因のチェックを含む）

監査事務所は，監査契約の締結に際して，必要な監査手続を実施できず監査業務を完了できないことが明らかに予想される場合には，監査契約の新規締結または更新を行うべきではない。この点について，調査票の設問1では，上記の3事項を設定し，これらをどの程度重要であると考えているのかを尋ねている。

図表5-2　1-1 クライアントの業種・業態に対する対応能力を検討すること

	非常に重要	どちらかと言えば重要	どちらとも言えない	どちらかと言えば重要でない	まったく重要でない
割合	45.07%	43.67%	5.63%	4.23%	1.41%

まず，1-1について図表5-2は単純集計の結果を示している。全体的に「非常に重要」(45.07%)，「どちらかと言えば重要」(43.67%) とする回答を合わせれば80%を超えており，クライアントの全般的内容について事前調査を実施し，監査が実施可能かどうかを検討することが重要であると認識しているといえる。

この回答を規模別にみてみると，「非常に重要」と回答したのは大手監査事務所所属者では53.85%に対し，中小監査事務所所属者では39.53%とやや低く，また，「どちらかと言えば重要でない」または「まったく重要でない」と回答したのはすべて中小監査事務所所属者である。本来，監査契約締結の可否を検討する際に，監査実施の対応能力という観点は中小監査事務所にとってより重要な点となり得るが，どちらかと言えば大手監査事務所の方がこの点について重要なテーマであると認識している。

次に，1-2については，全体で「非常に重要」(72.22%)，「どちらかといえば重要」(26.39%) を合わせると98.59%となり，監査資源の投入可能量に対する高い関心が読み取れる。この設問に関して，中小監査事務所所属者の方が大手監査事務所所属者よりも「非常に重要」と回答する割合が有意に高い（p値 = 0.000）。このことから，特に中小監査事務所では，限られた監査資源の中で監査業務の質をいかに合理的に確保して，適切に監査体制を構築していくのかが喫緊の課題となっているとうかがえる。

監査契約締結の可否判断を行うにあたって，監査人はクライアントとの間に独立性の要件に抵触するような人的あるいは経済的関係がないかどうかを確かめなければならない。1-3では，「監査において法令および倫理的要求事項を遵守できるかどうかを検討すること」が「非常に重要」または「重要」と回答した割合は全体の93.06%であり独立性に対する意識が高いといえる。また，規模別で回答の傾向をみても，大手監査事務所所属者と中小監査事務所所属者の回答パターンは非常に類似性が高い（p値 = 0.952）。

(ⅱ) クライアントのビジネス・リスク

| 1-4 | クライアントの誠実性の程度を検討すること |
| 1-6 | クライアントの過去の業績と財務状況を理解すること |

　クライアントのビジネス・リスクとは，企業の存続および収益性に関係するリスクのことであり，監査リスク，監査人自体のビジネス・リスクとともに，契約リスクを高める可能性がある要因の1つである[6]。例えば，産業の急速な変化，流動性の悪化，その他不確実な要因のため，企業が収益目標を達成しない，あるいは存続しない可能性をいう。経営者に関係する要因，企業自体の要因，および産業要因が含まれるが，調査では，1-4と1-6の2つの項目に焦点を置いた。図表5-3，図表5-4はそれぞれ全体の回答における割合を示している。

　1-4と1-6の回答パターンを比較すると，1-4の「クライアントの誠実性の程度」に対する重要性の認識度は高い。この項目は，品質管理基準委員会報告書第1号に考慮すべき事項として明記されており（29項および30項），回答者の意識が高いことがわかった。また1-6については，規模別にみた場合に大手監査法人所属者と中小監査事務所所属者の回答パターンの同質性は高く（p値=0.746），同じ意識が共有されているといえる。

図表5-3　1-4 クライアントの誠実性の程度を検討すること

	非常に重要	どちらかと言えば重要	どちらともえない	どちらかと言えば重要でない	まったく重要でない
割合	77.78%	19.44%	0.014%	0.014%	0.00%

図表5-4　1-6 クライアントの過去の業績と財務状況を理解すること

	非常に重要	どちらかと言えば重要	どちらとも言えない	どちらかと言えば重要でない	まったく重要でない
割合	38.89%	52.78%	0.069%	0.014%	0.00%

▶6　AICPA（1994）.

(ⅲ) 監査人自体のビジネス・リスク

| 1-5 | 監査契約を締結することによって監査事務所がリスクを負う可能性（訴訟，評判の悪化等）を検討すること |
| 1-7 | リスクの高いクライアントも契約締結の可否判断の対象とすること |

　監査人自体のビジネス・リスクとは，監査人が適切かつ十分な監査を行ったとしても，訴訟の提訴，評判の悪化，あるいは報酬の不払いなどから，監査事務所の業務に支障や損害をもたらすリスクをいう[7]。調査では，1-5の設問に対して，全体の75.00%が「非常に重要」であると回答し，23.6%が「重要であると回答している（規模別の回答の同質性は高い：p値=0.741）。この背景には，近年の会計不正の刑事事件化や司法判断に対する関心の高まりがあると推察される。

　さらに，1-7では，大手監査事務所所属者と中小監査事務所所属者の両者で意識の差異が認められる（p値=0.045）。例えば，「非常に重要」または「どちらかと言えば重要」と回答した割合は，大手監査事務所所属者が53.85%であるのに対して，中小監査事務所所属者は44.19%とやや低く，「まったく重要でない」または「どちらかと言えば重要でない」との回答は，大手監査事務所所属者が15.38%であるのに対して，中小監査事務所所属者は30.23%と高い。したがって，調査結果からは，リスクの高いクライアントを大手監査事務所が当初から回避する傾向は示されておらず，可否判断の対象としていることが示唆されている。

(ⅳ) 監査事務所の収益性

1-8	会計事務所間の監査契約獲得のための競争を考慮すること
1-9	監査契約の締結にあたって，クライアントとの間で監査報酬を協議すること
1-10	監査契約の締結にあたって，将来における契約の拡大の可能性を検討すること

　1-8から1-10では，監査事務所の収益性に関係する事項を設定した。

▶7　AICPA（1994），Engagement Risk Factors 参照。

1-8については，規模別に有意な意識の差異はなく，「非常に重要」または「どちらかと言えば重要」と回答した割合は全体の22.22%である。この回答を職位別にみた場合に，図表5-5に示すとおり社員以外の回答者の方がこの要因に対する関心が有意に高く（p=0.015），監査事務所間の競争をどちらかといえば意識しているといえる。

また，1-9の「監査報酬を協議すること」については，全体の79.17%が「非常に重要」または「どちらかと言えば重要」と回答している。この設問については，規模別・職位別ともに同じ意識が共有されており回答パターンに有意な差異はない。

1-10については，規模別に有意な意識の差異はないが，職位別にみた場合に，この要因に対する関心は社員以外の方が社員よりも有意に高い（p=0.000）（図表5-6）。したがって，1-8と1-10の回答結果から，社員以外の回答者の方が社員である回答者よりも相対的に監査事務所の収益性に対して強い関心をもっていると解釈できる。

図表5-5　1-8 会計事務所の監査契約獲得のための競争を考慮すること

	非常に重要	どちらかと言えば重要	どちらとも言えない	どちらかと言えば重要でない	まったく重要でない
代表社員・社員	1.54%	20.00%	30.77%	20.00%	27.69%
社員以外	20.00%	20.00%	40.00%	20.00%	0.00%

図表5-6　1-10 監査契約の締結にあたって，将来における契約の拡大の可能性を検討すること

	非常に重要	どちらかと言えば重要	どちらとも言えない	どちらかと言えば重要でない	まったく重要でない
代表社員・社員	0.00%	37.50%	34.38%	17.19%	10.94%
社員以外	40.00%	40.00%	20.00%	00.00%	0.00%

(2) 監査契約締結にかかる方針と手続
(ⅰ) 監査契約締結の可否決定手続のコンピュータ化

2-1	新規監査契約の締結または既存監査契約の継続の可否決定の手続がコンピュータ化されている

 2-1として上記のような設問を設定した。例えば，Bedard, et al. (2008) は，監査契約締結の可否決定にあたり，クライアントの有するリスクを評価するための高度な電子決定支援システムを構築して，クライアントのポートフォリオのリスク管理を行うための手続を示せば，地方事務所のパートナーが行うポートフォリオの決定を本部で改善できる可能性があると主張している[8]。この設問に対して，「そう思う」と回答した割合は全体で16.90%と少数である。また，大手監査事務所所属者だけでみてもその割合は32%と少ない。つまり，わが国では大手監査事務所でもこのようなシステムは浸透しているとはいい難い。

(ⅱ) 事前承認手続

2-2	監査契約の新規締結や継続にあたり，当該契約の監査リスクを評価し，それに応じた事前承認手続を設けて実施している。
2-3	2-2の事前承認には，具体的なガイドラインがあるか
2-4	新規監査契約締結の場合であっても，2-2の事前承認が完了する前に，監査業務に着手する場合があるか。
2-5	監査契約の締結承認の申請にあたって，承認機関は申請者から独立しているか。

 公認会計士・監査審査会による品質管理レビューに対する審査・検査・勧告等に関する報告書の指摘によると，監査契約締結にあたっての事前承認手続や具体的なガイドラインに関してさまざまな指摘がある。そこで，この点について上記のように4項目の設問を設定した。
 まず，2-2の事前承認手続を設けているかどうかについては，回答者の91.55%が肯定的な意見を示しており，規模別の回答に差異はない。ただし，

▶8　Bedard, et al. (2008) p.192.

職位別にみた場合，社員である回答者の81.25%が肯定意見であるのに対して社員以外の回答者の肯定意見の割合は60%と低くなっており（p=0.034），現場での意識の違いが浮き彫りにされている。

次に，2-2で肯定意見を示した回答者に対して，2-3から2-5の質問を行っている。2-3の具体的なガイドラインの有無については，回答者の89.06%が「ある」と高い割合で回答している。ただし，この回答は2-2で否定意見を示した回答者を除いており，また少数ではあるものの具体的なガイドラインがないという回答があることは無視できない。なお，この回答については規模別にみても回答の同質性は高い（p=0.989）。職位別に回答に有意な差異はない。

また，2-4の「事前承認手続が完了する前に監査業務に着手する場合があるか」に対しては，全体で「ある」と回答した割合が9.52%，「どちらとも言えない」と回答した割合が11.11%ある。したがって，公認会計士・監査審査会が指摘するような不適切な事例が存在するという意識があることが明らかとなった。この回答に規模別・職位別の差異はない。

さらに，2-5の「承認機関は申請者から独立しているか」については，大手監査事務所所属者全員が「独立している」と回答している。これに対して，中小監査事務所所属者では回答者の3.70%が「独立していない」と回答（いずれも代表社員または社員）しており，審査の実施状況に問題があるという意識が少数認められた。

(ⅲ) リスク評価

2-6	リスク評価の検討過程や結果は必ず記録として残しているか
2-7	契約にかかるリスク評価を完了する前に契約を締結する場合があるか

まず，監査契約締結の可否決定の手続に際して，2-6の質問に対して，全体の95.71%の回答者が肯定的な意見を示している。しかし，2-7の質問に対しては，大手監査事務所所属者で12.00%，中小監査事務所で2.34%の回答者が「ある」との認識を示している。したがって，リスク評価が適切に実施

されていない事例があり得る。この回答を職位別にみると,「ある」と回答したのは,代表社員・社員である回答者のうち4.76%,社員以外の回答者のうち20%であり,意識に差異が認められる（p=0.006）。

(ⅳ) 文書化

| 2-8 | 監査契約の締結に関する論点を文書化しているか |

監査契約締結にかかる手続として,重要な検討課題,検討内容とその結果,監査契約締結可否判断の根拠等は文書化する必要がある。これについて2-8の設問を尋ねた結果,回答者の88.41%が肯定的な回答をしている。

4　おわりに－監査契約締結の可否判断および方針と手続に関する調査結果の含意

以上から,監査契約の新規締結および更新に関する公認会計士の意識に関する調査結果の含意を要約すると次のように整理できる。

① 　監査契約締結の可否判断を行うにあたっては,監査を実施するための基礎条件を確認した上で,契約リスクの程度を評価する必要がある。調査結果から,特に中小監査事務所では監査資源の投入可能量に対する意識が高く,限定された監査資源の中で監査業務の質をいかに合理的に確保するかに課題が存在しているといえる。また,契約リスクを高める可能性がある要因のうち,クライアントのビジネス・リスクについてはクライアントの誠実性を重要視するという意識が大手・中小監査事務所ともに高く,監査人自体のビジネス・リスクを考慮することについても両者ともに重要であるという認識が強い。これらは,近年の会計不正が司法の場で問われるケースが増えており,監査法人が訴訟の対象とされる傾向があることに対して公認会計士の危惧の意識が存在していると考えられる。

② 　監査契約締結の可否判断を行う際には,上述のように監査実施可能性やさまざまなリスクを勘案して契約リスクの程度を評価するが,わが国

では当該評価を行うにあたっての電子決定支援システムは浸透しているとはいえない。

③　調査では，特に監査契約締結にかかる方針と手続について品質管理上いかなる問題が存在しているのかに注目した。監査契約締結にあたっては，クライアントのビジネス・リスクや監査人自体のビジネス・リスクとともに，監査リスクを評価して契約リスクの程度の評価を行う。そこでまず，監査リスクの評価に応じた事前承認手続を設けて実施しているかに焦点を置き質問したところ，少数であるが否定的な意見が確認された。この設問に肯定的な意見を示した回答者の多数が事前承認手続には具体的なガイドラインがあるという認識を示しているが，中小監査事務所ではきわめて少数であるがガイドラインがないという回答もみられた。また，事前承認手続が完了する前に監査業務に着手する事例があるとの回答が大手・中小監査事務所ともに1割程度あり，業務管理体制が不十分であるという意識が認められる。なお，中小監査事務所では監査契約の締結承認を行う承認機関が申請者から独立していない場合が少数存在することが確認された。さらに，契約にかかるリスク評価を完了する前に監査契約を締結する場合があるという回答が大手監査事務所所属者で1割を超えた。このように，大手監査事務所と中小監査事務所では，異なる側面で問題がある可能性があり，監査の質の維持・向上をはかるための品質管理の整備に課題が存在しているといえる。

【参考文献】

American Institute of certified Public Accounts (AICPA)(1994) Practice Alert No. 94-3, Acceptance and Continuance of Audit Clients.
Bedard, J., D. Deis, B. Curtis and J. Jenkins (2008) Risk Monitoring and Control in Audit Firms: A Research Synthesis, *Auditing A Journal of Practice & Theory*, Vol.27 No.1, pp.187-218.
公認会計士・監査審査会 (2006a)「4大監査法人の監査の品質管理について」6月30日。
公認会計士・監査審査会 (2006b)「小規模監査事務所の監査の品質管理について」11月8日。
公認会計士・監査審査会 (2007a)「中小監査事務所の監査の品質管理について」3月16日。
公認会計士・監査審査会 (2007b)「3大監査法人の業務改善状況について」6月29日。
公認会計士・監査審査会 (2011)「監査の品質管理に関する検査指摘事例集」7月6日。

第 2 部　品質管理とガバナンス

日本公認会計士協会（2009）「法規委員会研究報告第 11 号　監査および四半期レビュー契約書の作成について」4 月 24 日。
日本公認会計士協会（2011a）「監査基準委員会報告書 220　監査業務における品質管理」12 月 22 日。
日本公認会計士協会（2011b）「品質管理基準委員会報告書第 1 号　監査事務所における品質管理」12 月 22 日。

第6章 監査法人のグローバル化と品質管理

第1節 有限責任監査法人トーマツとDTTL

1 有限責任監査法人トーマツのガバナンスと品質管理
(1) 概要

　有限責任監査法人トーマツ（英文名称：Deloitte Touche Tohmatsu LLC）の設立は，1968年5月に遡る。それは，1966年の公認会計士法改正により導入された監査法人制度を受け，時の公認会計士協会会長であった等松農夫蔵氏が日本発の全国規模の監査法人として設立した等松・青木監査法人に始まる[1]。設立当初より，東京，名古屋，京都，大阪，福岡の5都市に事務所を構え，その後，監査法人や会計事務所との合併を繰り返し，1990年2月より監査法人トーマツ，さらに2007年の公認会計士法の改正により有限責任監査法人制度の導入を受け，2009年7月より有限責任監査法人トーマツとなり，現在では，東京事務所をはじめ国内29カ所に事務所，9カ所に連絡事務所を構え，海外40都市に海外駐在員を派遣する規模となっている[2]。

　有限責任監査法人トーマツは，2013年6月30日現在，資本金7億7,200万円，公認会計士2,916名，公認会計士試験合格者（会計士補を含む）1,364名を含む計5,602名の職員を擁す監査法人である[3]。また，2012年9月30日付の「第

▶1　トーマツ30年史プロジェクト（2000）38-39頁。
▶2　有限責任監査法人トーマツのウェブサイトよりまとめている（http://www.tohmatsu.com/view/ja_JP/jp/companies/audit/about/outline/index.htm）。
▶3　有限責任監査法人トーマツのウェブサイト参照。

図表 6-1　有限責任監査法人トーマツの監査証明業務状況

種　類	被監査会社等の数	
	総　数	内大会社等の数
金商法・会社法監査	931 社	931 社
金商法監査	22 社	14 社
会社法監査	1,136 社	148 社
学校法人監査	84 社	
労働組合監査	50 社	
その他の法定監査	408 社	58 社
その他の任意監査	968 社	
計	3,599 社	1,151 社

図表 6-2　有限責任監査法人トーマツの業務収入の状況

業　務		収入
監査証明業務		64,403 百万円
非監査証明業務	コンサルティング業務	15,631 百万円
	その他の業務	2,408 百万円

注）2011 年 10 月 1 日～2012 年 9 月 30 日の期間

45 期 業務及び財産の状況に関する説明書類」[4] によると，監査証明業務の状況は図表 6-1，業務収入の状況は図表 6-2 のようになっている[5]。

(2) ガバナンス・品質管理の状況

①ガバナンスの状況

法人設立当初の等松・青木監査法人は，総員 72 名からスタートした。その人員が，4 年後には 200 名を超える状態となった。代表社員も当初 8 名に限られていたが，43 名の社員のうち 40 名が代表社員となるほどの規模となっ

▶4　http://www.tohmatsu.com/assets/Dcom-Japan/Local%20Assets/Documents/group/sh/jp_a_disclosure45.pdf
▶5　有限責任監査法人トーマツ（2012a）より作成。

た。したがって，設立当初の1969年より，「代表社員および代表社員会に関する内規」が定められ，1971年には「代表社員および代表社員会に関する要綱」として改正され，1975年より理事会制度の導入，そして包括代表社員や地区業務担当社員などの役割が定められ，現在の組織体制へとつながっている[6]。

現在の有限責任監査法人トーマツは，「経済社会の構成を守り率先してその発展に貢献する」，「クライアントの期待を超える知的専門サービスを総合的に提供する」，および「各人の個性を尊重し能力を発揮できる生きがいのある場を創りだす」という3つの経営理念を掲げている。社員および職員は，この理念を共有し，倫理観（Ethics），誠実性（Integrity）および独立性（Independence）を常に念頭に置き，「品質のトーマツ」と称されるようにガバナンス，品質管理に取り組んでいる。

具体的には，社員総会を最高意思決定機関としながらも，迅速かつ適切な意思決定を容易にするため，最高経営責任者として包括代表（CEO），経営意思決定機関として経営会議（原則月1回程度開催）を置き，法人運営に係る重要事項の審議・決定を行っている[7]。また，組織規程において5つの管理本部（管理部門，人材，開発・国際，レピュテーション・リスク，品質管理），6つのブロック本部（東京監査，金融，トータルサービス，中京，関西，西日本），3つの事業本部（監査ERS，FA，コンサルティング）が置かれ，各本部長が責任者として職務分掌規程に基づき職務の遂行を行っている[8]。

包括代表（CEO），経営会議議長および監事の選任は，推薦委員会の推薦に基づき，社員総会の特別決議によることになっている。経営会議メンバーについては，包括代表（CEO）が指名し，同じく社員総会の特別決議により選任，ブロック本部長，業務本部長およびレピュテーション・リスク本部長は，推薦委員会による社員からの意見聴取の上，包括代表（CEO）が指名する形となっている[9]。

▶6　トーマツ30年史プロジェクト（2000）64-65頁，145頁。
▶7　有限責任監査法人トーマツ（2012b）18頁。
▶8　有限責任監査法人トーマツ（2012a）4頁。
▶9　有限責任監査法人トーマツ（2012b）18頁。

第２部　品質管理とガバナンス

図表 6-3　有限責任監査法人トーマツ組織図（2012 年 12 月 1 日現在）

```
                              社員総会
                                 │
           監事*  ←──────── 経営会議
     *法人外監事を含む              │
                           包括代表（CEO）
           経営監査室 ────────┤────────── CSR 推進室
      レピュテーション・リスク本部
                                 │
   ┌─────────┬──────────┬──────────────┬──────────┐
  経営管理    品質管理     ファンクション      地域ブロック
   │         │              │                │
  開発・国際本部  マニュアル室   監査ERS業務本部   東日本ブロック
  管理財務本部  テクニカルセンター  監査業務部     東京監査本部
  人材本部    監査ERS管理室  IFRS推進部      金融本部
           リスク管理室   ERS業務部       トータルサービス本部
                      アドバイザリー業務開発部  アドバイザリー本部
                      FA業務本部       中京ブロック本部
                      コンサルティング業務本部  関西ブロック本部
                                      西日本ブロック本部
                         インダストリー
```

ERS：Enterprise Risk Services
FA：Financial Advisory

出所：有限責任監査法人トーマツ（2012b）18 頁。

　職務執行の監視については，監事 3 名（うち 1 名は法人外監事）を選任するとともに，包括代表（CEO）直轄の経営監査室を設置している。
　図表 6-3 は有限責任監査法人トーマツの組織図を示している。
②品質管理の状況

　有限責任監査法人トーマツは，企業会計審議会の「監査に関する品質管理基準」に準拠するとともに，Deloitte Touche Tohmatsu Limited（DTTL）の中核メンバーとして，メンバーファームが遵守すべき基本的な方針やルールを定めた DPM（Deloitte Policies Manual）に従った品質管理体制を整えている。図表 6-4 は監査業務の品質管理体制を示したものである。
　また，日本で上場会社を監査クライアントとする場合，監査事務所は，原則として，日本公認会計士協会の上場会社監査事務所名簿に登録する必要がある。監査事務所が上場会社監査事務所名簿に登録する際には，登録申請書，

監査法人のグローバル化と品質管理　第6章

図表 6-4　有限責任監査法人トーマツにおける監査業務の品質管理体制

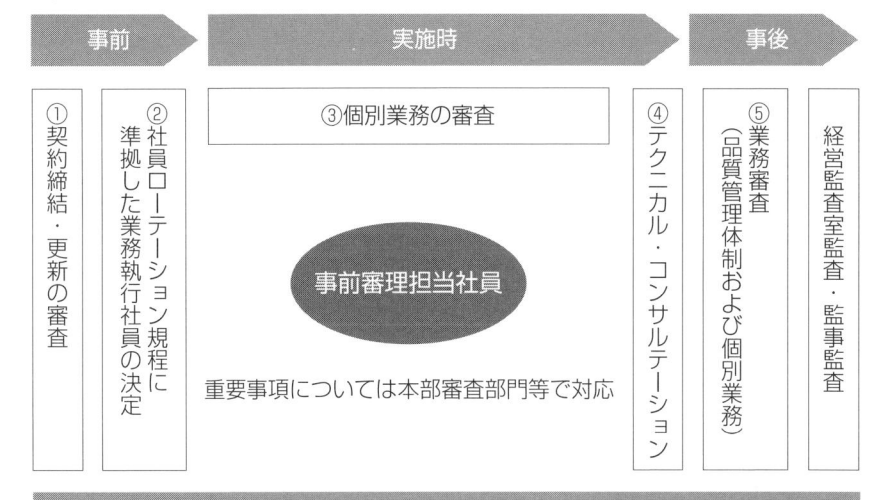

事前 → 実施時 → 事後

① 契約締結・更新の審査
② 社員ローテーション規程に準拠した業務執行社員の決定
③ 個別業務の審査
　　事前審理担当社員
　　重要事項については本部審査部門等で対応
④ テクニカル・コンサルテーション
⑤ 業務審査（品質管理体制および個別業務）
経営監査室監査・監事監査

コンプライアンス（独立性・職業倫理の確保，インサイダー取引防止，情報管理等）

経営理念の徹底　マニュアルの整備　人材育成

出所：有限責任監査法人トーマツ（2012b）9頁。

誓約書，上場会社監査事務所概要書，品質管理システム概要書を日本公認会計士協会の品質管理委員会に提出して審査を受けるとともに，登録後には，定期報告と変更報告を行わなければならない。したがって，個々の監査法人の品質管理は，品質管理システム概要書に取りまとめられており，日本公認会計士協会のウェブサイトより閲覧できるようになっている。図表6-5は，有限責任監査法人トーマツの品質管理システム概要書の内容をまとめたものである。

図表 6-5 有限責任監査法人トーマツの品質管理システム概要書の概要

項　目	記載内容（要約）
品質管理に関する責任の方針及び手続	職務を適正に行うことを確保する体制として，「監査に関する品質管理基準」等に準拠して，監査業務の受任から監査報告書の発行に至るまでの体制を整備・運用するとともに，品質管理体制に関する最終的な責任を負う包括代表の指揮のもと，品質管理部長が品質管理の方針の整備，運用の責任を有していることを示している。
職業倫理の遵守及び独立性の保持のための方針及び手続	①職業倫理，②独立性，③ローテーションの方針および手続の3項目に分けて，その方針および運用について示されている。
契約の新規の締結及び更新の方針及び手続	①監査業務の受嘱および②監査業務の継続の2項目に分け，受嘱については，利害関係の有無の調査，業務リスク等の検討とともに，リスク管理室長等の承認が受嘱に必要である旨，および業務の継続に関しては，事前審理担当社員の承認，リスク管理室長の追加承認を要する体制が示されている。
専門要員の採用，教育・訓練，評価及び選任の方針及び手続	日本公認会計士協会継続的専門研修制度（CPE）の履修状況の徹底管理，採用にあたっての専門知識を有した誠実な人材の採用の状況について示されている。
業務の実施	①監査業務の実施 　DTTLの中核メンバーとして統一的な監査業務管理，品質管理方針の導入，監査マニュアル，監査支援ソフトなどの開発整備などについて示されている。 ②専門的な見解の問合せ 　テクニカルセンターの設置およびDTTLのグローバルネットワークの活用が示されている。 ③審査 　事前審査制度について示されている。 ④監査上の判断の相違 　意見相違の解決を図る方針および手続が定められている旨が記載されている。 ⑤監査調書 　全監査調書の査閲，保管，管理，廃棄方法について示されている。
品質管理のシステムの監視	①監査事務所の品質管理に関する方針および手続の監視，②識別した不備の評価，伝達および是正，③不服と疑義の申立てについて示されている。
監査事務所間の引継の方針及び手続	前任監査人となる場合，後任監査人となる場合の方針および手続を定めている旨が示されている。
共同監査の方針及び手続	共同監査に関する方針および手続が定められている旨および他の監査事務所の品質管理システムの確認について記載されている。
組織再編を行なった場合の対応その他の監査事務所が重要と考える品質管理の方針及び手続	該当事項なし

出所：有限責任監査法人トーマツ「品質管理システム概要書」（2012年9月30日現在）。

2 DTTL のガバナンスと品質管理

(1) 概要

　1845 年に William Welch Deloitte がロンドンに会計事務所を設立したことに始まる。Deloitte は，1849 年にはグレートウエスタン鉄道の最初の独立監査人となり，1850 年～1860 年代にかけて投資家保護の観点から鉄道会計のシステムを開発するなどを行い，1880 年には，ニューヨークに事務所を構えるに至っていた。

　後の合併先であるトウシュ・ロス会計事務所は，1898 年に，George Touche がロンドンに事務所を開設したことに始まる。1900 年には，Touche はニューヨークに事務所を構え，さらに事業をカナダへと展開していた。このトウシュ・ロス会計事務所への等末・青木監査法人の合流は，1975 年 5 月の当時のトウシュ・ロスインターナショナル（TRI）への加盟に始まる。その後 1990 年に TRI がデロイト・ハスキンズ・アンド・セルズ・インターナショナルと合併したことから，デロイト・ロス・トーマツ・インターナショナルが設立され，現在では，デロイト・トウシュ・トーマツ・リミテッド（DTTL：以下，DTTL とする。）という英国の法令に基づく保証有限責任会社の日本におけるメンバーファームとなっている。

　DTTL は，クライアントに直接業務を提供することはなく，世界 150 カ国を超えるメンバーファームが独立して業務を行い，互いのファームが責任を負うものとはなっていない。したがって，有限責任監査法人トーマツは，DTTL のメンバーファームとして，世界各国のメンバーファームとのネットワークのもとに業務を行っている[10]。

　なお，DTTL の 2012 年の収入は，150 カ国以上における監査業務，非監査業務の合計で，31 億米ドル（内訳，米国 15.5 億米ドル，欧州・中東アフリカ 10.9 億米ドル，アジア 4.9 億米ドル）となっており，前年比 8.6％の増加となっている。

▶10 http://www.tohmatsu.com/view/ja_JP/jp/companies/audit/about/tohmatsu-dtt/index.htm

(2) 品質管理の状況

　DTTLは，世界各国のメンバーファームが常に高品質のサービスを提供するために，メンバーファームの業務をサポートする体制が整えられている。DTTLは，その組織内における上位15から20に入るリスクを分析し，DTTL内の全社的リスクマネジメントの枠組みを確定し，メンバーファーム間の広範な連携をとる体制を確立している[11]。

　品質管理については，メンバーファームが遵守すべき基本的な方針やルールであるDPM (Deloitte Policies Manual) を策定している。DPMは，グローバルな品質とリスク管理方針，そのプロセス，手順を総称してPolicyとして示し，メンバーファーム内で一貫した厳格な品質とリスク管理プロセスの実施を求めている[12]。したがって，メンバーファームである有限責任監査法人トーマツも当然DPMの内容に準拠した品質管理体制を整えていることになる。

　また，メンバーファームは，DTTLの指導監督の下，少なくとも3年に1度，実務に関するレビューを受ける責任がある。それはメンバーファームの品質管理の方針がDPMの方針から逸脱していないかの検討を行い，その結果はメンバーファームに報告書などの形で通達され，改善点などがあれば，それに従うことになっている[13]。

　さらに，Sarbanes-Oxley法に基づき2002年に創設されたPCAOB (Public Company Accounting Oversight Board) は，証券発行会社に対して監査報告書を提出している登録会計事務所 (registered public accounting firm) に対して，事務所の品質管理体制全般に対するレビューと監査業務の検査 (Inspection) を実施している。PCAOBは，登録会計事務所のうち，いわゆるBig4を含む100以上の監査報告書を発行している会計事務所に対しては毎年，その他の会計事務所に対しては3年に1回のレビューならびに検査を実施し，監査業務の不備や品質管理体制等の欠陥の有無について検査結果の

▶11 DTTL (2012).
▶12 DTTL (2012).
▶13 DTTL (2012).

内容を公表している。Big4の場合，検査対象とされる監査業務の数は各事務所ともほぼ50前後と平均化されている。米国のDTTLにおいては，2012年度は51の監査業務についてPCAOBの検査を受けている。

DTTLの場合，2012年度のレビュー・検査において品質管理体制等の欠陥ないし監査実務の不備を指摘されたのは13（25％）の調査対象であった。この割合は，前年度が45％であったのに対して大幅に改善されている[14]。

第2節　有限責任あずさ監査法人とKPMG

1　有限責任あずさ監査法人のガバナンスと品質管理
(1) 概要

有限責任あずさ監査法人（以下，「あずさ監査法人」という）は，2013年3月31日現在で，公認会計士2,966名を含む職員5,264名を擁し，監査証明業務を提供するクライアント3,349社（このうち，金融商品取引法および会社法の両法適用会社は734社，金融商品取引法適用会社は54社，会社法適用会社1,349社）を有する日本を代表する大規模監査法人の1つである[15]。また，2011年7月1日から2012年6月30日までの1年間における監査証明業務に係る収入総額は68,632,256千円であり，非監査証明業務に係る収入総額は14,239,462千円であった[16]。

あずさ監査法人は，以下のような沿革を辿って現在の有限責任あずさ監査法人となった。まず，1969年7月に監査法人朝日会計社としてスタートし，次いで1985年7月に新和監査法人（1974年12月設立）と合併して監査法人朝日新和会計社となり，さらに，1993年10月に井上斉藤英和監査法人（1978

▶14 PCAOB（2012a）およびPCAOB（2013a）。
　　本章ではBig4に対してPCAOBが実施した最近2年度の検査結果報告に基づく数値のみを示した。したがって，ここで示された数値だけで，DTTLの品質管理体制ならびに監査業務の性格を単純に結論づけることはできない。会計事務所の業務品質を論じるためには，PCAOBが実施するレビューや・検査，検査結果の内容について，時系列をさらに拡大するとともに，それぞれの報告書の内容を詳細に比較分析する必要がある。また，わが国の公認会計士・監査審査会が実施する審査・検査との比較分析も今後の重要な研究課題である。
▶15 有限責任あずさ監査法人のウェブサイト（http://www.azsa.or.jp/index.html）2013年9月17日。
▶16 有限責任あずさ監査法人（2012）3頁。

年4月設立）と合併して朝日監査法人となった。続いて，2004年1月にあずさ監査法人と合併し，法人名をあずさ監査法人とした。そして，2010年7月に有限責任監査法人に移行し，法人名を「有限責任あずさ監査法人」に変更した[17]。

なお，このうち，2004年1月に朝日監査法人と合併した当時のあずさ監査法人は，KPMGジャパン（1949年にピート・マーウィック・ミッチェル日本事務所として東京に設立）の監査部門が2003年2月に設立した監査法人であった。2003年4月に当時の朝日監査法人はKPMGのメンバーファームに正式加入するが，2004年1月に朝日監査法人とあずさ監査法人が合併し，法人名をあずさ監査法人として発足した際に，引き続きKPMGのメンバーファームとなり現在に至っている。あずさ監査法人がメンバーシップ契約を締結しているKPMGインターナショナルとの間の業務上の提携の内容は，以下のとおりである[18]。

・被監査会社の国際化・多国籍化に対応した国際的監査業務の推進
・あずさ監査法人クライアントの海外向財務諸表に対するKPMGを含んだ名称を用いての監査証明業務
・KPMGインターナショナルの開発した各種教育・研修プログラムへの参加および各種情報の提供を通じた国際的水準業務の遂行
・相互のクライアントの紹介

(2) ガバナンス・品質管理の状況
　①ガバナンスの状況[19]

公認会計士法第34条の13第1項およびそれを受けた公認会計士法施行規則第25条第1項は，監査法人が業務を公正かつ的確に遂行するための業務管理体制の整備の一環として，「業務の執行の適正を確保するための措置」を講ずることを求めている。あずさ監査法人は，これに対応する形で，理事

▶17 有限責任あずさ監査法人のウェブサイト。
▶18 有限責任あずさ監査法人（2012）15-16頁。
▶19 有限責任あずさ監査法人（2012）6頁。

の職務執行が適正に行われることを確保するための体制として,「社員会規則」,「理事会規則」,「専務理事会規則」,「事務所運営規則」等の規定を定めている。具体的には,これらの規定に従い,理事選任の方法,社員会・理事会の決議事項や報告事項に関する基準,組織の業務分掌を定めるとともに,本部理事会,専務理事会,事務所社員会および理事会を設置し,あずさ監査法人全体としての理事の職務執行の適正さを確保している。これらの体制は,理事長をはじめとするあずさ監査法人の経営陣の職務執行に対する牽制,あるいはチェック機能を担っているといえ,株式会社におけるコーポーレート・ガバナンスに相当する役割を果たすことが期待されていると考えられる。

また,あずさ監査法人は,「業務の執行の適正を確保するための措置」の1つとして,社員・職員の職務の執行が法令および定款に適合することを確保するための,基本理念および倫理行動規定を制定し,それらの周知徹底を通じて社員・職員による法令等の遵守を確保しようとしている。加えて,外部委員を含めたコンプライアンス委員会や,法令および諸規定等の違反に関する内部通報を受けるためのコンプライアンス・ホットラインの設置をとおして,コンプライアンス活動の実効性の向上を図っている。あずさ監査法人は,かつて,公認会計士・監査審査会の検査結果に基づき,当該審査会より「法令等遵守体制に不十分な点が認められる」との指摘がなされた経緯があり[20],これらの設置はその指摘に対応する改善策の現れであると考えられる。

②品質管理の状況[21]

公認会計士法第34条の13第1項およびそれを受けた公認会計士法施行規則第25条第1項は,監査法人が業務を公正かつ的確に遂行するための業務管理体制の整備の一環として,「業務の品質の管理の方針の策定及びその実施」を講ずることを求めている。あずさ監査法人は,これらの規定に従いさまざまな措置を講じている。ここでは,あずさ監査法人がKPMGのメンバーファームであることに鑑みて,あずさ監査法人が講じた措置のうち,KPMGとの連携に言及したものを中心に取り上げ紹介する。

▶20 公認会計士・監査審査会(2006a)。
▶21 有限責任あずさ監査法人(2012)7-8頁。

まず，品質管理システム全般に関連して，あずさ監査法人は，わが国における法令および企業会計審議会，日本公認会計士協会，国際会計士連盟（IFAC）等により公表された基準に準拠し，クライアントの公正な事業活動，投資者および債権者の保護等を図るために整備された監査業務の品質管理システムを保持している。この品質管理システムは，公認会計士法等の法令，監査基準および監査に関する品質管理基準，国際品質管理基準（IQSC）等と並んで，国際提携事務所であるKPMGの基本方針への準拠を促進するものと位置づけられている。

　次に，業務の実施およびその審査に関して，あずさ監査法人は，国際提携事務所であるKPMGが開発し，国際監査基準に準拠した監査手法をベースに，わが国固有の制度や基準等への対応を考慮した監査マニュアルを策定し，監査実施の枠組みを構築している。また，監査証明業務に係る審査に関して，あずさ監査法人は，すべての監査業務について，監査報告書の発行に際しては適格性が確保された審査員による審査を受審する義務を定めているとともに，公認会計士法上の大会社等については，監査契約の受嘱や監査計画の段階から適時に審査員が関与する方式を採用している。

　さらに，業務の品質の管理の方針の策定およびその実施に関する責任者の選任その他の所在の明確化に関する措置に関して，あずさ監査法人は，監査業務の品質管理に関する法人としての基本方針とこれに基づく規定等を整備している。当該基本方針および規定等は，わが国の法令，基準，日本公認会計士協会の自主ルール等への準拠のみならず，国際提携事務所であるKPMGの基本方針の導入により，IFACの公表する監査に関する基準，指針等へも準拠している。一方，品質管理に関する諸制度を整備し運用する責任は品質管理担当専務理事が担っているが，重要な事項は理事会等の組織決定を行っている。また，品質管理業務の遂行にあたり適任と考えられる社員および専門職員が配置された間接部門が，品質管理に関する諸制度の運用のための手続の立案，モニタリング，品質管理に関する諸制度の変更の検討を行っている。

2 KPMG (US)[22]のガバナンスと品質管理

(1) PCAOBによる年次調査

　米国の公開会社会計監視委員会（PCAOB）は，2002年SOX法に基づき，常時100を超える証券発行会社（issuer）に対して監査報告書を提供している登録公会計事務所（registered public accounting firm）のそれぞれに対して，年次調査を実施している。

　PCAOBによる調査は，会計事務所による監査の実施方法に関連する不備や欠陥を識別し，対処することを意図して実施される。当該目標を達成するために，PCAOBの調査には，会計事務所が実施した監査のうちのPCAOBが選定した監査の特定の側面のレビューと，会計事務所の品質管理システムにかかわるその他の諸問題のレビューが含まれる。より，具体的には，PCAOBの調査過程は，証券発行者の監査に関連する適用可能な規定の会計事務所による遵守の程度を評価する基礎を与えるよう，計画および実施される。この調査過程には，先述のように，会計事務所が実施した監査のうちのPCAOBが選定した監査の構成要素のレビューが含まれる。このレビューは，もし存在すれば監査の当該要素における欠陥を識別することと，当該レビューの結果が会計事務所の監査に対する品質管理システムの整備あるいは運用面での欠陥を示しているかどうかを判断することの双方を意図して実施される。

　以下では，PCAOBによるKPMG（US）に対する2009年度（2008年10月〜2009年9月）の調査結果の概要を，PCAOBの調査報告書に基づき説明する。

(2) 監査業務に対するレビュー

　PCAOBによる調査結果は，会計事務所が実施した監査業務に対するレビューの結果と会計事務所の品質管理システムに対するレビューの結果に分けられる。ただし，後者は，調査報告書のうちの非公開の部分に含まれ，一般の目に触れられることはない。そこで，ここでは，前者の結果の概要を紹

▶22 以下の記述はPCAOB（2010a）による。

介することとする。

①調査方法と留意事項

　調査チームは，選定された監査契約の各々に関して，証券発行会社の財務諸表と特定のSECへの提出物をレビューした。調査チームは，リスクの高い領域をレビュー対象として選択し，監査契約チームの監査調書を調べ，また当該レビュー対象領域にかかわる担当者にインタビューを行った。レビュー対象となった領域には，収益，公正価値測定，金融商品，所得税，引当金ないし見積負債，棚卸資産，不正に対する考慮，関連当事者間取引，提携関係にある外国の会計事務所が実施した監査業務の監督，および監査契約チームによるリスク評価が含まれた。

　なお，レビュー対象となる監査契約の選定は，PCAOBによる規準に基づき行われた。会計事務所には選定範囲を限定するなど，選定に影響を及ぼす機会は与えられていない。また，PCAOBによる調査報告書を，調査報告書で明示的に言及されていない欠陥は会計事務所の監査，あるいはそのクライアントである証券発行者の財務諸表ないし内部統制報告書に存在しないことに対して保証を与えているものと，理解してはならない。

②調査結果の概要

　2009年度におけるPCAOBによるKPMGの調査は，当該年度においてKPMGが実施した60の監査に対して実施された。これら監査に対するレビューで，調査チームは，監査上の欠陥と考えられる諸問題を識別した。識別された監査上の欠陥のうち調査報告書で公表されるものは，調査チームからみてKPMGが監査報告書の発行時点で当該証券発行者の財務諸表に関する意見を裏づける十分かつ適格な証拠を得られなかったと思われるほどの重要性をもつ欠陥であった。

　KPMGの監査に関するPCAOBの調査報告書で言及されている監査上の欠陥のほとんどは，以下に紹介するように見積りの不確実性が高いと目される会計上の見積りの監査に関係するものであった。

　例えば，貸付損失に係る引当金の見積りに関して，証券発行者が当該見積りに重要な環境要因を反映させているかどうかについての検証，証券発行者

による重要な仮定の合理性の評価，証券発行者が利用した貸付に係るデータの網羅性や正確性の検証を，監査契約チームが怠った事例が指摘されている。

また，証券発行者による金融商品の公正価値の見積りを検証するための十分な監査手続が実施されなかった事例も指摘されている。例えば，ある流動性が低い金融商品に関して，証券発行者が利用した外部の評価機関（pricing service），あるいは監査契約チームが利用した評価機関がどのように公正価値を算定したかについて，監査契約チームが理解していなかったことが指摘されている。

さらに，のれんの減損（goodwill impairment）に係るテストに関連して，証券発行者によるのれんの減損に係るテストの方法論がSFAS No.142に準拠していないことを，監査契約チームが識別することも，したがってそれに対処することもできなかった事例が指摘されている。本事例は，証券発行者によるGAAPの適用の誤りを監査契約チームが指摘できなかった事例である。

加えて，繰延税金資産に関する証券発行者の評価を監査契約チームが十分に検証しなかった事例が指摘されている。具体的には，証券発行者が近年損失を計上しているにもかかわらず，将来の課税所得の推定の基礎にある重要な特定の仮定に関して，監査契約チームが経営者に対する質問以上の検証を怠ったことが指摘されている。

以上のように，金融商品（特に流動性が低いもの）の公正価値，のれんの減損，繰延資産の回収可能性等，将来予測を含み，また経営者による主観的判断が色濃く介入する会計上の見積りの監査に，調査報告書の指摘事項が集中しているといえる。

このように，PCAOBはいわゆるBig4に対して毎年，品質管理体制等のレビューと個々の監査業務の検査（inspection）を実施し，監査業務の不備や品質管理体制等の欠陥の有無について検査結果の内容を公表している。米国KPMGにおいては，2012年度は50の監査についてPCAOBの検査を受けている。

KPMGの場合，2012年度のレビュー・検査において品質管理体制等の欠陥ないし監査実務の不備を指摘されたのは17（34％）の調査対象であった。

この割合は，前年度の22%に比べて増加している[23]。

第3節 あらた監査法人とPwC

1 あらた監査法人のガバナンスと品質管理
(1) 概要

あらた監査法人（英文名称：PricewaterhouseCoopers Aarata）は，国際的な監査基準に準拠した質の高い監査を国内企業および国際企業に提供することを目的に，プライスウォーターハウスクーパース（PricewaterhouseCoopers：PwC）のメンバーファームとして，2006年6月1日に設立された無限責任監査法人である。また，あらた監査法人は，設立した年の8月に名古屋事務所を，9月に大阪事務所を従たる事務所として設置している。

あらた監査法人は，2013年6月30日現在で，出資金18億8,800万円，公認会計士735名を含む計2,026名の職員を擁す日本で4番目に大きな監査法人である[24]。また，あらた監査法人が2013年8月30日付で日本公認会計士協会（JICPA）の品質管理委員会に提出した「業務及び財産の状況に関する説明書類」[25]によると，2013年6月30日時点での被監査会社数は，監査証明業務が838社，非監査証明業務が957社となっている。また，2012年7月1日から2013年6月30日までの業務収入は，監査証明業務が14,477百万円，非監査証明業務が12,643百万円で計27,120百万円となっている。

かつてPwCは中央青山監査法人（のちのみすず監査法人）と提携してい

▶23 PCAOB（2012c）およびPCAOB（2013c）。
　　本章ではBIG4に対してPCAOBが実施した最近2年度の検査結果報告に基づく数値のみを示した。したがって，ここで示された数値だけで，KPMGの品質管理体制ならびに監査業務の性格を単純に結論づけることはできない。会計事務所の業務品質を論じるためには，PCAOBが実施するレビューや・検査，検査結果の内容について，時系列をさらに拡大するとともに，それぞれの報告書の内容を詳細に比較分析する必要があろう。また，わが国の公認会計士・監査審査会が実施する審査・検査との比較分析も重要な研究課題である。
▶24 あらた監査法人のウェブサイト（http://www.pwcaarata.or.jp/）を参考にしてまとめた。
▶25 あらた監査法人「業務及び財産の状況に関する説明書類 第8期会計年度（平成24年7月1日から平成25年6月30日）」(http://tms.jicpa.or.jp/offios/pub/doc/200704000040/200704000040_setumei.pdf) 2013/09/10。

た。中央青山監査法人は，1968年に設立された監査法人中央会計事務所が，2000年に青山監査法人と合併して誕生した日本最大手の監査法人であった。しかしながら，カネボウの粉飾決算をはじめとする一連の不祥事[26]により，2006年に監査業務停止処分[27]を受け，その後，みすず監査法人と改称したものの，2007年7月31日に解散し，現在は清算法人となっている。

あらた監査法人の設立にあたっては，中央青山監査法人に所属していた会計士のうち，国際業務や金融機関の監査等に従事していた者が中心となったといわれており，また，トヨタ自動車，ソニーをはじめとするあらた監査法人の設立当時の主要な監査クライアントは，従来，中央青山監査法人が監査を担当していた企業であったといわれている。

(2) ガバナンス・品質管理の状況
①ガバナンスの状況[28]

あらた監査法人の経営全般において責任を負うのは，代表執行役および執行役[29]によって構成される経営委員会である。特に代表執行役は経営委員会を統括し，あらた監査法人を代表している。

この経営委員会が策定する経営の方針およびその運営を監視し，透明性の高いガバナンスを実践するために監視委員会が置かれている。監視委員会は8名の社員とアドバイザーとして招聘された外部者から構成される。また，監視委員会の下には社員評価委員会，監査委員会（法人の業務執行に係る内部監査を担当），指名委員会（代表執行役候補者を指名），R&Q監視委員会（法人の品質・リスク管理活動全般を独立した立場から監視）が設置され，監視委員会の監視活動をサポートしている。

以上のようなあらた監査法人の組織を示すと図表6-6のようになる。

▶26 中央青山監査法人は，カネボウの粉飾決算事件に関連して，代表社員4名が逮捕され，また，みすず監査法人は足利銀行被害者の会から提訴されている。
▶27 2006年5月10日に金融庁の公認会計士・監査審査会から7月1日から2か月の監査業務停止処分を受けた。
▶28 あらた監査法人のウェブサイトを参考にしてまとめた。
▶29 2013年7月1日時点の執行役は5名である。

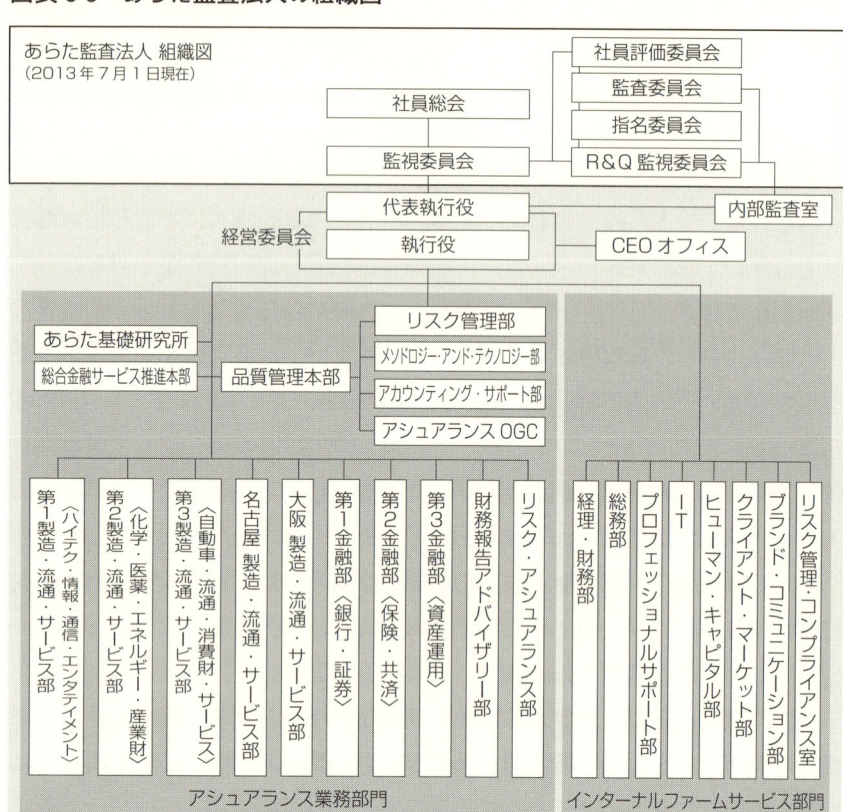

図表 6-6　あらた監査法人の組織図

あらた監査法人 組織図
(2013年7月1日現在)

- 社員総会
  - 社員評価委員会
  - 監査委員会
  - 指名委員会
- 監視委員会
  - R&Q監視委員会
- 代表執行役
  - 内部監査室
- 経営委員会
  - 執行役
  - CEOオフィス

- あらた基礎研究所
- 総合金融サービス推進本部
- 品質管理本部
  - リスク管理部
  - メソドロジー・アンド・テクノロジー部
  - アカウンティング・サポート部
  - アシュアランス OGC

アシュアランス業務部門
- 第1製造・流通〈ハイテク・情報・通信・エンタテイメント〉部
- 第2製造・流通〈化学・医薬・エネルギー・産業財〉部
- 第3製造・流通〈自動車・流通・消費財・サービス〉部
- 名古屋製造・流通・サービス部
- 大阪製造・流通・サービス部
- 第1金融部〈銀行・証券〉
- 第2金融部〈保険・共済〉
- 第3金融部〈資産運用〉
- 財務報告アドバイザリー部
- リスク・アシュアランス部

インターナルファームサービス部門
- 経理・財務部
- 総務部
- IT
- プロフェッショナルサポート部
- ヒューマン・キャピタル部
- クライアント・マーケット部
- ブランド・コミュニケーション部
- リスク管理・コンプライアンス室

出所：あらた監査法人のウェブサイト。

②品質管理の状況

　日本で上場会社を監査クライアントとする場合，監査事務所は，原則として，JICPAの上場会社監査事務所名簿に登録しなければならないことになっている。監査事務所が上場会社監査事務所名簿に登録する際には，登録申請書，誓約書，上場会社監査事務所概要書，品質管理システム概要書をJICPAの品質管理委員会に提出して審査を受けるとともに，登録後には，定期報告と変更報告を行わなければならない。個々の監査法人の品質管理は，品質管理システム概要書に取りまとめられることになっており，その記載事

項として,「1. 品質管理に関する責任の方針及び手続」,「2. 職業倫理の遵守及び独立性の保持のための方針及び手続」,「3. 契約の新規の締結及び更新の方針及び手続」,「4. 専門要員の採用,教育・訓練,評価及び選任の方針及び手続」,「5. 業務の実施」,「6. 品質管理のシステムの監視」,「7. 監査事務所間の引継の方針及び手続」,「8. 共同監査の方針及び手続」,および「9. 組織再編を行なった場合の対応その他の監査事務所が重要と考える品質管理の方針及び手続」の9項目が掲げられている(「上場会社監査事務所登録細則」第5条第1項)。

2013年10月28日にあらた監査法人が提出した「品質管理システム概要書」は,これらの記載事項のうち,「9. 組織再編を行なった場合の対応」を除く8項目について計5ページにわたって記載されている。以下では,JICPAの上場会社監査登録事務所の登録情報から得られるあらた監査法人「品質管理システム概要書」[30]に基づいて,同監査法人の品質管理について述べる。

まず,「1 品質管理に関する責任」として,あらた監査法人は,厳正かつ公正な高品質の監査を実施し,経済の健全な発展に寄与するため,国際品質管理基準1号(ISQC1),「監査に関する品質管理基準」等に準拠して品質管理システムを整備・運用するとともに,代表執行役が品質管理のシステムに係る最終的な責任を負うことを規定として明文化し,責任の所在を明確にしている。

次に,「2. 職業倫理及び独立性」に関して,あらた監査法人は,(1) 職業倫理と (2) 独立性,および (3) ローテーションの方針および手続,の3つに分けて記載している。(1) 職業倫理については,PwCネットワークのメンバーファームとして,PwC Code of Conduct(行動規範)をベースに,JICPAの倫理規則を踏まえたものを同監査法人の職業倫理に関する指針とし,その遵守に係る方針および手続を定めている。(2) 独立性については,職業倫理と同様に,PwCネットワークのメンバーファームとして,PwC Global Independence Policy(独立性に関する指針)を基本に,日本の法令

▶30 あらた監査法人「品質管理システム概要書(2013年10月1日現在)」(http://tms.jicpa.or.jp/offios/pub/doc/200704000040/200704000040_hinsitu.pdf?logitems=200704000040,3) 2013/10/28。

やJICPAの倫理規則を踏まえたものを同監査法人の独立性に関する指針とし，その遵守に係る方針および手続を定めている。また，同監査法人の監査クライアントをPwCネットワークが共有するデータベースに登録することにより，同監査法人の監査クライアントのみならず，PwCネットワークの監査クライアント全般について，業務提供範囲等に関して制限のあるクライアントを把握できる体制を敷いており，法人，社員，および職員の独立性に関する指針の遵守を確保する枠組みとして維持・運用している。(3) ローテーションの方針および手続については，すべての監査業務について，筆頭業務執行社員の連続関与期間は5会計期間以内，それ以外の業務執行社員の連続関与期間は7会計期間以内とし，必要なインターバル期間は筆頭業務執行社員については5会計期間，それ以外の業務執行社員については2会計期間とする方針を定め，運用と監視を行っている。

「3. 監査契約の新規の締結及び更新」としては，PwCのメンバーファームとして，PwCネットワークのクライアントおよびエンゲージメントの受入・継続に係る評価方針を基本に，日本の規則等を踏まえて，同監査法人の新規契約の締結および更新に係る方針を定め，独立性評価を含むリスク評価手続を実施し，評価されたリスクに応じて定められた適切な承認者の承認を得るものとしている。

「4. 専門要員の採用，教育・訓練，評価及び選任」としては，監査に対する高い価値観と使命感を共有するプロフェッショナルにふさわしい人材を，日本の公認会計士のみならず，米国公認会計士等の特定業種に関する専門的な経験を有する人材等から幅広く採用するとともに，継続的専門研修プランに基づいて，種々の区分で適時・適切な研修（教育・訓練）を行っている。また，アシュアランス業務部門を産業別に組織して，監査上必要な専門的知識を集約・共有することにより，知識および経験の組織的強化を図っている。さらに，各人の資質を客観的かつ公正に評価して，透明かつ継続的な人事評価・人材育成を図りながら，厳正かつ公正な監査を実施するために必要な人材を確保するという観点から監査実施者を選任している。

「5. 業務の実施」に関しては，(1) 監査業務の実施，(2) 専門的な見解の

問合せ，(3) 審査，(4) 監査上の判断の相違，および (5) 監査調書の5項目に分けて記載している。(1) 監査業務の実施について，あらた監査法人は，監査業務における国際水準の品質を確保するため，PwC ネットワークのメンバーファームとして，PwC ネットワークのグローバル・スタンダードを監査メソドロジーの基本とし，「監査における不正リスク対応基準」を含むわが国における監査基準等を踏まえて，同監査法人の監査業務の実施に係る方針および手続を定めている。また，あらた監査法人は，当該方針および手続を通じて業務の実施における品質の保持を図るため，PwC ネットワークの監査サポートシステム[31]を導入しており，リスク評価に対応した有効かつ効率的な監査計画の立案と監査手続の実施を実現している。(2) 専門的な見解の問合せについては，事前に専門的な見解の問合せを受けるべき事項（不正リスクへの対応を含む）を明示し，監査実施者が当該事項に該当する事象に直面した場合には，品質管理本部の見解を入手することを義務づけている。(3) 審査に関して，あらた監査法人は，すべての監査業務について，監査計画段階から，監査の実施過程，監査判断の過程，監査の完了段階まで，監査チームによる監査の実施と並行して審査担当者による重要事項，重要判断の審査を実施している。監査責任者と審査担当者との間の監査上の判断の相違については審査会における審査により解決を図るが，審査の最終機関は審査担当者と定め，責任ある審査を課している。(4) 監査上の判断の相違については，監査チームと専門的な見解の問合せの助言者との間，または，監査責任者と審査担当者との間の監査上の判断の相違が生じた場合，審査会がこれを審査することにより監査上の判断の相違に対処し解決している。(5) 監査調書について，あらた監査法人は，PwC Audit Guide に基づいて，監査報告書日後60日以内に監査ファイルの最終的な整理を完了するものと定めている。また，監査調書の管理および保管に関する方針および手続を定めて，運用している。

▶31 PwC ネットワークの監査サポートシステムは，監査業務および監査証拠の文書化に用いられるだけではなく，リスク評価結果およびリスクと監査手続の関係をビジュアルに表示することができる。

「6. 品質管理のシステムの監視」に関して，あらた監査法人は，(1) 監査事務所の品質管理に関する方針および手続の監視と (2) 識別した不備の評価，伝達および是正，および (3) 不服と疑義の申立て，の３つに分けて記載している。(1) 監査事務所の品質管理に関する方針および手続の監視監査事務所の品質管理に関する方針および手続の監視については，アシュアランス業務部門内に，監査業務等のリスク・品質管理の中心的な役割を担う品質管理本部を設置し，また，法人全体の品質管理システム全般のモニタリングをする組織として，業務部門からは独立したリスク管理・コンプライアンス室を置いて，新しい法令・基準等への対応，コンプライアンス確認手続を通じた独立性に関する確認書面の入手，専門家としての能力開発，監査契約の新規締結・更新等の品質管理システムに関する日常的監視を行っている。監査業務の定期的な検証は[32]，品質管理本部によるPwCネットワークのグローバル・アシュアランス品質レビューを活用した品質レビューに拠っている。また，PwCネットワークが独自に開発した品質管理システム（Quality Management System：QMS）を用いて，法人全体の品質管理にかかわる内部統制が適切に整備・運用されていることを品質管理本部および内部監査室が定期的に検証している。(2) 識別した不備の評価，伝達および是正に関しては，品質管理システムの監視によって不備が発見された場合，その影響の評価に応じて決定した是正措置を適切な関係者に伝達するとともに，適時に担当執行役に報告し対処する体制をとっている。(3) 不服と疑義の申立てについては，当法人内外からもたらされる不服と疑義の申立てについて適切に対処することを合理的に確保するための通報制度として監査ホットラインを導入している。

「7. 監査事務所間の引継」に関して，あらた監査法人は，PwCネットワークのメンバーファームとして，PwCのリスク管理方針を基本に，日本の規則等を踏まえて，同監査法人の監査事務所間の引継に係る方針および手続を

▶32 監査業務の定期的レビューは原則として年に１回実施し，業務執行社員として監査業務を実施している社員は少なくとも３年に１回はレビューの対象となり，リスクの増大が認識された監査業務についても頻繁にレビューを実施しており，リスクが検出された都度，業務執行社員および審査担当者のモニタリングを随時実施している。

定めている。

「8. 共同監査」について，あらた監査法人は，PwC ネットワークのメンバーファームとして，PwC ネットワークのリスク管理方針を基本に，日本の規則等を踏まえて，同監査法人の共同監査に係る方針および手続を定めている。

あらた監査法人が上場会社監査事務所登録に際して JICPA の品質管理委員会に提出した品質管理システム概要書の内容から明らかなように，あらた監査法人は，PwC ネットワークのメンバーファームとして，PwC の品質管理の方針や手続を基本とし，それに日本の規則等を考慮した品質管理を行っていることを看取することができる。

2　PwC のガバナンスと品質管理

(1) 概要[33]

PwC は，1998 年に Price Waterhouse(PW)と Coopers & Lybrand(C & L)が合併して設立されたものであるが，それぞれの歴史は，次のようなものである。

PW の歴史は，1849 年に Samuel L. Price がロンドン事業を開始したことに始まる。1865 年に Edwin Waterhouse 他との共同経営の会計事務所に移行し，1874 年に名称を Price, Waterhouse & Co. に変更した。英米間の経済取引の拡大とともに，1890 年に米国ニューヨークに事務所を構え，それ以降，英国のみならず，米国等で業務を拡大していった。その後，1982 年に国際組織として Price Waterhouse World Firm を組成した。

また，C & L の歴史は，1854 年に William Cooper がロンドンで会計事務所を開設したことに始まる。その後，彼の 3 兄弟がこれに参加し，名称を Cooper Brothers とした。1898 年に，Robert H. Montgomery, William M. Lybrand, Adam A. Ross Jr. および彼の兄弟である T. Edward Ross が共同で Lybrand, Ross Brothers and Montgomery 会計事務所を米国に設立した。1957 年に英国の Cooper Brothers と米国の Lybrand, Ross Bros & Montgomery およびカナダ法人であった McDonald, Currie and Co が共同で国際的な組織を設立し，その国際組織の名称を Coopers & Lybrand とし

▶33 PwC のウェブサイトを参考にしてまとめた。

た。1973年には，すべての法人名称をCoopers & Lybrandと変更した。

なお，1998年，合併以降の正式名称は，PricewaterhouseCoopersとしているが，2010年に自身のブランド名（商号）を正式にPwCと短くした[34]。

また，PwCによると[35]，2012年6月期決算において，158カ国に18万人余りの職員をかかえ，グローバル・ネットワークに属するPwC全体の営業総収益が前年比8％増の315億米ドル，アシュアランス・サービスの収益が前年より5.7％増加して149億米ドルとなっている。

(2) 品質管理の状況[36]

PwCは，グローバル・ファームとして，独自に開発した品質管理システム（QMS）を各メンバーファームに適用している。QMSは，品質管理にかかわる内部統制が適切に整備・運用されていることを確認するためのシステムであり，具体的には，各ファームの品質管理が，ISQC1（International Standard on Quality Control No.1：ISQC1）や各国の品質管理基準に適合して適切に機能していることを，「1．品質管理の方針と手続の文書化」，「2．品質管理の方針と手続の整備状況の十分性の確認」，「3．不十分な品質管理の方針と手続の改善」，「4．品質管理の手続のうち主要な統制の把握」，「5．主要な統制の運用状況の検証品質」，「6．運用状況の欠陥についての改善策の立案，実行」，および「7．品質管理の一連のシステムが適切に運用されていることのモニタリング」の7つの構成要素それぞれについて確認するツールである。

また，PwCは，各メンバーファームに「PwC Audit」を完全に遵守させることにより，すべてのクライアントに対する国際水準の監査の提供を目指している。ここで，「PwC Audit」とは，PwCグローバル・ネットワークに参加するすべてのメンバーファームが統一して採用する監査アプローチであり，国際監査基準（International Standards on Auditing：ISA）にも準拠したものである。また，「PwC Audit」は，経営者とのディスカッションや

▶34 監査報告書の署名等の場合には，原則として「PricewaterhouseCoopers」と表記している。
▶35 PwC（2012）．
▶36 あらた監査法人のウェブサイトおよびPwCのウェブサイトを参考にしてまとめた。

事業環境分析等を通じて，クライアントのビジネスリスクを把握し，その中から財務諸表の重要な虚偽の表示に結びつくキーリスクに焦点を当て，経営者によるリスクへの対応等を理解し，その有効性について検証を行っていくというトップダウン型のリスク・アプローチを採用している。

さらに，第1節でふれたように，PCAOBはBig4に対して毎年，品質管理体制等のレビューと個々の監査業務の検査（Inspection）を実施し，監査業務の不備や品質管理体制等の欠陥の有無について検査結果の内容を公表している。米国PwCにおいては，2012年度は54の監査業務についてPCAOBの検査を受けている。

PwCの場合，2012年度のレビュー・検査において品質管理体制等の欠陥ないし監査実務の不備を指摘されたのは21（39％）の調査対象であった。この割合は，前年度の41％と比べると，わずかながら改善されている[37]。

第4節　新日本有限責任監査法人とE&Y

1　新日本有限責任監査法人のガバナンスと品質管理
(1) 概要

新日本有限責任監査法人は，1967年1月に設立された監査法人太田哲三事務所と1969年12月設立の昭和監査法人が1985年10月に合併することによる太田昭和監査法人と，センチュリー監査法人（1986年1月設立）が合併し，監査法人太田昭和センチュリーが2001年7月1日に改名されたものである。また，2008年7月1日に有限責任監査法人に移行し，現在の新日本有限責任監査法人となった[38]。

▶37 PCAOB（2012d）およびPCAOB（2013d）。
　本章ではBig4に対してPCAOBが実施した最近2年度の検査結果報告に基づく数値のみを示した。したがって，ここで示された数値だけで，PwCの品質管理体制ならびに監査業務の性格を単純に結論づけることはできない。会計事務所の業務品質を論じるためには，PCAOBが実施するレビューや検査，検査結果の内容について，時系列をさらに拡大するとともに，それぞれの報告書の内容を詳細に比較分析する必要があろう。また，わが国の公認会計士・監査審査会が実施する審査・検査との比較分析も重要な研究課題である。
▶38 新日本有限責任監査法人（2012a）1頁。

1967年に設立された監査法人太田哲三事務所は，わが国において監査法人第1号として誕生した。その後，1975年前後に監査法人間の合併が進むこととなり，1984年の朝日親和監査法人の誕生による大型監査法人指向の時期までは，いわゆる10大監査法人の時代が続いた。現在のような監査法人の大型合併による規模の指向は，(1) わが国企業の旺盛な海外進出や企業活動の多角化・複雑化に伴う監査業務の国際化・高度化によりある程度の規模がないとこれに対応できないと考えられたことや，(2) 行政改革の一環として行われた三公社の民営化法人の会計監査人就任にあたって規模の大小が重要な要素となったことがあげられる。殊に監査法人太田哲三事務所と昭和監査法人が，いずれも電電公社および専売公社の会計監査人に就任できなかったことが，大規模合併を指向する切っ掛けとなったとされる[39]。

　新日本有限責任監査法人とErnst and Young（E&Y）の監査上の関係は，Ernst and Whinney（E&W）が1984年7月に監査法人太田哲三事務所と合同した際に監査部門を監査法人内の国際部に移行したことに始まる[40]。その後，1989年の米国における大合併でE&WとArthur Young（AY）が合併しE&Yが誕生したことで，新日本有限責任監査法人も2003年9月からErnst and Young Global（EYG）に加盟し現在に至っている。

　この新日本有限責任監査法人を含む，EYG Limitedとメンバーシップ契約を締結しているメンバーファームで構成されるグローバル組織としてのE&Yは，全世界140カ国以上のメンバーファームに15万2千人の構成員を擁しており，このEYGの取り決めにおいて認められる内容は，下記のとおりである[41]。

・監査関与先の海外向け財務諸表に対するE&Yを含む名称を用いた監査証明業務
・EYG Limitedの開発した各種システムおよびデータベース等の利用
・関与先の国際化・多国籍化による各種ニーズに対応した国際業務の推進
・メンバーファーム相互の関与先の紹介

▶39 太田昭和監査法人（2000）211頁。
▶40 太田昭和監査法人（2000）376-377頁。
▶41 新日本有限責任監査法人（2012a）7頁。

監査法人のグローバル化と品質管理　第6章

(2) ガバナンス・品質管理の状況

①ガバナンスの状況

　経営に関する意思決定機関として，新日本有限責任監査法人では，社員総会において社員の中から選出された経営執行役員である理事長，経営専務理事，および常務理事で構成される経営会議を設置している。当該経営会議の決定に基づく経営執行に関しては，理事長の下に本部組織として9つの本部（監査業務本部，ソリューション業務本部，リスク管理本部，品質管理本部，ナレッジ本部，管理本部，人材開発本部，マーケッツ本部，統合企画本部）を設置し，業務部門組織として事業部等を設置して，各常務理事がこれらの組織を所管する体制となっている[42]。これらをまとめたものが，図表6-7である。

図表6-7　新日本有限責任監査法人組織図

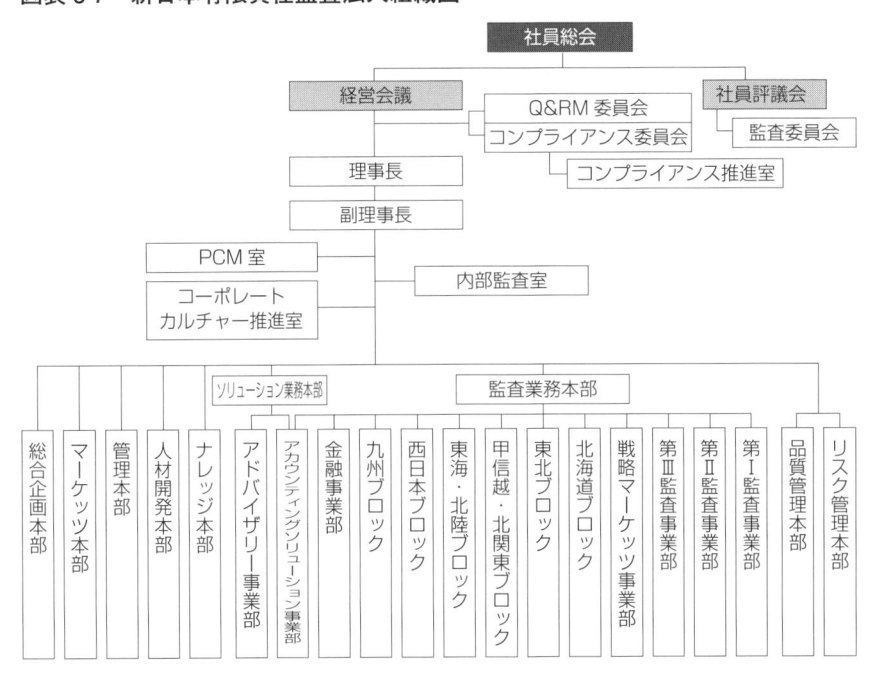

出所：新日本有限責任監査法人（2012）8頁。

▶42 新日本有限責任監査法人（2012a）3頁。

②品質管理の状況

新日本有限責任監査法人に対しては，2006年6月に公認会計士・監査審査会（以下，審査会）の検査により，その業務の適正な運営が著しく不当と認められ，公認会計士法第34条の21第1項の規定による指示が勧告された[43]。その中では，以下の2点が指摘されている。

(ⅰ) 監査の品質管理のための組織的な業務運営が不十分であると認められる。

　　具体的な欠陥として，法令等遵守の意識とそのための取り組みが不十分であるとされると同時に，独立性確保のための手続運用の不十分性や研修等の管理体制における不十分な点が指摘された。その他，不十分な点として以下のものが列挙される。
・監査契約の新規締結・更新におけるリスク評価・手続
・監査チームによる監査業務の遂行と監査調書の作成・保存
・監査業務に対する審査
・法人としての審査態勢と品質管理システムの監視
・地方事務所の管理態勢

(ⅱ) 監査の品質管理のための組織的な業務運営が不十分な結果，監査基準等に準拠してない手続を含む監査業務や，監査調書の作成が不十分なために監査手続の検討過程が明らかでない監査業務がある。

このような勧告に対して，新日本有限責任監査法人では，「社会からの信頼に応えるため，業務の品質の管理の方針の策定及びその実施を最優先課題」とし，「監査に関する品質管理基準」等に基づいた「品質管理規程」を設けた上で，品質管理のシステムに関する最終的な責任を理事長が負う旨を明確にしている。また一連の品質管理システムに関する個々の責任者を定め，法人全体としての品質管理システムの整備・運用が適切に行われる体制とした[44]。

▶43 公認会計士・監査審査会（2006b）。
▶44 新日本有限責任監査法人（2011）。

この結果，業務管理体制の整備と業務の運営に関して，以下のような５つからなる対応が図られた[45]。

（ⅰ）業務執行の適正を確保するための措置

　既述のガバナンス体制に加えて，コンプライアンスに関する措置として「倫理規程」と「行動指針」を制定するとともに，法人業務全般を対象に法令等への準拠性を評価し，必要に応じて助言や改善提言を行うことを目的としたコンプライアンス委員会を設置している。またコンプライアンス・プログラムの一環として内部通報制度を設けている。

（ⅱ）業務品質の管理の方針の策定とその実施に関する措置

　職業倫理の遵守と独立性の保持を全構成員に義務づけている。職業倫理に関しては，特にインサイダー取引防止のために「株式取引運用規程」の設定と弁護士による調査を導入し，独立性に関しては，「独立性に関する規程」の設定と監査業務実施前における監査チーム予定メンバーの利害関係チェックを実施し，職業倫理や独立性違反の事実がないか否かを監視している。さらに業務執行社員の選任とローテーションは公認会計士法等に従い，業務執行社員が７会計期間（上場企業の筆頭業務執行社員は５会計期間）を超えないことや，交代後２会計期間（同５会計期間）は再度関与できないこととしている。

　監査契約の新規締結と更新に関しては，独立性確認手続の実施とリスク評価に対応した適切な承認を受けるよう義務づけている。

　監査実施者の採用，教育・訓練，評価および選任について，法人の戦略に基づく採用計画に従った実施，法人としての品質管理の向上を志向する体系立てた研修，定期的な人事考課による昇格・昇給・賞与の決定，監査実施者の選任に際しての監査経験や専門的な知識の考慮を行っている。

　また国際監査基準およびE&Yの監査マニュアルとの整合性を図った監査マニュアルと通達等を作成し，それらに準拠した監査業務を義

▶45 新日本有限責任監査法人（2012a）3-6頁。

務づけることで，有効な監査業務の実施と審査体制を確保している。
(ⅲ) 公認会計士以外の社員による不当な影響を排除するため，「特定社員規程」を設け，監査証明業務に関連する役職等への特定社員の就任には制限を課している。
(ⅳ) 直近において公認会計士法第46条の9の2第1項の規定による協会の品質管理レビューを，2009年12月に受けた旨。
(ⅴ) 理事長が第13期（自2011年7月1日 至2012年6月30日）の業務の品質の管理の方針の策定およびその実施に関する措置が適正であることを確認した旨。

以上のような対応により，審査会が勧告対象とした法人の不十分業務運営に対応したと解されている。

さらに2012年7月6日付けで，オリンパス株式会社に対する2010年3月期監査証明に関し，組織的な監査を実施するための仕組みについて，金融庁から業務改善命令[46]を受けたことから，2012年8月6日付けで，以下の3点からなる改善計画書を提出している。
(ⅰ) 新規受嘱案件等に係るリスク情報の収集と受嘱審査の強化
(ⅱ) 監査人交代に係る引継手続の強化
(ⅲ) 把握したリスクを踏まえた監査の実施および審査の強化

▶46 この後，2012年7月6日には，オリンパス株式会社に対する監査証明業務に関連して，公認会計士法第34条の21第2項第3号に該当する事実が認定され，業務改善命令（業務管理体制の改善）が発出され，行政処分が下されることとなる（公認会計士・監査審査会「監査法人の処分について」）。業務改善命令の内容は，以下の5点である。
(1) 監査の受嘱に際し，依頼会社に関する情報を適切に把握し，監査契約締結の審査が十分に行えるような体制を強化すること。
(2) 監査人交代の際の引継ぎについて，前任監査人の把握した問題点が十分に引き継がれるよう，監督体制を強化すること。
(3) 監査契約締結の審査時に認識したリスクについて，監査実施者においても的確に認識し，組織的な監査が実施されるための体制を強化すること。
(4) 上記(1)から(3)に関する業務の改善計画を，2012年8月6日にまでに提出し，直ちに実行すること。
(5) 上記(4)の実行後，当該業務の改善計画の実施完了までの間，2013年1月末日を第1回目とし，6ヵ月ごとに計画の進捗・実施および改善状況を取りまとめ，翌月15日までに報告すること。

2 E&Yのガバナンスと品質管理

　現在のE&Yは，1849年，EnglandにHarding & Pulleinとして設立された後，Frederick Whinneyが加わり1894年に改名されたWhinney, Smith & Whinney，同年，ChicagoでArthur Youngが設立したStuart and Young，またClevelandでAlwin and Theodore Ernstが1903年に設立したErnst & Ernstに起源をもつ[47]。その後1924年にErnst & ErnstがWhinney, Smith & Whinneyと合併し，Ernst & Whinneyとなった。このErnst & Whinneyが1979年に世界第4位の会計事務所となり，1989年にはArthur Youngと合併しE&Yとなり，現在に至っている。

　Big 4の一角を占めるE&Yに対しては，SOX法に基づきPCAOBにより毎年，その監査業務および事務所全体について検査（inspection）を受けることが義務づけられている。この2010年の検査報告書によれば[48]，一定の監査業務に関する不備として，監査意見の根拠となる十分かつ適切な証拠が入手されていない以下のようなものがあげられている。

- 被監査企業が用いている金融資産・金融負債の公正価値評価に関するモデルやデータを十分に検証していない。
- 貸付金に対する貸倒引当金設定の検証が十分になされていない。
- 被監査企業の評価プロセスに関する内部統制の重要な欠陥を確認していない。
- 資産の実在性や評価に関する内部統制の検証が十分になされていない。
- インターネットをとおして生成・保持されている重大なデータの完全性や正確性の検証がなされていない。
- 被監査企業の貸倒引当金や債権の格づけを十分に確認せず，また情報システムの全般統制を検証していない。
- 文書化が不十分で説明力のある証拠が網羅されていない。

　また事務所の品質管理に関するレビューでは，次の5つの分野で行われて

▶47 E&Y, "Key Dates," www.ey.com/US/en/About-us/Our-history (visited at 2011/10/30).
▶48 PCAOB（2010b）.

第2部　品質管理とガバナンス

いる。すなわち①トップの気質を含むガバナンスとプロセス，②社員の配分と社員の評価，報酬，昇進，自主規制からなる社員管理の実施方法，③クライアントの受託と維持に係わるリスクの検討と対応の方針と手続，④米国国内の被監査企業の海外事業部に対して海外提携先が実施した監査業務の利用に関するプロセス，⑤監査の実施結果における不備の徴候，独立性の方針と手続，および品質管理上の弱点に対応するためのプロセスを確認し評価するための，監査実施結果の監督という5つの分野である[49]。

これらのPCAOBによる検査やレビューによる指摘に対して，E&Yとしては，PCAOBの検査が，事務所の成果を改善し続けることができる領域をE&Y自身が確認することに役立つと評価しつつ，PCAOBスタッフとともにあらゆる努力をし，E&Yの方針とPCAOBの基準に従って適切に対応する旨を約している[50]。

このように，PCAOBはいわゆるBig4に対して毎年，品質管理体制等のレビューと個々の監査業務の検査（Inspection）を実施し，監査業務の不備や品質管理体制等の欠陥の有無について検査結果の内容を公表している。米国のE＆Yにおいては，2012年度は52の監査業務についてPCAOBの検査を受けている。

E＆Yの場合，2012年度のレビュー・検査において品質管理体制等の欠陥ないし監査実務の不備を指摘されたのは25（48％）の調査対象であった。この割合は，前年度の36％に比べて増加している[51]。

▶49 これら5つの分野からの欠陥や批判のすべては非公開となっている。
▶50 E&Y（2010）．
▶51 PCAOB（2012b）およびPCAOB（2013b）．
　　本章ではBIG4に対してPCAOBが実施した最近2年度の検査結果報告に基づく数値のみを示した。したがって，ここで示された数値だけで，E＆Yの品質管理体制ならびに監査業務の性格を単純に結論づけることはできない。会計事務所の業務品質を論じるためには，PCAOBが実施するレビューや・検査，検査結果の内容について，時系列をさらに拡大するとともに，それぞれの報告書の内容を詳細に比較分析する必要があろう。また，わが国の公認会計士・監査審査会が実施する審査・検査との比較分析も重要な研究課題である。

【参考文献】

DTTL（2012）Deloitte 2012 GLOBAL REPORT, Quality & risk（http://public.deloitte.com/media/0564/5_4_quality_risk.html）.
E&Y（2010）Response to Part I of the Draft Report on the 2009 Inspection of Ernst & Young LLP.
PCAOB（2010a）Report on 2009 Inspection of KPMG LLP.
PCAOB（2010b）Report on 2009 Inspection of Ernst & Young LLP（Headquartered in New York, New York）.
PCAOB（2012a）Report on 2011 Inspection of Deloitte & Touche LLP.
PCAOB（2012b）Report on 2011 Inspection of Ernst & Young LLP.
PCAOB（2012c）Report on 2011 Inspection of KPMG LLP.
PCAOB（2012d）Report on 2011 Inspection of PricewaterhouseCoopers LLP.
PCAOB（2013a）Report on 2012 Inspection of Deloitte & Touche LLP.
PCAOB（2013b）Report on 2012 Inspection of Ernst & Young LLP.
PCAOB（2013c）Report on 2012 Inspection of KPMG LLP.
PCAOB（2013d）Report on 2012 Inspection of PricewaterhouseCoopers LLP.
PwC（2012）Global Annual Review.
あらた監査法人「品質管理システム概要書（2013年10月1日現在）」（http://tms.jicpa.or.jp/offios/pub/doc/200704000040/200704000040_hinsitu.pdf?logitems=200704000040,3）2013/10/28.
あらた監査法人「業務及び財産の状況に関する説明書類　第8期会計年度（平成24年7月1日から平成25年6月30日）」（http://tms.jicpa.or.jp/offios/pub/doc/200704000040/200704000040_setumei.pdf）2013/09/10.
太田昭和監査法人（2000）『太田昭和監査法人史』太田昭和監査法人。
公認会計士・監査審査会（2006a）「あずさ監査法人に対する検査結果に基づく勧告について」6月30日公表。
公認会計士・監査審査会（2006b）「新日本監査法人に対する検査結果に基づく勧告」6月30日。
新日本有限責任監査法人（2011）「品質管理システム概要書」9月22日。
新日本有限責任監査法人（2012a）「第13期　業務及び財産の状況に関する説明書類」9月10日。
新日本有限責任監査法人（2012b）『年次報告書2012』
トーマツ30年史プロジェクト（2000）『トーマツ30年史』監査法人トーマツ。
有限責任あずさ監査法人（2012）「第28期業務及び財産状況説明書」公衆縦覧開始日9月25日。
有限責任監査法人トーマツ（2012a）「第45期 業務及び財産の状況に関する説明書類」。
有限責任監査法人トーマツ（2012b）「Thomatsu Annual Review 2012」（http://www.tohmatsu.com/assets/Dcom-Japan/Local%20Assets/Documents/group/sh/jp_a_annualreview2012.pdf）。

第7章 品質管理基準と管理体制の現状

第1節　品質管理の国際基準

1　はじめに

　企業会計審議会では，大手監査法人の地方事務所に対する審査体制や，共同監査における監査意見表明のための審査のあり方に起因して（企業会計審議会,2005a；2005b），審査体制や内部管理体制等に関連する非違事例が発生したことに対応し，2005年10月，公認会計士による監査の品質の向上を図ることを目的とした「監査に関する品質管理基準の設定に係る意見書」を公表した。

　ここにいう監査に関する品質管理基準は，公認会計士による監査業務の質を合理的に確保するためのものであり，監査基準とともに一般に公正妥当と認められる監査の基準を構成し，監査基準と一体となって適用されるものである。またその品質管理には，監査事務所が遵守すべき品質管理の基準と，個々の監査業務を実施する監査実施者が遵守すべき品質管理の基準がある。

　この企業会計審議会による品質管理基準を受けて，日本公認会計士協会は2006年3月に，品質管理基準委員会報告書第1号「監査事務所における品質管理」を公表するとともに，同時に監査基準委員会報告書第32号「監査業務における品質管理」を公表した。これら2つの委員会報告書は，品質管理基準にある事務所レベルの品質管理と業務レベルの品質管理に対応するものとされた。

　これら企業会計審議会の基準も会計士協会の委員会報告も，国内的な事情に加えて，国際的な品質管理強化の動向にも対応したものとされる。そこ

で，本節では，国際会計士連盟（International Federation of Accountants: IFAC）の規定する国際基準に従って，監査業務を提供する監査事務所の品質管理，およびそこで提供される財務諸表監査業務の品質管理について検討し，わが国の基準および実務指針との対応を検討することにしたい。

2 IFAC の求める品質管理に関する基準

IFAC における品質管理に係る基準は，監査業務における品質の管理を志向する ISA220「財務諸表監査の品質管理」[1] と，監査事務所における品質の管理を規定した ISQC1「財務諸表の監査とレビューならびにその他の保証業務および関連業務を実施する事務所の品質管理」[2] からなる。

(1) ISQC1

財務諸表の監査とレビュー，およびその他の保証業務に関連して，職業会計士のすべての事務所に適用される。この ISQC1 に準拠するために，個人事務所が開発する方針と手続の種類と範囲は，事務所の規模および業務運営の特徴ならびにネットワークに属するか否かなどの種々の要素によって異なる（par.4）。

品質管理システム，方針および手続に関する責任は監査事務所にあり，ISQC1 に基づいて，以下に係る合理的保証を提供するために，事務所は品質管理システムを構築し整備する義務を有する（par.11）。

(a) 事務所およびその業務従事者が，職業専門家基準および法令等の要求事項を遵守すること。

(b) 事務所または監査責任者が発行する報告書は，当該条件下で適切であること。

ここにいう品質管理システムには，以下の構成要素のそれぞれを扱う方針および手続が含まれる。

▶1　ISA220, Quality Control for an Audit of Financial Statements, Effective for audits of financial statements for periods beginning on or after December 15, 2009.
▶2　ISQC1, Quality Control for Firms that Perform Audits and Reviews of Financial Statements, and Other Assurance and Related Services Engagements, Effective as of December 15, 2009.

・事務所内部の品質に対する最高責任者の責任
・関連する倫理的要求事項
・クライアントとの関係および特定の業務にかかる受嘱と継続
・人事
・業務の実施
・監視

このような構成要素からなる監査事務所内部における品質管理システムを要求する ISQC1 であるが，小規模事務所については，次のような配慮を規定している。すなわち，スタッフのいない個人事務所にとって適切ではない要求事項にあえて準拠する必要はない。例えば，業務担当チームへの適切な業務従事者の割り当て（par.31），レビュー責任（par.33），業務責任パートナーに対する監視結果に係る年度ごとの事務所内部でのコミュニケーション（par.53），といった事項の品質管理の方針と手続に関する ISQC1 の要求事項は，スタッフのいない場合は適切ではない（par.A1）。

また小規模事務所にとって文書化と伝達に関する方針と手続は，大規模な事務所よりも，形式面でも範囲の面でも簡略化できる。

(2) ISA220

ISA220 は，財務諸表監査の品質管理手続に関する監査人の特定の責任を扱っており，該当する場合，業務品質管理レビューワーの責任も取り上げる（par.1）。この場合の監査人の目標は，以下に係る合理的保証を監査人が提供できるように，業務レベルでの品質管理手続を実行することにある（par.6）。

(a) 監査が，職業専門家基準および法令等を遵守すること。

(b) 発行される監査報告書が，当該条件下で適切であること。

また監査業務の品質に関する全体的な権限と責任を負う監査責任者は，割り当てられた各監査業務の全体的な品質に対する責任を負うものとする（par.8）。

ISQC1 と ISA220 の関係を図示すると，図表7-1のようにまとめられる。

図表7-1　ISQC1とISA220との関係

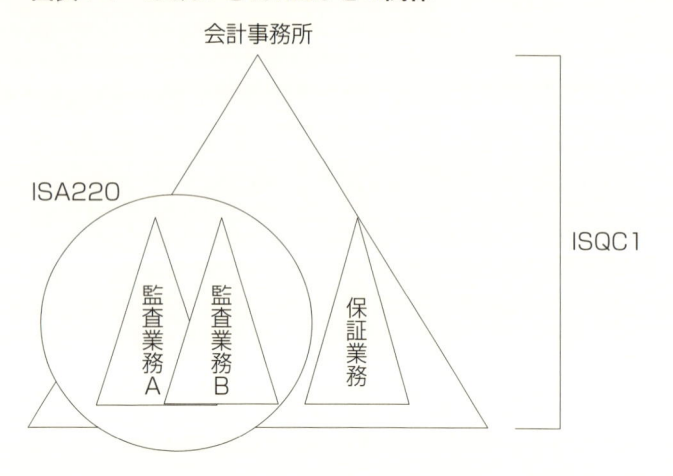

3　ISQC1における事務所の品質管理

(1) 業務品質管理レビュー（Engagement Quality Control Review）

　事務所は，業務担当チームが行った重要な判断および報告書の作成にあたって到達した結論を客観的に評価するために，業務品質管理レビュー（EQCR）を要求する方針と手続を設定しなければならない。この場合に事務所が設定すべき方針と手続には，以下の点が必要とされる（par.35）。

- 上場企業のすべての財務諸表監査に対して業務品質管理レビューが義務づけられること
- 他のすべての歴史的財務情報に対する監査・レビュー，その他の保証業務および関連業務について，業務品質管理レビューを実施すべきか否かを決定するための規準を設けること
- 当該規準を満たすすべての業務に対して業務品質管理レビューを義務づけること

　業務品質管理レビューについて，その手続の種類，適用時期，および適用範囲を規定する方針と手続を，事務所は設定しなければならない。特に重要なことは，当該方針と手続として，業務品質管理レビューが完了するまで，業務報告書に日付を入れないように要求する点にある（par.36）。この意味で，

業務品質管理レビューは，業務実施の一貫という位置づけになる。

業務品質管理レビューとして実施される方針と手続には，以下のような内容を設けることが求められる（par.37）。

(a) 重要な事柄に関する業務責任パートナーとの討議
(b) 財務諸表またはその他の対象情報項目とその報告書案のレビュー
(c) 業務担当チームが行った重要な判断と，到達した結論に関連した一定の業務に係る文書のレビュー
(d) 報告書を作成する際に到達した結論の評価および報告書案が適切かどうかの検討

このような業務品質管理レビューを担当できるレビューワーの選任のための適格性の判定については，必要な経験および権限を含む当該職務を遂行するために必要とされる専門的資格，ならびに当該レビューワーが客観性を損なうことなく当該業務に関する相談を受けることができる程度についてあらかじめ方針と手続を定めておくことが必要である（par.39）。

小規模事務所に対する例外的な取扱いについて，ISQC1は次のような取扱いを規定している。すなわち，業務責任パートナーがほとんどいない事務所の場合，業務品質管理レビューワーを選ぶ際に業務責任パートナーを含めないようにすることは，実行不可能である。個人事務所または小規模事務所が，業務品質管理レビューを必要とするような業務を実施する場合，外部の適格者と当該業務の品質管理レビューの契約を締結することも認められる。また個人事務所または小規模事務所が，業務品質管理レビューを容易に実施するために他の事務所を利用することを希望する場合も認められる（par.A50）。

またISQC1は，事務所の負う品質管理システムを構築し整備する義務の1つである業務品質管理レビューについて，上場企業をクライアントとする場合とそれ以外を区別し，それ以外の場合には，以下の条件を考慮して特別に規準を設けることを認めている。例えば，①事務所がどの程度公益に関する事項を扱うか，②特殊な状況あるいはリスクの存在，③法律等が業務品質管理レビューを要求しているか否か，といった条件である（par.A41）。

さらに「中小規模の監査実務に対する品質管理ガイド」[3]の§5.6では，上場会社の監査業務については監査意見表明前における業務品質管理レビューが要求されているが，それ以外の業務については業務品質管理レビューが必要とされる規準を各事務所が決定することが認められる。この場合，監査意見表明前における業務品質管理レビューが検討されるケースとして，以下のようなケースがあげられており，すべての監査において意見表明前の業務品質管理レビューが要求されるわけではない（pp.58-59）。

・重要な独立性の脅威がある場合
・多数の株主等出資者がいる場合
・継続性に疑義があり第三者に重要な影響を与える場合
・報酬の依存度が高い場合，など

(2) モニタリング（監視）

事務所は，品質管理のシステムに関する方針と手続が，目的適合的で，十分かつ有効に機能していることの合理的な保証を確保できるように，以下を含む監視プロセスを構築しなければならない（par.48）。

(a) 業務責任パートナーに関連して，少なくとも1つの完了した業務に対する周期的検証を含む，事務所の品質管理のシステムの日常的な検討と評価を含まねばならない。
(b) 事務所内で当該責任を担うために，十分かつ適切な経験と権限を備えたパートナー，あるいはそれに代わる適格者に監視プロセスに関する責任を割り当てねばならない。
(c) 当該業務あるいは業務品質管理レビューを実施するものが，当該業務の検証に係わらないようにしなければならない。

モニタリングに関する小規模事務所に認められた例外は，次のように規定される。すなわち，小規模事務所の場合，事務所の品質管理の方針や手続の整備や運用に責任を負う者，または業務品質管理レビューの実施に関与する者

▶3 IFAC（2009）.

により，監査手続が行われる必要がある。人材に限りのある事務所は，業務の監督とその他の監視手続を実施する際に，外部の適格者または他の事務所を利用することを選択することがある。あるいは，監視活動のために他の適切な組織と人的資源を共有する取り決めをすることも認められる（par.A68）。

また品質管理システムの文書化にあたり，小規模事務所は，手書きのノート，チェックリスト，ならびに標準様式といったより簡便的な方法を使用することができる（par.75）。

4　ISA220における業務の品質管理

(1) 業務品質管理レビュー

上場企業の財務諸表監査に対して，および，もしあれば，業務品質管理レビューを必要とすると事務所が決定した上場企業のその他の監査業務に対して，監査責任者は以下を行うものとする（par.19）。

(a) 業務品質管理レビューワーが指名されていることを確認すること。

(b) 業務の品質管理レビュー中に特定した事項を含め，監査業務実施中に発生した重要な事項を業務品質管理レビューワーと討議すること。

(c) 業務の品質管理レビューの完了まで，監査報告書を発行しないこと。

また業務品質管理レビューと監査報告書の関係（pars.A23-A25）については，以下のような関係が認められる（pars.A23-A25）。

・上場企業の財務諸表監査の場合，または業務品質管理レビューを必要とする規準を満たす業務である場合，そのようなレビューは，十分かつ適切な証拠を監査人が入手したかどうかを確定するのに役立つ。

・業務実施中の適切な段階で，適時に業務品質管理レビューを実施することによって，監査報告書の発行日以前に，業務品質管理レビューワーが満足できるように重要事項を速やかに解決できるようになる。

・業務品質管理レビューの文書化は，最終監査ファイル一式の一部として，監査報告書発行日後に完了する。

ISA220が想定する業務品質管理レビューは，監査チームが行った重要な判断，および監査報告書の作成にあたり到達した結論に関して，業務品質管

理レビューワーが客観的な評価を行うことを必要とする。当該評価の内容は以下からなる（par.20）。

(a) 重要な事項についての監査責任者との討議
(b) 財務諸表および監査報告書案のレビュー
(c) 監査チームが行った重要な判断および到達した結論に関し，選定された監査調書のレビュー
(d) 監査報告書の作成にあたり到達した結論の評価，および監査報告書案が適切であるかどうかの検討

さらにISA220が容認する小規模事務所固有の例外は，事務所の設けた基準に従った場合，業務品質管理レビューを要しない監査業務が存在することも認める点にある（par.A29）。

(2) モニタリング（監視）

有効な品質管理システムには，品質管理システムに関する事務所の方針および手続が，目的適合的で，十分かつ有効に機能していることの合理的保証を事務所が得るように設計された監視プロセスが含まれる（par.23）。この場合，特にISQC1は，品質管理システムに関連する方針および手続が，目的適合的で，十分かつ有効に機能しているという合理的保証を提供するように設計された監視プロセスを，事務所が構築するように要求している。

5　おわりに

本章で取り上げたISQC1は，財務諸表の監査とレビュー，ならびにその他の保証業務や関連業務の品質管理のシステムに関する事務所の責任を扱ったものである。事務所は，この基準を遵守して各種の品質管理の方針と手続を設けることで，各種の監査・レビュー・その他の保証業務，ならびに関連業務の有効性を確保することができる。またISA220は，財務諸表監査業務の監査チームにおける監査責任者による品質管理を扱ったものであり，監査業務の有効性を確保することを目的としている。

わが国において，監査の品質管理に関する基準には，企業会計審議会によ

る「監査基準」における一般基準および「監査に関する品質管理基準」，ならびに日本公認会計士協会による品質管理基準委員会報告書1号「監査事務所における品質管理」[4]と監査基準委員会報告書第220号「監査業務における品質管理」がある。これら4つの諸基準の形式的特徴は，国際基準と異なり，監査業務に限定した品質管理の基準となっているとともに，特に「監査基準」と「監査に関する品質管理基準」においては，事務所単位の品質管理と監査業務単位の品質管理のうちの重要な規定について包括的に扱っている点にある。

以下では，特に事務所レベルの品質管理のあり方について，わが国委員会報告と国際基準の比較を行うこととしたい。

① ISQC1は，2008年に再起草が完了し，事務所が必ず遵守しなければならない「要求事項」と，その解釈・適用のための「適用指針」に明瞭に区分された。これに伴い2011年，わが国の品質管理委員会報告書第1号もISQC1を反映し明瞭な区分表示がなされた。その後，2013年に企業会計審議会より公表された「監査における不正リスク対応基準」に固有の規定を追加的に設けることによって，不正リスクを識別した場合の職業的懐疑心に関してわが国特有の品質管理の強化を図っている。

② わが国の委員会報告書の大きな特徴は，「監査事務所」に限定された規定の仕方にある。これは企業会計審議会による2つの基準が，監査人による監査証明を念頭に置いていることから，ISQC1が監査以外の保証業務も念頭に入れているのに対して，これらを受けた委員会報告書は「監査事務所における財務諸表監査，中間監査及び四半期レビュー並びに内部統制監査の品質管理に関する実務上の指針を提供するもの」（1項）とし，監査事務所に限定されている。このような実務指針の設け方は，わが国の公認会計士や監査事務所が，監査証明以外の保証業務をも提供し，さらに拡大する傾向にある現実に沿わないものと解される。

③ 委員会報告書には，「……監査事務所が定める品質管理の方針と手続の内容や範囲は，……様々な要因によって異なる」（3項）と規定され

▶4 日本公認会計士協会品質管理基準委員会（2013）。

ながら，個人事務所を含む小規模事務所の品質管理の手続や方針に関する例外的な規定が設けられてこなかった。しかし，2013年改正に伴い，本委員会報告書もISQC1と同様に，その適用指針には，業務責任パートナー以外の業務従事者を組織として抱えていないような個人事務所や小規模事務所について，7つの要求事項それぞれに配慮した規定が設けられることとなった。

もともと品質管理の対象となる複数の人員を抱えていないような事務所について，規模の大きい事務所に求められる程度の適切な人事配置や客観的な監視活動等は，事実上不可能であろう。しかし，だからといって，公認会計士法が認める職業的専門家としての業務を，小規模事務所が提供することが認められない訳ではない。したがって，委員会報告書は，監査業務を担う小規模事務所に配慮した規定を設けることとなったと考えられる。この適用指針の改正により小規模事務所の品質管理には対応することができたが，ISQC1が含む監査以外の保証業務全般に係わる事務所を想定した規定を設ける必要性は依然として残されていると解される。

第2節　監査品質を脅かすリスクの種類と管理体制の現状 —アンケート調査分析[*]

1　はじめに

本節の目的は，第1節に続き，監査の品質管理のためには組織的な業務運営のよりいっそうの促進と深度ある監査の実施が必要であるという問題意識から，監査事務所としての品質管理について具体的な問題を明らかにし，大手監査事務所と中小監査事務所の品質管理の実態を比較検討することにある。

そこで，本節では，公認会計士を対象とした監査事務所の業務管理体制のあり方に関する意識調査の結果を中心として，公認会計士・監査審査会の品質管

---

[*]本節は，科学研究費補助金（課題番号20330097）の成果報告でもあるが，朴大栄・宮本京子「監査事務所の品質管理とガバナンス」，桃山学院大学総合研究所紀要第38巻第1号（2012年8月）の一部につき，その後の制度変更などをもとに必要な加筆・修正をしたものである。

理調査および品質管理委員会年次報告書を参考に品質管理の現状分析を行う。

監査事務所の業務管理体制のあり方に関する意識調査は、第2部第1章で説明したとおり、公認会計士の意識を明らかにする意図をもって2009年に実施した（回答期間は2009年7月1日から同年7月31日までの1ヵ月間）。この調査は、日本公認会計士協会上場会社監査部会登録事務所195事務所の公認会計士292名に対する郵送による調査によって実施した。回答数は72件（回答率は約24.7%）で、このうち大手監査事務所所属者の割合が36.1%、中小監査事務所所属者の割合が61.1%である（2.8%は不明）。以下では、質問票調査の設問と調査結果の単純集計を紹介するとともに、所属事務所の規模別による独立性の検定の結果、意識に大きな差異が認められた個別質問を抽出して概説する。

2 監査事務所の組織風土に関する回答結果

監査業務の質を重視する監査事務所の組織風土を醸成するためには、すべての監査業務において監査業務の質が優先されるという考え方を監査事務所の運営方針において適用することが重要である。そこで設問3では、図表7-2に示すように、監査実施者の評価等、教育・訓練、運営上の基本理念、および方針と手続などに対する意識を尋ねている。

まず、監査実施者の評価、報酬、および昇進に対する方針と手続について（3-1, 3-2）の回答の特徴は、監査品質が最優先されるように構築されていると肯定的に受けとめられているが（肯定意見：否定意見＝70.0%：7.1%）、その決定機関の単位が監査部門や地方事務所単位であるか否かについては回答が分かれている。また、3-1について図表では示していないが、中小監査事務所所属者の肯定意見の割合が大手監査事務所所属者のそれよりも約9ポイント高く、意識に有意な差異が認められる（p=0.013）[5]。また、教育・訓練（3-3では72.9%、3-4では85.7%）、運営上の基本理念（3-5は84.3%）、方針と手続（3-6では55.7%、3-7では80%、3-8では80%、3-9では81.4%）に関

▶5 pは有意確率を意味し、この値が0.05以下となった回答パターンは、グループ間に意識の差異があるということを意味する。

図表7-2 監査事務所の組織風土

（数値は割合（%）を示す）	まったくそう思う	どちらかと言えばそう思う	どちらとも言えない	どちらかと言えばそう思わない	まったくそう思わない
3-1 業務従事者の成果評価，報酬，および昇進に対する事務所の方針と手続は，監査品質が最優先されるように構築されている。	27.1	42.9	22.9	5.7	1.4
3-2 人事や報酬は，監査部門や地方事務所の単位で決定されている。	22.4	22.4	20.9	6.0	28.4
3-3 業務従事者に対して，業務の実施，能力の向上，キャリア開発，および業績評価に関して，意見交換を実施している。	34.3	38.6	17.1	5.7	4.3
3-4 事務所提供する専門的知識の研修プログラム，または公認会計士協会が行う研修について，事務所として十分に対応している。	47.1	38.6	12.9	1.4	0.0
3-5 経営的な配慮が監査業務の品質よりも優先されることがないように，マネジメントの責任が明確になっている。	40.0	44.3	12.9	1.4	1.4
3-6 監査責任者が十分な時間を確保した上で責任を履行できるように，監査責任者の業務量を管理するシステムがある。	21.4	34.3	25.7	12.9	5.7
3-7 監査責任者のローテーションを円滑に進めるための方針と手続が策定されている。	62.9	17.1	12.9	2.9	4.3
3-8 監査の品質管理に責任を有する事務所の社員の意識や能力について，一定の水準を保証する方針と手続が整備されている。	42.9	37.1	12.9	7.1	0.0
3-9 品質管理の方針と手続を開発し，文書化し，支援できる十分な資源が投入されている。	34.3	47.1	11.4	5.7	1.4

品質管理基準と管理体制の現状　第7章

する設問に対しては，高い肯定意見が多い。なお，これらの設問に対する規模別の回答パターンは類似傾向が高く（p値が0.46から0.96の範囲），規模にかかわらず意識が共有されていることが裏づけられた。

3　独立性に関する回答結果

品質管理委員会年次報告書によると，監査事務所が独立性の確認を実施した記録がない場合や，独立性の確認書を入手していない場合があると指摘されている[6]。この点について設問4-1では当該確認を実施しているとの認識が高い（肯定意見：95.7%）。また，監査責任者（87.1%）や審査担当者（79.7%）に対するローテーションは課しているとの高い肯定意見である。なお，監査責任者のローテーション期間については93.2%の回答者が5年と回答し（4-3），審査担当者のローテーション期間については78.5%の回答者が5年以上（4-5）と回答している。ただし，審査担当者のローテーション期間については中小監査事務所所属者の17.6%が「決まっていない」と回答しており，規模別にみた場合に回答に有意な差異が認められた（p=0.002）。なお，品質管理基準委員会報告書第1号第73項では，一定期間以上同一の監査業務にかかる審査を担当しないことと規定されているが，その期間の具体はない。先

図表7-3　独立性

（数値は割合（%）を示す）	まったくそう思う	どちらかと言えばそう思う	どちらとも言えない	どちらかと言えばそう思わない	まったくそう思わない
4-1　事務所は，独立性の規制内容を正確に伝達し，その遵守に関して事前承認手続を定め，確認書を少なくとも年に1度は入手している。	88.6	7.1	4.3	0.0	0.0
4-2　監査責任者に対して，ローテーションを課している。	80.0	7.1	8.6	1.4	2.9
4-4　審査担当者に対して，ローテーションを課している。	63.8	15.9	13.0	1.4	5.8

▶6　日本公認会計士協会品質管理委員会（2010；2011）参照。

行研究によると，新規の審査担当者は継続して担当している審査担当者よりも，よりよい判断を行うという検証結果があり[7]，このことは一定期間における審査担当者の交替の妥当性を裏づけている。

4　監査業務の支援システムに関する回答結果

　監査業務への電子システムの導入は，単純な電子的記憶装置の利用から例えばクライアントの受嘱決定のようなリスク評価を支援する複雑なシステムまで多様である。電子システムの導入については，監査人のコンピュータ・スキルや知識など操作上の対応の困難性が課題とされる一方で，効率性や整合性の観点から，監査事務所が監査品質を監視する能力を向上できることや，監査プロセスを監視する上で事務所内外の品質レビューワーの審査能力を高めるという利点が示されている[8]。そこで，監査調書に焦点を置いて単純な電子システムの利用実態を尋ねたが，否定的な回答が（5-1では55.7%，5-2では67.1%）過半を超えており，電子システムの導入は消極的であると推察される。特に，5-2では中小監査事務所所属者の否定意見が大手監査事務所所属者の否定意見よりも10.6ポイント有意に高い（p=0.005）。

図表7-4　監査業務の支援システム

（数値は割合（%）を示す）	まったくそう思う	どちらかと言えばそう思う	どちらとも言えない	どちらかと言えばそう思わない	まったくそう思わない
5-1 監査調書を電子的に保管している。	17.1	12.9	14.3	15.7	40.0
5-2 監査調書の作成，業務のレビュー，および査閲は，オンラインで実施されている。	7.1	8.6	17.1	10.0	57.1
5-3 クライアントのリスクを識別,評価するための支援システムでは,否定的に表現された質問形式を採用している。	13.0	17.4	40.6	5.8	23.2

▶7　Bedard, et al.（2008）p.205.
▶8　Bedard, et al.（2008）pp.199-200.

次に，設問5-3では，リスクの識別と評価を支援するシステムに注目している。Bedard et al.（2008）では，リスクの識別および評価にあたり，否定的に表現された文言を用いると監査人はクライアントのリスクに関する特定の指標により大きな注意を払い，リスクの識別と評価に有効性が生じることが指摘されている[9]。この点について5-3の回答は，肯定意見，否定意見ともにおよそ3割であり，かつ規模別の回答に有意な差異はない。リスクの識別と評価にかかる手法は全体として一律ではないと解釈できよう。

5 監査業務実施に関する方針と手続についての回答結果

図表7-5では，「専門的な見解の問い合わせ」と「監査上の判断の相違」に関する設問および回答結果をまとめている。まず，9割以上の回答者は，判断が困難な重要事項について専門的な見解の問い合わせを実施することが効果的であると認識するような風土を監査事務所が醸成していると捉えている（6-2）。ただし，専門的な見解の問い合わせに関するシステムが整備・運用されているとの認識は51.4%にとどまる（6-1）。また，そのような問い合わせの部署が積極的に利用されているとの意識は51.5%と過半である（6-3）。相談内容がこの数年で変化しているという認識（6-4）の背景には，会計基準の新設や改訂あるいは見積り要素の増大などがあると推察される。次に，審査担当者の適格性や客観性にかかる方針と手続（6-5：76.8%），および監査上の判断の相違を解決するための方針と手続（6-6：88.6%）については，設問に対する高い肯定的意見が示された。なお，設問6のすべてにおいて規模別の有意な差異は認められない。

6 監査意見表明のための審査に関する回答結果

監査業務の審査においては，個々の監査業務の問題を認識し，それに対する判断や処理の適切性を確認するという審査体制が重要となる。しかし，これまで，単に審査項目をチェックしているだけで深度のある審査が行われて

▶9 Bedard, et al.（2008）pp.199-200.

図表 7-5　監査業務の実施に関する方針と手続

（数値は割合（％）を示す）	まったくそう思う	どちらかと言えばそう思う	どちらとも言えない	どちらかと言えばそう思わない	まったくそう思わない
6-1 専門的知識を必要とする場合，事務所内外の適切な専門家によるアドバイザリー・システムが整備・運用されている。	17.1	34.3	28.6	11.4	8.6
6-2 事務所は，業務実施者が困難なまたは見解が定まっていない事項については，臆せずにアドバイスを求めるような組織風土を醸成している。	52.2	39.1	7.2	0.0	1.4
6-3 事務所内の専門の相談部署は積極的に利用されている。	29.4	22.1	27.9	13.2	7.4
6-4 業務担当チームが必要とする相談の内容と範囲はこの数年で変化している。	21.7	29.0	44.9	0.0	4.2
6-5 審査担当者の適格性に関する規準，および審査担当者が客観性を保持できるような方針と手続を設定している。	39.1	37.7	20.3	1.4	1.4
6-6 業務担当チームや対相談員との意見の相違，監査責任者と審査担当者との間の意見の相違を解決するための方針と手続を設定している。	60.0	28.6	7.1	2.9	1.4

いない事例や，監査チームまたは審査担当者から示された項目を主として審査するため，審査が十分に行われていない事例が指摘されている[10]。設問7-1では，監査事務所の規模にかかわらず，回答者全体が審査は定型的なチェック方式によると意識しており（81.1％），審査体制には課題が内在する可能性がある。

また，中小監査事務所では，概ね審査体制は整備されているものの，大手

▶10 公認会計士・監査審査会（2006a；2007a）参照。

図表7-6　監査意見表明のための審査

（数値は割合（％）を示す）	まったくそう思う	どちらかと言えばそう思う	どちらとも言えない	どちらかと言えばそう思わない	まったくそう思わない
7-1　審査は，業務担当チームまたは審査担当者による定型的なチェック方式によっている。	44.9	36.2	5.8	5.8	7.2
7-2　社員数が少数のために，大規模会社に対する監査体制や審査体制を構築することが困難な場合がある。	10.0	17.1	17.1	10.0	45.7

図表7-7　審査体制

	レビューパートナー方式（業務執行社員以外の特定の社員により審査を行う方式）	レビューパートナー方式＋上級審査組織	合議制（会議体方式）	外部の公認会計士に審査を委託（委託審査員）
大手監査事務所所属者	34.6%	53.8%	11.5%	0.0%
中小監査事務所所属者	60.5%	14.0%	25.6%	0.0%

監査事務所のように重層的な仕組みではなく，人員不足などに起因する不適切な事例がみられるとの指摘がある[11]。設問7-2では審査体制を構築することが困難な場合があるという肯定意見が全体では27.1%にとどまっているが，この肯定意見の84%は中小監査事務所所属者の意見であることに留意が必要である。

図表7-7は，監査計画や監査意見の審査体制はどのような体制かを尋ねた結果を示している。大手監査事務所所属者と中小監査事務所所属者の回答には有意な差異があり，回答パターンは異なっている（p=0.008）。当然の結果であるが，大手監査法人の方が重層的な体制を設けていると解釈できる。

▶11　公認会計士・監査審査会（2006b）参照。

7　品質管理の方針と手続に関する回答結果

　設問 8-1 から 8-3 は，品質管理システムの監視に関する方針と手続について尋ねたものであり，規模別の回答に有意な差異はない。全体として，詳細な方針と手続を設定し（8-2：72.4%），検証サイクルの期間を明確に設定し（8-1：87.2%），また，モニタリングは内部規程どおりに運用されている（8-3：85.7%）との肯定意見が高い。公認会計士・監査審査会の検査では，その運用に不十分な事例が認められると指摘されている[12]が，あらかじめ重要であると考えられる設問を提示したこともあり，否定的な意識は少数である。

　次に，監査業務の定期的な検証プロセスについての設問 8-4 では，否定的な認識が過半を超えている（56.5%）。しかし，品質管理基準委員会報告書第

図表 7-8　品質管理の方針と手続

（数値は割合（%）を示す）	まったくそう思う	どちらかと言えばそう思う	どちらとも言えない	どちらかと言えばそう思わない	まったくそう思わない
8-1　方針や手続の検証サイクルの期間を明確に設定している。	54.3	32.9	11.4	0.0	1.4
8-2　モニタリングの結果，監査意見が不適切であり得るケース，または監査業務の実施において手続が省略されたことを示すケースを扱うための詳細な方針と手続を設定している。	27.5	44.9	15.9	7.2	4.3
8-3　品質管理システムのモニタリングは，内部規程どおりに運用されている。	50.0	35.7	12.9	0.0	1.4
8-4　業務担当チームへの事前の通知を行わずに，検証プロセスを実施することもある。	4.3	14.5	24.6	23.2	33.3
8-5　モニタリングの実施に際して，外部者または他の事務所を利用している。	4.2	9.9	7.0	9.9	69.0

▶12　公認会計士・監査審査会（2006a；2007b）参照。

1号では，当該プロセスにおいて，一部の監査業務については，監査実施者への事前の通知を行わずに選定することがあるとされており[13]，実務と基準との違いが浮き彫りにされている。なお，品質管理システムの監視にあたって，監査事務所外の者は利用されていないと否定的である (78.9%)。設問8-4 および 8-5 の回答に，規模別の差異は認められない。

8 内部通報制度に関する回答結果

設問9は，不服と疑義の申立て，つまり内部通報制度についての意識を尋ねている。監査事務所は，不服や申立てがあった場合に，それらに適切に対処するための合理的な保証を確保できるように方針と手続を定めなければならない。すなわち，この方針と手続の一部として，業務従事者が不当な取扱いを受けることがないように明確に定められた通報経路を設ける必要がある[14]。しかし，設問9-1 ではそのような通報経路が設定されているという意識は 44.3% にとどまり否定的である。次に，業務従事者が内部通報制度の手段と方法をよく知っているか (9-2)，および当該制度が十分に活用されて

図表7-9　内部通報制度

（数値は割合（%）を示す）	まったくそう思う	どちらかと言えばそう思う	どちらとも言えない	どちらかと言えばそう思わない	まったくそう思わない
9-1 業務従事者が報復措置をおそれることなく利用できる内部通報制度が設定されている。	25.7	18.6	10.0	8.6	37.1
9-2 業務従事者は，内部通報制度の手段と方法をよく知っている。	17.1	17.1	17.1	11.4	37.1
9-3 事務所内では，内部通報制度が十分に活用されている。	8.6	12.9	28.6	10.0	40.0
9-4 内部通報に対する調査を実施するために，外部者または他の事務所を利用している。	15.7	10.0	12.9	4.3	57.1

▶13 日本公認会計士協会品質管理基準委員会 (2008) 第95項。
▶14 日本公認会計士協会品質管理基準委員会 (2008) 第105項および第107項参照。

いるのか（9-3）については，いずれも否定意見が肯定意見を上回っている。また，監査事務所は，不服と申立てに関する方針と手続に従って調査を行うが，調査を実施するためには法律専門家などの外部者や他の監査事務所を利用することがある。この点について 9-4 では，利用するという肯定意見が 25.7% と少数にとどまっている。これらの 4 項目の設問からは，業務従事者が懸念を提起できるような内部通報制度が十分に確立されているとは言い難い。なお，設問 9 では規模別の回答に有意な差異はない。

9 監査業務にかかる事務所の方針に関する回答結果

設問 10-1 に関して，回答者の 8 割以上が監査マニュアルには具体的な実務指針が明確に記載されており，監査基準の改訂を適時に反映しているという共通の意識を示している。

図表 7-10 監査業務にかかる事務所の方針

（数値は割合（%）を示す。ただし，スクリーン部分については大手のみの数値）	まったくそう思う	どちらかと言えばそう思う	どちらとも言えない	どちらかと言えばそう思わない	まったくそう思わない
10-1 監査マニュアルには，具体的な実務指針が明確に記載されており，監査基準の改訂を適時に反映している。	46.5	36.6	9.9	5.6	1.4
10-2 地方事務所に関しては，自主運営，独立採算制を採用しており，管理体制については地方事務所に任せている。	20.0	4.0	4.0	12.0	60.0
10-3 事務所内の社員および職員に対する処分について，関連内規の整備は十分であり，当該内規にしたがった処分を実際に行っている。	20.3	24.6	30.4	11.6	13.0
10-4 各地方事務所では，独自の監査マニュアルを使用し，各地方事務所は監査の品質管理を自主的に行っている。	0.0	3.8	15.4	11.5	69.2

注）設問 10-2 と 10-4 の回答結果は大手監査事務所所属者のみの回答である。

また，10-2 では地方事務所に関して自主運営，独立採算制を採用している法人も少数ある（24%）と確認された。一方，10-4 では監査の品質管理に関しては地方事務所任せではないという意識が 8 割に及び，監査事務所全体として組織的な業務運営を行っていると解釈できる。さらに，10-3 では，事務所内で処分への対応を十分に行っているかを尋ねたが，回答が分かれ，肯定的な回答は 44.6% にとどまった。なお，設問 10 では，監査事務所の規模別による回答の差異はない。

10 監査手続に関する回答結果

設問 11 では，調査票に示す 21 項目をあげて，それぞれについて監査マニュアルの不備により場合によっては十分かつ適切な監査証拠が入手されていないことがあると考えられるかどうかを尋ねている。そのうち該当すると認識された割合が比較的高い項目は，「リスク・アプローチ」（11.1%），「不正および誤謬を発見するための手続」（12.5%），および「不動産の流動化についての検討」（11.1%），の 3 項目である。特にリスク・アプローチに基づく監査の実施に関する事項については，品質管理委員会の品質管理レビューによって現在も多くの改善勧告事項が生じており，改善勧告事項の中でも，レビュー対象の監査事務所が改善を受ける割合が最も高い項目である[15]。特に運用評価手続の実施や実証手続の決定に関する事項について改善勧告事項が付されることが多く，監査事務所がリスク・アプローチに基づく監査を適切に実施しているかどうかは重要な課題といえよう。また，これに関連して，不正による重要な虚偽表示のリスクの識別と評価に関しても改善勧告事項として指摘が多い[16]。

11 監査調書に関する回答結果

監査調書に関しては，これまで公認会計士・監査審査会によって，監査調書の文書化が不十分であり事後的な検証が困難な事例，査閲が不十分な事

▶15 2008 年は 92%，2009 年は 96%，2010 年は 71%，2011 年は 71% である。
▶16 日本公認会計士協会品質管理委員会（2010；2011）参照。

図表 7-11　監査調書

（数値は割合（％）を示す）	まったくそう思う	どちらかと言えばそう思う	どちらとも言えない	どちらかと言えばそう思わない	まったくそう思わない
12-1 監査調書は，事後的な検証が容易にできるように体系化され，文書化されている。	63.4	33.8	1.4	1.4	0.0
12-2 監査調書には，実施した監査にかかる意見形成の検討過程および監査結果の記録が十分に行われている。	50.7	46.5	2.8	0.0	0.0
12-3 監査調書の査閲は十分に行われている。	42.9	48.6	7.1	1.4	0.0
12-4 監査調書の保存や保存体制は十分である。	66.2	31.0	2.8	0.0	0.0

例，および監査調書の保存や管理体制が不十分な事例があると指摘されている[17]。また直近の品質管理年次報告書においても，監査調書の整理および管理・保存に関する具体的な発見事項があげられ，必要な改善措置が指摘されている[18]。そこで，設問12ではこれらの点について尋ねたが，いずれの設問に対しても高い肯定意見であり，監査調書に対して望ましい対応をしているという意識が共有されている。なお，監査事務所の規模別による回答の差異は認められていない。

12　共同監査に関する回答結果

共同監査に関しては，具体的な方針と手続の整備が不十分で，大手監査事務所，中小監査事務所ともに共同監査の質を合理的に確保していることを検討した過程および結果が文書化されていないとの指摘がある[19]。そこで設問13では，共同監査に関して5項目の設問を設定し，実態把握を試みてい

▶17　公認会計士・監査審査会（2006a；2007b）参照。
▶18　日本公認会計士協会品質管理委員会（2010；2011）参照。
▶19　公認会計士・監査審査会（2006a；2006b）および日本公認会計士協会品質管理委員会（2010；2011）参照。

図表7-12 共同監査

（数値は割合（％）を示す）	まったくそう思う	どちらかと言えばそう思う	どちらとも言えない	どちらかと言えばそう思わない	まったくそう思わない
13-1 共同監査に関する具体的な方針と手続は，当事者間における意思疎通が十分にできる程度に整備されている。	48.0	26.0	22.0	0.0	4.0
13-2 役割分担した事項については，相手方事務所の担当者に任せている。	4.2	16.7	39.6	16.7	22.9
13-3 共同監査協定書を締結しない場合もある。	0.0	2.1	18.8	4.2	75.0
13-4 共同監査人が作成した監査調書を査閲したか，または共同監査人が実施した監査手続の実施状況および結果について評価したかが明らかでない場合がある。	4.1	6.1	24.5	14.3	51.0
13-5 共同監査人の信頼性，独立性の確認をしたか否かが明らかでない場合がある。	2.0	6.1	22.4	12.2	57.1

る。設問13では，規模別による回答に有意な差異はない。まず，共同監査に関する具体的な方針と手続については整備されていると肯定的に受けとめられている（13-1：74%）。しかし，少数意見ではあるが，役割分担した事項については相手方事務所の担当者任せになっている（13-2：20.7%，13-4：10.2%）という意識，共同監査人の信頼性・独立性の確認が不明な場合がある（13-5：8.1%）という意識が3つの設問に表れており，共同監査の質が合理的に確保されていない場合もあり得ることに留意が必要である。

13 監査業務の適切性確保に関する問題についての回答結果

　設問14-2の「リスクの高いクライアントが大手監査事務所から中小監査事務所に移行している」との問いに対しては62.8%が肯定している。また，そのような監査契約の移行が監査品質に影響を及ぼすか（14-1）については

意識が分かれており，少数（24.3％）ではあるが監査品質を危惧する肯定意見が存在した。監査時間や監査人員の不足に関しては意見が分かれているが，不足しているとする肯定意見が否定意見を約 11 ポイント上回っている（14-4）。この肯定意見は，大手監査事務所所属者では 42.3％，中小監査事務所所属者では 34.9％ である。不足の原因の１つとして，中小監査事務所では人的資源の不足が考えられるが，このほかに，特に大手監査事務所では，「監査事務所内の審査・承認手続の重層化」や「決算発表の早期化」[20] なども背景にあると推測される。

設問 14-3 では，「品質管理の基準が監査事務所の規模にかかわらず適用されるべきか」を尋ねている。この設問に対して，全体の 72.8％ が適用されるべきであるという認識を示している。監査事務所の規模にかかわらず契約自由の原則に基づき，監査契約が締結されることを鑑みると，監査業務の適切性は等しく確保されなければならない。ただし，現実的に中小監査事務所では品質管理の対象となる人員が不足していることから，品質管理のすべての

図表 7-13　監査業務の適切性確保

（数値は割合（％）を示す）	まったくそう思う	どちらかと言えばそう思う	どちらとも言えない	どちらかと言えばそう思わない	まったくそう思わない
14-1 大手会計事務所から中小会計事務所への監査契約の移行は，監査の品質に影響を及ぼしている。	8.6	15.7	27.1	11.4	37.1
14-2 大手会計事務所から中小会計事務所へ，小規模かつリスクの高いクライアントが移行している。	15.7	47.1	24.3	2.9	10.0
14-3 監査事務所の規模にかかわらず，品質管理の基準は等しく適用されるべきである。	41.4	31.4	15.7	5.7	5.7
14-4 監査に要する時間および人員は，実際に必要と考えられるものに比して少ない場合がある。	7.1	31.4	34.3	15.7	11.4

▶20　公認会計士協会近畿会（2008）参照。

局面で大手監査事務所と同様の方針や手続を求めることは不可能であると考えられる。わが国の現行基準である品質管理基準委員会報告書第1号では，国際品質管理基準第1号「財務諸表の監査およびレビューならびにその他の保証業務および関連業務を提供する事務所の品質管理」と比較した場合に，個人事務所などの小規模な監査事務所の品質管理の手続や方針に関する例外的な規定が設けられていないと指摘されている[21]。

14　調査結果から得られた知見

本節では，監査事務所としての品質管理に関して，監査の品質管理のための組織的な業務運営にどのような問題が内在するのか実態把握することを目的として，質問票調査の単純集計結果を示した。監査事務所の業務管理体制のあり方に関する公認会計士の意識について調査結果から得られた知見をまとめると次のようになる。

①監査事務所の組織風土

調査結果から，監査実施者の評価，報酬および昇進，教育・訓練，運営上の理念，ならびに品質管理の方針と手続について，監査品質が最優先されるように構築されていると肯定的に受けとめられている。つまり，大規模監査事務所，中小監査事務所ともに，監査の品質を重視する風土を監査事務所内に醸成すべく品質管理の維持と向上に努めているという意識がみられる。

②独立性

監査事務所は，独立性の規制内容を正確に伝達し，その確認手続を適切に運用しているとの意識が非常に高い。ただし，実際には，公認会計士・監査審査会の検査において，内部規程等で定められた独立性の確認手続が実施されていない事例が直近年度で多数あげられており，当該手続を実施する体制の構築が課題となっている。

▶21　内藤ほか編著（2010）15頁。

なお，調査結果から，大規模監査事務所では，監査責任者や審査担当者のローテーションは一定期間に行われていると意識されているが，中小監査事務所では方針が確立されていないか，または人的資源が不足している可能性が認められる。

③監査業務の支援システム
　先行研究に依拠すると，監査業務への電子システム導入には効率性や整合性の観点から利点があるとされる。しかし，調査からは全体として電子システムの導入は消極的であると推察される。特に中小監査事務所ではその導入に対する否定意見が有意に高いことが特徴である。

④監査業務実施に関する方針と手続
　判断が困難な重要事項について専門的な見解の問い合わせを実施することが効果的であると認識するような風土を監査事務所が醸成していると捉えられている。しかし，調査結果からは，専門的な見解の問い合わせに関するシステムが十分に整備・運用されているとは言い難く，そのシステムが有効に活用されていない。なお，相談内容がこの数年で変化しているという認識の背景には，会計基準の新設や改訂，見積り要素の拡大などがあると考えられる。

⑤監査意見表明のための審査
　本調査では，審査は定型的なチェック方式によるという実態が浮き彫りになっており，審査体制の充実や強化が重要な課題として内在する可能性がある。また，特に中小監査事務所においては人的資源の不足により審査体制を構築することが困難である状況がうかがわれる。公認会計士・監査審査会の検査では，審査担当者が深度ある審査を実施していない監査業務のあらゆる事例が毎年あげられていることに留意が必要である。

⑥品質管理の方針と手続

　品質管理の方針と手続に関しては，適切に運用されていると捉えられている。ただし，監査業務の定期的な検証プロセスについては事前の通知を行わずに選定する監査業務はないという認識が過半を超えており，監査基準と実務との違いが確認された。

⑦内部通報制度

　業務実施者が懸念を提起できるような通報経路を監査事務所が設定しているという認識は過半に満たない。また，業務実施者は内部通報制度の手段と方法を熟知していないと捉えられており，このため内部通報制度は監査事務所において活用されていないと認識されている。

⑧監査業務にかかる事務所の方針

　監査マニュアルには具体的な実務指針が明確に記載されており，監査基準の改訂を適時に反映しているという共通の認識が認められた。また，地方事務所に関しては，自主運営や独立採算制を採用している監査事務所も少数あるが，監査の品質管理に関しては地方事務所任せではないという意識が高い。

⑨監査手続

　十分かつ適切な監査証拠が入手されないことがある項目として，「リスク・アプローチ」，「不正および誤謬」，「不動産の流動化についての検討」の3項目があげられる。特に，前2者については品質管理委員会の改善勧告事項として最も指摘が多い事項であり，監査事務所がリスク・アプローチに基づく監査を適切に実施しているかどうかは重要な課題となる。

⑩監査調書

　監査調書に関しては，本調査ではいずれも望ましい対応をしていると意識されている。ただし，公認会計士・監査審査会の直近の検査（平成21年度から24年度検査）によると，監査調書に必要な事項（実施した監査手続，

監査手続を省略した理由，試査の範囲，入手した監査証拠，判断過程および結論等）が記載されていない不備事例や，監査調書の管理・保存に関する不備事例が散見されるとの指摘が続いていることに留意が必要である。

⑪共同監査

　共同監査に関する具体的な方針と手続については整備されていると受けとめられているが，役割分担した事項について相手方事務所の担当者任せになっているという意識や，共同監査人の信頼性・独立性の確認が不明な場合があるなど共同監査の質の確保に問題が内在している。

⑫監査業務の適切性確保

　リスクの高いクライアントが大手監査事務所から中小監査事務所に移行している可能性があり，監査品質への懸念が意識されている。また，監査資源が必要量に満たないという意識が確認された。この背景には，人的資源の不足のほかに特に大手監査事務所における審査・承認手続の重層化が考えられる。

【参考文献】

Bedard, J., D. Deis, B. Curtis and J. Jenkins (2008) Risk Monitoring and Control in Audit Firms: A Research Synthesis, *Auditing A Journal of Practice & Theory*, Vol.27 No.1.
IFAC (2009) Guide to Quality Control for Small-and Medium-Sized Practices.
公認会計士・監査審査会（2006a）「4大監査法人の監査の品質管理について」6月30日。
公認会計士・監査審査会（2006b）「小規模監査事務所の監査の品質管理について」11月8日。
公認会計士・監査審査会（2007a）「中小監査事務所の監査の品質管理について」3月16日。
公認会計士・監査審査会（2007b）「3大監査法人の業務改善状況について」6月29日。
公認会計士協会近畿会（2008）「6000人アンケート結果報告書」。
内藤文雄・松本祥尚・林隆俊編著（2010）『国際監査基準の完全解説』中央経済社。
日本公認会計士協会（2008）「品質管理基準委員会報告書第1号　監査事務所における品質管理」3月25日。
日本公認会計士協会（2010）「品質管理委員会年次報告書」5月31日。
日本公認会計士協会（2011）「品質管理委員会年次報告書」5月31日。
日本公認会計士協会（2013）「品質管理基準委員会報告書第1号　監査事務所における品質管理」6月17日。

第3部
独立性の確保と監査制度改革

第8章 監査人の選任・報酬主体としての証券取引所等の可能性

第1節 はじめに

　今日の法定監査においては，監査はクライアント側の自律的ニーズを受けて行われる契約行為であるという見地から，被監査企業であるクライアントは自由意志により監査人の選択を行っている。しかし，過去の会計監査をめぐる非違事例に鑑みると，クライアントから独立的な立場を維持する必要がある監査人が，クライアントと監査報酬の交渉を行って選任され，クライアントから監査報酬の支払いを受けとっているという構造が，監査業務の遂行に関して妥協をもたらす可能性は否定できない。すなわち，このような構造が監査人の外観的独立性を妨げ，それが客観的独立性をも侵害する可能性があるという議論は周知のとおりである。かかる議論は，契約当事者のインセンティブがねじれた形で存在すると指摘されているように，独立性の最も本質的な問題であり，わが国では今まさに改善への取り組みがはかられようとしている。そのような中で，この問題についての国際的な動向に内在する問題点を抽出し，監査人の外観的独立性を確保し得るような新たな契約形態を模索することは，資本市場全体への利益につながると考えられる。

　本章の目的は，監査人の選任方法と報酬支払形態のあり方の違いが，監査人の独立性にどのように影響を与える可能性があるのかを明らかにすることにあり，独立の外観を確保する新たな制度の可能性についての1つの問題提起を行うことにある。以下では，監査人の選任方法と報酬支払形態をめぐる議論を整理した上で，先行実証研究の成果に依拠しながら，当該先行研究が

指摘した監査契約当事者のインセンティブを明らかにし，および新たな契約の枠組みとして監査契約に投資者や証券取引所等を関与させた場合の制度運用上の問題点を探る。

第2節　監査人の選任・報酬決定機関の創設にかかる議論

1　現行制度と国際的動向

現在のところ，わが国では金融商品取引法上の監査人の選任と報酬決定にかかる法的規制はなく，経営者（取締役会または代表取締役）がこれらの決定権を有していると解され，独立性確保の観点から問題がある[1]。一方，会社法上は，株主総会の決議によることとされており，取締役が会計監査人の選任に関する議案を提出することについて監査役または監査役会（以下，監査役等）に同意権が付与されているとともに，株主総会への会計監査人選任議案の提出について監査役等の請求権が規定されている。また，会計監査人の報酬の決定についても，会社法上，監査役等の同意権が規定されている。実際には，金融商品取引法監査と会社法監査における監査人は同一であることが一般的であるが，金融商品取引法上においても独立性確保の観点から監査人の立場を検討する必要性があると考えられる。

さて，上記のように会社法上では監査役等に一定の権限が付与されているが，国際標準では企業統治機関により強い権限を求めている。例えば2002年の証券監督者国際機構（International Organization of Securities Commissions：IOSCO）の「監査人の独立性およびそのモニタリングにおける企業統治の役割に関する原則」では，各国の法制度いかんにかかわらず，外観上かつ実際上企業の経営陣から独立し投資者の利益のために活動する企業統治機関（監査委員会等）が，外部監査人の選任・指名プロセスを監督するべきであると指摘している[2]。また，米国では，サーベンス・オクスリー法により，上場発行者の監査委員会が発行者の監査人の選任・報酬，および業

▶1　弥永（2002）480頁。
▶2　"The audit committee", par.19.

務の監視に直接に責任を負うこと[3]，および監査人が提供するすべての監査業務に対して監査委員会の事前承認を定めること[4]により，経営者からの監査人の独立性を確保しようとしている。つまり，監査報酬の決定を含む監査契約の当事者は監査委員会となっている。監査委員会の役割の有効性に関して，例えば米国の研究では，以下の事項が指摘されている。

① 監査委員会は投資者を代表するような役割を果たしておらず経営者から独立していないため，監査委員会の独立性を促進するような制度あるいは監査人の独立性に関するインセンティブを誘因するような制度が必要である。また，多くの上場会社は監査人の選任に際して株主の投票による承認を求めているが，そのほとんどの場合において監査委員会が指名した監査人を追認しているにすぎないことが明らかにされている[5]。

② 株主が取締役会に不満をもつ場合には，株主は選任された監査人を承認しない可能性が高くなるという考えから，経営者は監査人の選任に際して株主の承認を求めることを避けることが明らかにされている。一方で，財務上の専門的知識をより多く有する監査委員会は，株主の承認を求める可能性が高いことが明らかにされており，サーベンス・オクスリー法による監査委員会に対する役割強化と財務上の専門的知識の再定義が，監査人の選任における株主の役割に影響を与えている可能性が示唆されている。また，監査人の選任決定のモニターとして，以前には形式的であると指摘されてきた株主の役割が近年大きくなってきていることが指摘されている[6]。

わが国では，監査人の選任議案の決定権や監査報酬の決定権を監査役等に付与すべきではないかという議論が行われたことがある[7]。例えばこの議論の根拠としては，監査役は自分が選任した会計監査人がその職責を果たすこと

▶3 サーベンス・オクスリー法301条(2)項により新設された1934年証券取引所法10A条m項(2)参照。
▶4 同法202条により新設された1934年証券取引所法10A条 (i) 項 (1) (A) 参照。
▶5 Mayhew and Pike (2004) p.820.
▶6 Krishnan and Ye (2005) pp.251-252.
▶7 金融審議会公認会計士制度部会報告 (2006)。

に関して,従来と比較してより重大な関心と責任をもたざるを得なくなり,監査役の機能の活性化につながるとの提言がある[8]。この議論の根底には企業統治機関である監査役等がいかに経営者から独立性を確保できるかという企業統治の問題が重要な課題として内在するといえる。

2 監査人の選任・報酬支払形態にかかる先行研究

上述のように現在はコーポレートガバナンスの仕組みを改善する方法が国際的潮流であるが,これに対して,従来監査契約にさまざまな第三者機関を介在させるという考え方が先行研究において議論されており,それらの主張を年代順に要約して示すと次の図表 8-1 のようにまとめることができる[9]。

図表 8-1 監査人の選任と報酬支払形態にかかる先行研究

先行研究(年代順)	主張の要旨
今井(1954)	会計監査担当者の選任を株主総会の決議事項とするのがより合理的であるとしても,株主総会が無力化している場合には当然に監査人の独立性を保障するものでない。したがって,監査人の選任権をむしろ株主総会から会社外の公的機関に移すのでないかぎりは,株主総会における不当な任免を阻止すべき何らかの補強措置をとらざるを得ない。
秋田(1965)	会計士協会を特殊法人化し,協会が全監査契約を経済団体と契約し,協会が適任会計士を選定して監査を担当させるという制度を樹立するなら,会計士の資質は向上する。
本城(1965)	独立性堅持のための方策として,必要な限度に法律を改正し,公認会計士協会を特殊法人として証券取引法に基づく国内の全上場会社の監査業務を一括に引き受けるという具体策を提示する。
森田・太田(1965)	公認会計士協会が監査契約を行って監査人を協会から派遣することにした場合の問題点は,監査の失敗の責任,監査人の選任方法,未知の監査人に機密事項を漏らす被監査会社の立場,監査が官僚的色彩を帯びる可能性などである。
Carey(1965)	完全な独立性とは,監査人がクライアントから報酬を受けとらないことを必要とすると指摘される。ばかげた結論だが,唯一の実行可能なほかに取り得る方法は,監査人を公的な被用者にすることだろう。

▶8 会計制度監視機構(2007)。この提言では,東京証券取引所が独立した監査役として必要な能力や識見を備えている人をリストアップして,その中から上場企業に選択させる,もしくは東京証券取引所が指名するという方法論も将来的に考えられ得ると指摘されている。
▶9 この他に,Lyall and Perks(1976)や Sherer and Kent(1983)においても,国家監査審議会のような準政府機関を設けて,専門的職業団体が行っている機能を委ねるべきであるという考えが示されている。また,監査人外部選任論についての参考文献は,弥永(2002)で他にも紹介されている。

先行研究（年代順）	主張の要旨
近澤（1967）	企業は多くの異種の利害関係者へ企業の会計結果を報告する義務があり，監査人は資本出資者のみならず多くの利害関係者の利害を調整するための審判員的立場に立つと考える場合には，利害関係者の中から選ばれた代表者に中立公正の判断の場に立つ学識経験者を含めたものをもって公正される委員会形式により監査人を選任すべきである。また，監査料金も，監査依頼会社ないし被監査会社からこの委員会に対して支出しプールされた監査基金をもって支弁されるのが妥当である。
Goldman Barlev（1974）	監査の役割における構造的な非対称性を是正するための解決策は，監査人を公的な被用者にし，被監査会社と監査人との間の関係を断つことである。問題は，監査人の報酬が自由交渉によらず何らかの官僚主義的なプロセスで決定される可能性があること，および監査が政府によって提供されるサービスとなる状況を招き，専門的職業の性質を大きく変化させることである。しかし，そのような問題を軽減する制度を構築し，監査人を公的な被用者にすることを検討する意義がある。
Gavalda（1975）	会計監査人は，行政機関により，または証券取引委員会により，あるいは商事裁判所によって選任されるべきであるとの提案が行われているが，これらの提案は会計監査人の任務や職務の遂行条件に対してやや特殊な見方をしているものである。
高田（1979）	監査人の選任は，監査の本質からいって，利害関係者側が行うのが本筋である。監査依頼人は本来利害関係者であり，被監査会社は便宜的な監査依頼人である。被監査会社の影響を避けるための改善策には，① 監査人の選任を完全に被監査会社から分離する，国家選任方式，利害関係者代表選任方式，および公認会計士協会による選任方式と，② 最高経営者による監査人の選任を社内に設定された牽制的な機関によって統制する方式である，取締役会選任方式，および監査委員会ないし監査役による選任方式がある（同書ではそれぞれの方式の問題点が指摘されている。）。監査報酬を官公庁ないし利害関係者の団体よりの一部負担，職業団体などを通じての報酬の一部プールなどの提案は実現可能であるが，財源など慎重な配慮が必要となる。
Lee（1986）	監査契約をめぐる取締役会の権限を縮小するために，例えば，① 貿易産業省のような政府機関または国家監査審議会を設けて，これらの機関が監査契約に責任をもち報酬額を決定し，② 監査報酬は企業に対する課税システムとして政府機関により支払うという考え方がある。当該システムの欠点は，実行するのが困難かつコストがかかることである。
Moizer（1997）	Lee（1986）と同じ
鳥羽・川北ほか（2001）	法定監査については，企業が法定監査料を第三者機関に支払い，第三者機関が監査人として特定の会計プロフェッショナルを選任し，企業に派遣するという方式も考えられないわけではない。しかし，この方式では，監査人と依頼人との間で監査の実施にかかる協力関係を十分に醸成することが難しい。したがって，監査を受ける企業側の監査人選択の権利が根拠となって自由契約方式が採用されている。当該方式で要請される監査人の独立性は絶対的な意味での独立性ではなく，自由契約主義を前提にした上での監査人の独立性という意味において相対的なものである。
Mayhew and Pike（2004）	投資者か，あるいは経営者以外の者に，有意味な監査人の選任権を与えるような制度を構築すれば，監査人の独立性は大きく向上する。

このように，監査人の選任母体として公的機関，公認会計士協会，利害関係者の代表からなる委員会，証券取引委員会，商事裁判所，投資者などが提案され議論されてきた[10]。ここで，図表8-1の中で次の理由により，特にMayhew and Pike（2004）を取り上げ，その内容についての検討を行う。同研究は，①監査の受益者である投資者が直接的に監査契約に介在するという考え方を新たに展開していること，および②投資者が監査契約に関与することにより監査人の独立性にどのような影響を与えるのかを直接的に測定していること，以上2点において重要な証拠を示しているからである。この研究は，投資者保護の観点から監査契約へ第三者を介在させることについての根拠となる研究であるといえる。次節では，同研究の研究成果を整理し要約して説明する。

第3節　監査契約への投資者の介在

　Mayhew and Pikeの研究では，まず，監査人の選任者と選任方法を図表8-2に示すように3つのケースに分類し，それぞれの場合における独立性の侵害の程度がいかに異なるかを実証的に検証している[11]。以下，同研究の概要と重要な論点を導出して示す。

　この研究で検証された仮説は次のとおりである。仮説は，経営者，監査人，および投資者が有すると考えられるインセンティブを根拠とし，以下の（ⅰ）から（ⅲ）の理論から導出されている[12]。

仮説：投資者が監査人を選任すると，監査報告書の記載内容に客観性が増す。
（ⅰ）会計上の不確実性が存在する場合に，経営者は自らが選好する会計慣行にしたがう監査人を選好する。
（ⅱ）監査人は自らの選任権限を有する当事者の報告選好にこたえる。

▶10　弥永（2002, 364-372頁）においては，わが国における会計監査人外部選任論・公営論が紹介されている。
▶11　Mayhew and Pike（2004）pp.805-806.
▶12　Mayhew and Pike（2004）pp.801-803.

図表 8-2　Mayhew and Pike（2004）における監査人の選任者と選任方法

監査人の選任者	監査人の選任方法
ケース① 経営者	経営者が監査人を選任し，監査報酬を事後的に投資者に開示する。
ケース② 投資者 A （A は企業利益と直接的な利害関係をもたない）	投資者 A は経営者が選択した監査人を承認するか，または承認せずに他の監査人を選任する。投資者 A はすべての監査人の提示した監査報酬を事前に知っている。
ケース③ 投資者 B （B は企業利益と直接的な利害関係をもつが当該会社の投資決定を管理しない）	投資者 B は経営者が選択した監査人を承認するか，または承認せずに他の監査人を選任する。投資者 B はすべての監査人の提示した監査報酬を事前に知っている。

（ⅲ）ゲーム理論の観点から，投資者は客観的な監査人が提供する情報を統合する一方で偏りのある監査人の情報を無視するので，監査人が客観的であるか偏りがあるかの事前選好をもたない。しかし行動学的理論からは，投資者がより信頼できる情報を得ようとすることを考えると，曖昧性を減少させるために客観的な監査人を選好すると考えられる。

仮説を検証するために，上記①から③の 3 つのケースの独立性の侵害の程度の差異が，客観性の侵害度を測度として検証されている[13]。その結果得られた成果によれば，経営者が監査人を選任する場合と比較して，投資者（A, B）が監査人を選任する場合に独立性の侵害の程度が有意に低いことが確認されている。なお，投資者 A と投資者 B との間には独立性の侵害の程度に有意な差異はない[14]。

なぜ，投資者による選任が監査人の独立性を改善するのか。この点を明らかにするために，監査人の選任者の違いが，監査人，経営者，および投資者

▶13 客観性の侵害度は，次のように測定されている。経営者が資産価値を高く報告し，（ⅰ）監査人が当該資産を検証しない場合，または（ⅱ）監査人の検証の結果，資産価値は低いと判明した場合にリスクのある決定が行われるとみなす。客観性の侵害は，この 2 つの場合において，監査人が経営者に同意するときに発生するとされる。
▶14 Mayhew and Pike（2004）pp.807-808.

が行う判断にどのように影響を与えるのかが分析されており，そこから得られた発見事項を要約すると以下の4点が認識できる[15]。

(1) 監査人の選任者と監査報酬との間の関係について次のようにいえる。監査人の選任者と監査報酬支払いとの間に直接的な関連がない場合には，ローボーリング，つまり低報酬で監査契約を獲得するという問題は生じない。先行研究からローボーリングは監査人交代にかかる費用を経営者が負担することに起因すると指摘されている。したがって当該費用を会社の費用として負担する経営者，ないし企業利益と直接的な利害関係をもつ投資者Bが監査人の選任者である場合には，ローボーリングが行われると主張される。これに対して，企業利益と直接的な利害関係をもたずこの費用を負担しない投資者Aが監査人の選任者である場合には，監査人は割り引いて監査業務を提供する理由がないためローボーリングは行われない。

(2) 経営者が監査人を選任する場合に比べて，投資者Aおよび投資者Bが監査人を選任する場合に，監査報酬が高額になる。その理由は，前者の場合と比べて，①監査人はより独立した態度を保持することにより高額の報酬を得ることが可能であるということ，②より入念に検証するために，検証にかかるコストが監査報酬に反映されることの2つによる。この背景には，後述のように，曖昧性を嫌う投資者は独立性をもって行動する監査人をより高額で入札し選任するので，このことが監査人のインセンティブにつながっているといえる。なお，投資者Aと投資者Bでは，投資者Bの方が監査報酬は高額になるという結果を得ているが，監査人の努力の指標としての検証の程度に差異は認められていない。

(3) 投資者は，監査人の独立性が高くなると高額の投資を行う。また，より独立性を保持した監査人を選任しようとする。誰が監査人の選任者であるかは，投資者の利得に影響しないことから，投資者が独立性の

▶15 Mayhew and Pike (2004) pp.808-817.

高い監査人を選好する動機は曖昧性を嫌うことに起因するといえる。
(4) 上記のことから，投資者が監査人を選任すると監査人の独立性は高くなり，投資者は高額の投資を行う。この結果，監査人の選任者が企業利益と直接的な利害関係をもたない投資者Aであるときにかぎり，経営者が市場に投資する金額も有意に大きくなり市場全体の利益が高くなることが発見されている。このことは経済市場の効率性を向上させることにつながる。

以上の議論において，Mayhew and Pike (2004) は，企業利益と直接的な利害関係をもたない投資者Aを潜在的投資者，企業利益と直接的な利害関係をもつ投資者Bを現在の投資者または監査委員会のメンバーと想定し，両者が直面するインセンティブを捉えることをねらいとしている。この研究では，監査人の選任者が投資者Aであるか投資者Bであるかによって，独立性の侵害の程度に有意な差異は確認されていないが，上記 (1) および (4) に示したように，両者間で監査人と経営者のインセンティブの違いが生じることが明らかにされている。

以上の説明を踏まえ，ここで現実に置き換えてみた場合に，投資者Bが監査人を選任する形態は，投資者を代表して監査役会や監査委員会が監査人を指名し株主が承認する制度に近い。この制度は，第1に先に指摘したようなコーポレートガバナンスの問題が内在しており，また第2に，実際には株主のとる選択肢は当該監査人を承認するしかないことが指摘されている。すなわち，株主は当該監査人を拒絶することはできるが，それに代わる望ましい監査人を指名することはできないという問題がある。同研究は，投資者が市場から他の監査人を選任できるような形態を想定し，このようなアプローチは監査市場においても実行可能であると指摘しているが，この点を実行できる方法があるなら，第2の問題は改善される余地があると考えられる。

また，上記 (1) および (4) の理論から，企業利益と直接的な利害関係をもたない投資者Aが監査人を選任する場合は，投資者Bが選任するよりも優れた点があるといえる。しかしながら，現実では潜在的投資者が直接的に

監査契約に介在し，監査人を適切に選択することは不可能であると考えられる。そこで次節では，投資者に代替する第三者が監査人を選任し報酬支払に関与する方法を提示し考察する。

第4節　自主規制機関の介在

第3節では，企業利益と直接的な利害関係を有しない投資者が監査契約に介在する場合に，独立性の侵害の程度が低く，かつ監査人および経営者の有するインセンティブに良好な影響を与えることを説明した。しかしこのような形態は理論上可能であっても，現実的に将来の投資者が監査契約に直接に関与することは困難であると考えられる。そこで，監査の直接の受益者である投資者の利害と一貫するという観点から，投資者保護の確保を責務とする次の2つの民間の自主規制機関，すなわち証券取引所と日本証券業協会（以下，証券業協会）[16]が投資者の代替者として監査契約に介在した場合を想定し問題点を探る。以下，① これらの機関が投資者の代替者として適切であるか，② 監査人のインセンティブを適切な方向に動機づけるか，③ 制度の運営にあたりどのような問題が内在するか，3つの観点から整理する。

1　証券取引所・証券業協会の役割

先行研究をみるかぎり，これまで証券取引所または証券業協会が監査契約に介在することに関して，学説上特に取り上げた研究はないと考えられる。そこで以下ではまず，これらの2つの機関の目的および業務内容の概略を順次示しながら，証券市場において当該機関が投資者に果たす役割を考察する。

証券取引所に対しては，新聞紙上において指摘がみられるように[17]，市場に最も近い市場開設者としての自主規制業務に対する社会一般の期待が近年

▶16　2006年6月14日公布の金融商品取引法では，証券取引所は金融商品取引所，証券業協会は金融商品取引業協会に法律上の名称が変更になっている。

▶17　例えば，「各企業が発行株式数などの規模に応じて監査費用を証券取引所にプールする。そのうえで取引所が入札などの公正な方法で各社の監査法人を選び，取引所から監査の報酬を支払うといったやり方を検討してもいい」といった指摘がある（朝日新聞社説，2006年8月10日）。

急速に高まっているといえる。また金融審議会公認会計士制度部会では，証券取引所が監査契約に介在することの是非について議論の対象となっている。さらに，会計制度監視機構は，相当の困難を伴うとしながらも，独立性を抜本的に改善するためには，東京証券取引所が「監査報酬決定機構」として機能することが将来の検討の対象になると提案している。

証券取引所は現在，全国に6取引所存在し，金融商品取引法の目的を達成するための機関として位置づけられる。その事業目的は，公益および投資者保護に資するため，有価証券の売買等を公正かつ円滑にならしめることを旨として下記の業務を営むことである[18]。証券取引所には市場開設者として固有の業務があるが，その役割は概ね次の3つに分類される。

① 市場における売買から決済に至るまでの安全で信頼性の高い市場インフラの提供による市場運営（市場運営業務）
② 取引や取引参加者に関する市場の公正性・信頼性の維持・向上のための自主規制（売買審査・考査業務）
③ 上場会社に関する投資物件としての適格性の維持・向上のための自主規制（上場審査・管理業務）

このうち，自主規制業務は公的規制と相まって市場の公正性・信頼性の確保をはかる上で不可欠なものと考えられている。特に上場会社に規制的効果を及ぼす③の業務のうち，上場管理業務は，投資判断に必要な会社情報の適時開示のルールを定めるなど証券取引法上の企業内容開示制度を補完し，上場会社の行うディスクロージャーの信頼性確保をはかる見地から，投資者保護と円滑な流通の確保を図る業務であるといえる。

このように証券取引所は公益および投資者保護に資するための業務を行っているという点においては，投資者と利害が一致し，投資者の代替者になり得る意味を有する。しかしながら，例えば東京，大阪，名古屋，およびジャスダック証券取引所は株式会社組織をとっている。なお，平成25年1月には，経営統合の一環として行われた株式会社東京証券取引所グループによる株式

▶18 東京・大阪・名古屋およびジャスダック証券取引所ウェブサイト参照。

会社大阪証券取引所株式に対する公開買付けにより，両社は合併し，株式会社日本取引所グループとして上場している。これらの要素は，企業体としての利害と市場開設者としての市場の公正性確保との間での利害を対立させるという問題を内包していると指摘できる。すなわち，次の3つの利益相反問題が内在していることが背景としてあげられる。①証券取引所は上場会社から上場手数料等の収入を得ているために，上場会社を増やし，あるいは減らさないことを目的として，②証券取引所自体の株主の利益を過度に図ることを目的として，あるいは③取引参加者である証券会社から取引参加者負担金等の収入を得ているために取引参加者からの注文を増やし，あるいは減らさないことを目的として，不適切な措置をとる動機が生じ得る懸念が考えられる[19]。

このような営利性と公益性の間に存在し得る利益相反の問題に対処するため，2007年10月，東京証券取引所は，自主規制部門を証券取引所から分離し，金融商品取引法の定める手続（同法102条の3）に従って東京証券取引所自主規制法人を設立した。すなわち，東京証券取引所は，自主規制部門を別法人とする組織形態のうち，持株会社（株式会社東京証券取引所グループ）の傘下に自主規制法人と市場運営会社（株式会社東京証券取引所）を置く方式を採用した。しかしながら，市場運営会社が業務を委託する形をとっていることから，自主規制法人が市場運営会社の影響力を排除するためには，市場運営会社の意向に左右されないだけの実質的な独立性をもつことが求められる。自主規制法人が設立された背景には，東京証券取引所が持株会社の自市場への上場を意図し，株主利益が前面に出ないように利益相反への備えとするねらいがあったと考えられる。なお，証券取引所が上場しているため，証券取引所の監査人を誰が選任するのかという問題が発生している。

次に，証券業協会は証券会社および外国証券会社ならびに登録金融機関をもって組織し，証券取引法第68条第2項の規定により内閣総理大臣の認可を受ける法人であり，いわゆる業界団体である。営利の目的をもって事業を

▶19 東京証券取引所（2005）「自主規制業務のあり方に関する特別委員会報告」。

行わず，その目的は，有価証券の売買その他の取引等を公正かつ円滑ならしめ，証券業の健全な発展を図り，もって投資者の保護に資することとされる。主な業務内容は，証券市場の円滑な運営のために，自主規制ルールを制定し証券会社等に徹底させることであり，証券知識の普及や調査研究なども行っている[20]。証券会社等が証券取引法等および関係法令を遵守するように規制を設けることで，企業の不適切な行為を間接的に規制し，投資者を保護している。証券取引所との異同点は次の3点に整理できる。

第1に，投資者の保護に資することを目的とする点は共通しているが，証券取引所が上場会社を直接的に規制するのに対し，証券業協会は間接的に規制することで投資者保護を確保しようとしている。第2に，後者は営利を目的としない認可法人であるので，先に指摘したような証券取引所の場合に内在する上場会社や株主との利益相反問題は発生しにくいと考えられる。第三に，投資者の代替者として監査契約にこれらの機関が介在すると想定した場合に，証券業協会の場合には，上場会社以外も対象とすることができるというメリットがあるといえる。

2 監査人のインセンティブ

次に，企業利益と直接的な利害関係をもたない証券取引所ないし証券業協会が投資者の代替者として監査契約に介在すると仮定した場合に，監査人のインセンティブがどのように方向づけられるのかに着目する。そこで，上記Ⅲでの先行研究の見解を援用すると，これらの機関が監査人の選任者となることに関して以下のことがいえる。

(1) 証券取引所および証券業協会は，適切なディスクロージャーの推進という目的をもつ機関として，投資者保護の確保を責務とすることから，曖昧性を嫌い，独立性を有して行動する監査人をより高額で入札し選任すると考えられる。一方，監査人は自らの選任権限を有するこれらの機関の利害およびその背後にある投資者の利害のために，経営者か

▶20 日本証券業協会ウェブサイト参照。

ら独立した態度を保持し，入念に財務諸表等を検証すると期待される。また，検証にかかるコストを監査報酬に反映することによってより高額の報酬を得ることが可能になり得る。
(2) 証券取引所または証券業協会が監査人を選任する場合には，監査人交代にかかる費用を当該機関が直接的に負担しないため，これらの機関が企業から監査報酬をプールして監査人に直接報酬を支払うかどうかにかかわらず，ローボーリングは生じないと考えられる。
(3) 証券取引所または証券業協会が信頼できる情報を投資者に提供するために，曖昧性を嫌って独立性を保持した監査人を選好するなら，その企業に対して投資者は高額の投資を行うと考えられる。これらの機関は企業利益と直接的な利害関係を有しないことから，経営者が市場に投資する金額も大きくなると予想される。

これらのことから，監査人のインセンティブは適切な方向に動機づけられる可能性があるが，実行可能性という見地からは以下の問題点が指摘できる。

3 制度運用上の問題点

これまでみてきたように，理論上は証券取引所または証券業協会が監査契約に介在して，適切に監査人を選任でき，および監査報酬の適正さを担保するシステムを構築できる場合には，監査人の独立性は向上する可能性があると解される。しかし，実行可能性という点から，次のような問題が生起すると考えられる。
(1) 証券取引所または証券業協会が監査人を選任する場合に，①実際に監査を行う監査人をどのように決めるのかという実務上の問題があること，②監査人は企業秘密にアクセスする可能性があり，監査人とクライアントとの間には信頼関係が必要であるが，一方的に選ばれた監査人との間では信頼関係を作り上げるという点で困難があること[21]，および③本来監査人自身が負うべき情報の漏洩に関しての責任を外部者

▶21 森田・太田（1965）40-43頁（会計士協会その他の機関で一括して契約関係を処理する場合の問題点として，弥永（2002）で取り上げられている）。

の責任とすることは好ましくないこと[22]などが指摘できる。
(2) 証券取引所または証券業協会が各クライアントから監査報酬をプールし，これらの機関が直接監査人に対して監査報酬を支払う方式については，監査報酬をどのように決定するのかという問題が生じる。この点については，①クライアントの規模等により外形的に報酬額を決めるものとなりかねず，かえって監査上のリスク等が監査報酬に反映されにくい枠組みとなるのではないかとの懸念[23]，および②監査人の品質が一定でないにもかかわらず，外部の第三者にこのような決定を行わせることは適切ではないという上場企業からの反論が予想されるとの指摘[24]がある。
(3) 監査報酬用にプールした資金で報酬を支払う方式については制度の運用を巡り，システム維持費の上乗せ，監査の形式化や官僚化の弊害，政治化，クライアント側での内部統制の強化などをとおしての監査コスト削減努力の減退などに表される社会的コスト増と，結果としての情報コストの増加というデメリットが深刻な問題となるとの指摘がある[25]。

第5節 おわりに

本章では，監査人の選任方法と報酬支払形態に関して，現状における問題点を明らかにした上で，先行研究の主張に依拠しながら，監査人の独立性を改善し得る新たな形態を模索する目的をもって検討を行った。以上での検討の結果明らかとなったことは次のように整理できる。
(1) 監査契約に第三者を介在させるという先行研究の議論の中で，特にMayhew and Pike の研究の主張の特徴は，監査の直接の受益者である投資者を監査契約に介在させるという点，および監査人の独立性を

▶22 弥永（2002, 369頁）で一般的な外部選任論をとり得ない根拠として指摘がある。
▶23 金融審議会公認会計士制度部会報告（2006）。
▶24 会計制度監視機構（2007）。
▶25 山浦（2006）158頁。この他，日本経済新聞社説（2006年8月19日）にも一部指摘がある。

直接的に分析するという試みに認められる。既述のように，同研究成果に依拠すると，投資者が監査契約に介在した場合に監査人の独立性は改善されると考えられる。
(2) しかしながら，現実の監査実務において投資者が直接的に監査契約に介在することは困難であると考えられる。そこで，Mayhew and Pike の考え方を援用しながら，投資者保護を責務とする自主規制機関が監査契約に介在する場合を想定し検討を行った。検討にあたっては，投資者の代替者として当該機関が適切な性格を有すると認められるものであるのかどうかを考察した上で，監査人のインセンティブの方向性，および制度運用上生起する問題点を示した。
(3) ここで検討した自主規制機関，すなわち証券取引所または証券業協会が監査契約に介在した場合，監査法人制度が有効に機能する環境が整備され，監査人の独立性を改善する可能性はあると解されるが，監査実務への適用上，監査人の選任方法，監査報酬の決定方法，契約当事者間の信頼関係が最も重要な問題として指摘できる。さらに，これらに加えて社会的コストと情報コストの増大という問題がなお課題として残されているといえる。

【参考文献】

Carey, J.L. (1965) *The CPA Plans for the Future*, American Institute of Certified Public Accountants.
Gavalda, Ch. (dir.) (1975) La Commission des opération de bourse et les commissaries aux comptes, *Economica*. (中村真澄訳 (1978)「フランスの証券取引委員会と会計監査役」『証券経済時報』62号).
Goldman, A. and B. Barlev (1974) The Auditor-Firm Conflict of Interests: Its Implications for Independence, *Accounting Review*, Vol.49 No.4, pp.707-718.
IOSCO (2002) Principles of Auditor Independence and the Role of Corporate Governance in Monitoring an Auditor's Independence, Statement of the Technical Committee of IOSCO (http://www.iosco.org/library/).
Krishman, J. and Y. Zhongxia (2005) Why Some Companies Seek Shareholder Ratification on Auditor Selection, *Accounting Horizons*, Vol.19 No.4, pp.237-254.
Lee, T. (1986) *Company Auditing*, Gee and Co.
Lyall, D. and R. Perks (1976) Creating a State Auditing Board?, *Accountancy*, pp.34-37.

Moizer, P. (1997) Independence, in Sherer, M. and S. Turley (eds.), *Current Issues in Auditing*, 3rd ed., Paul Chapman.
Mayhew, B.W. and J.E. Pike (2004) Does Investor Selection of Auditors Enhance Auditor Independence? *Accounting Review*, Vol.79 No.3, pp.797-822.
Sarbanes-Oxley Act of 2002 (http://thecaq.aicpa.org/Resources/Sarbanes+Oxley/Sarbanes-Oxley+?+The+Basics.htm）
Sherer, M. and D. Kent (1983) *Auditing and Accountability*, Pitman.
秋田銀一（1965）「公認会計士の立場について」『JICPA News』第68号，11頁。
朝日新聞（2006）「しがらみ断ち切る制度を」8月10日社説。
今井宏（1954）「株式会社における会計監査担当者の選任とその地位」『民商法雑誌』第28巻第5号，298-308頁。
大阪証券取引所ウェブサイト（http://www.ose.or.jp）。
会計制度監視機構（2007）「独立性の高い監査を実現するために：監査役と監査法人のあり方について」。
金融審議会公認会計士制度部会報告（2006）「公認会計士・監査法人制度の充実・強化について」。
近澤弘治（1967）『改訂・会計士監査の基礎理論：独立性との連関を中心としての研究』森山書店。
ジャスダック証券取引所ウェブサイト（http://www.jasdaq.co.jp）。
高田正淳（1979）『最新監査論』中央経済社。
東京証券取引所（2005）「自主規制業務のあり方に関する特別委員報告」10月25日。
東京証券取引所ウェブサイト（http://www.tse.or.jp）。
鳥羽至英・川北博ほか（2001）『公認会計士の外見的独立性の測定：その理論的枠組みと実証研究』白桃書房。
名古屋証券取引所ウェブサイト（http://www.nse.or.jp）。
日本経済新聞（2006）「企業統治の確立で会計監査の質高めよ」8月19日社説。
日本証券業協会ウェブサイト（http://www.jsda.or.jp）。
本城初治（1965）「特殊法人化賛成論」『JICPA News』第65号，13-15頁。
森田源一郎・太田哲三（1965）「公認会計士監査のあり方」『企業会計』第17巻第8号，36-43頁。
弥永真生（2002）『監査人の外観的独立性』商事法務。
山浦久司（2006）『会計監査論（第4版）』中央経済社。

第9章 監査人の選任・報酬主体としての保険会社の可能性

第1節 はじめに

　財務諸表監査を担当する監査人の独立性に関する論争は，古くて新しい論点であり，今日でもその独立性を強化するための制度的な措置について種々検討されている。最近では，監査役が監査人の選任と報酬決定に主導的役割を果たすべきことが提言されるに至っている[1]。現在のわが国金融商品取引法（以下，金商法）に基づく法定監査が，社会制度として実施されている以上，監査人の公正不偏の態度（実質的独立性）のみならず，独立の立場（外観的独立性）の確保が要求されねばならない。つまり，監査人と投資者との間に個人的繋がりがない環境では，監査を専担する公認会計士や監査法人が監査クライアントから独立しているようにみえることは，会計情報とそれを保証する監査情報の想定利用者である投資者からすると，情報利用のための必須の前提条件として捉えられる。このような独立の外観を確保する1つの方策として，監査人の選解任権と報酬決定権を監査役に付与するという選択肢がとられるのも，現行のわが国の制度的枠組みからすると当然の流れといえる。

　しかしながら，独立の外観を確保するためにどのような措置を講じたとしても，すでに第3部第1章でみたように現行の枠組みを前提とするかぎり，殊に監査報酬の支払いが被監査会社から行われるかぎり，その外観に対する投資者からの疑念を完全には払拭することはできない。この結果，会計スキャンダ

▶1　日本経済新聞社（2007）1頁。

ルが顕在化する度に，独立の外観に対する規制のあり方が争点となってきた。

そこで本章では，既存の制度的枠組みを前提とせず，監査契約を取り巻く利害関係者間の契約変更をも含めた制度的な修正可能性を検討したい。具体的には，まず現行制度における監査契約当事者間に生じ得る利害対立の存在を確認し，次に当該利害対立を解消するために考えられる新たな契約枠組みを検討する。そして最後に当該契約枠組みのもとでの新たな監査制度の可能性を探ることにしたい。

第2節　現行制度における独立性の侵害可能性と監査の機能

1　規制対象としての独立性

金商法第193条の2に基づく財務諸表監査では，歴史的な経緯や適正なディスクロージャーのための監査人と経営者との協力関係醸成の必要性から，監査人の選任について何らの規制も設けられておらず，監査契約は契約自由の原則に基づき監査クライアントと公認会計士ないし監査法人の間で任意に締結される。これに対し，会社法による会計監査人の選任は，現行では監査役（会）の同意の下に取締役会からの株主総会提案と承認によって行われる。故に，別個の法律に基づくとはいえ，両監査人が同一であれば，外形的には取締役の推薦を前提にして株主が選任していることになる。この場合，監査コストの面から監査クライアントが，金商法上の監査人と会社法上の会計監査人を別にするということは考え難いとはいえ，必ずしもその可能性を排除できるものではない以上，金商法においても監査人の独立性を考慮した契約形態を考える必要があろう。

しかしながら，株主総会が無機能化している中においては，取締役の推薦という行為が監査人選任に実質的に重要な役割を果たすことは想像に難くない。つまり監査人は，監査契約締結後に生じ得るかもしれない取締役（経営者）との利害対立の可能性に，不可避的に直面していることになる。ここにおける利害対立とは，監査情報の想定利用者（間接的な依頼人）のために財務諸表上の重要な不実記載を摘発しなければならないという意識と，直接的

な依頼人たる監査クライアントを代表する経営者の意向に沿いたいという意識の対立である。したがって，監査人がその契約（選任）と監査報酬を監査クライアントから得ているという事実がもたらす独立性の外観の侵害と，それによる実質的独立性の侵害可能性は，現行の枠組みを前提にするかぎり排除のしようがない[2]。

　監査契約と契約報酬が監査クライアントから支払われることによって，監査人の独立性の外観が侵害されていたとしても，当該監査契約から得られる便益が，私的にも，また社会的にも相対的に大きいのであれば，監査クライアントからの報酬収受による法定監査の役割は否定されるものではない。

　このように独立性の外観が，監査契約の締結形態と報酬授受の関係から侵害されているという事実は変えようがないが，だからといって，監査契約の締結から監査報告書の提出までの監査業務全体を通じて，監査人が公正不偏の判断を下せない，あるいは下していない，ということにはならない[3]。しかし監査人の置かれている外観的独立性侵害の事実と実質的独立性の侵害可能性の環境から，会計スキャンダルが生じた場合には，常に監査人の独立性に対する規制強化が叫ばれることになるが，いかに独立性規制を強化しようとも，監査人の精神的状態である実質的独立性を規制したことにはならない。それは独立性の外観を規制しただけであり，本来，規制当局が規制対象にしようとした監査人の実質的独立性には，当該規制は及ばないというあたかも隔靴掻痒の事態となる。つまり，会計スキャンダルは，経営者が作成した財務諸表上の不実記載を監査人が意図的に見逃した，すなわち公正不偏の態度を逸脱した，という事実が，事後的に発覚し，かつ監査人の法的責任が法廷等の場で確定されたケースであることから，すべて事後的にしか捕捉し得ない。この結果，実質的独立性に関する公的規制をあらかじめ実施することは不可能であり，独立性規制は常に外観に対する事後的なものとなる。このような関係を示したものが図表9-1である。

▶2　現在の制度的枠組みのもとでも，監査市場が効率的であれば，監査人が自ら進んで独立性を保持しようとするということは論証されている（松本，1989；Watts and Zimmerman, 1981）。
▶3　独立性の外観を侵害するとされる監査報酬に対する非監査報酬の相対的多さが，必ずしも実質的独立性を侵害した監査には繋がっていないことは，松本（2004）を参照されたい。

図表 9-1 独立性規制のあり方

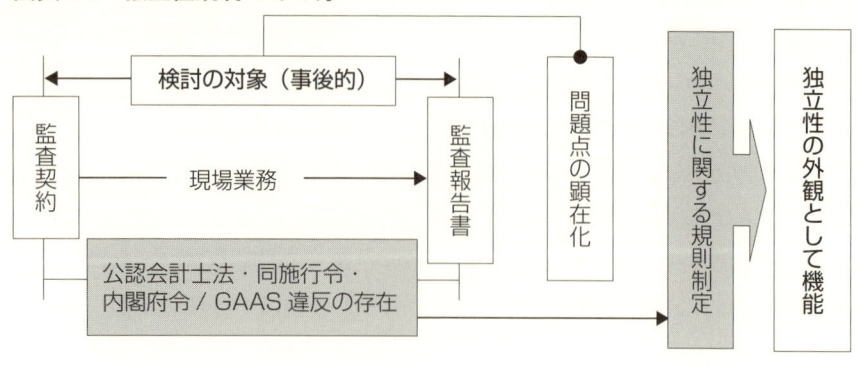

　図表 9-1 からわかるように，規制当局の執行活動は，ある問題点が顕在化した時点から開始され，その検討の対象は該当する監査人の現場業務が公認会計士法や同施行令，内閣府令に違反しているか否か，ならびに一般に公正妥当と認められる監査の基準の趣旨から事実として逸脱しているか否か，となる。この検討の結果，これら独立性に関する規則に違反するとみなせる行為ないし関係が検出された場合には，当該行為や関係に制裁を下した上で，将来にわたって規制するための規則を新たに発出し，それら規則が監査人の新規に遵守すべき独立性の外観として機能してきたといえる。

2　監査の機能

　すでにみたように，独立性の外観が侵害されていることは事実であり，その中で監査に期待されるのは，当該侵害による監査制度の社会的信頼性の低下や利用者の疑念による損失を上回るだけの私的かつ社会的な便益を提供することである。その具体的な発現を監査の経済的機能に求めることができる。

　監査における直接的な機能は，批判機能に基づく専門的判断を，監査プロセス全体をとおして行使しながら，もし財務諸表上の欠陥を発見した場合には，当該欠陥の修正を経営者に対して指導することによって，金商法が意図する適正な財務諸表の公表に貢献する一方，当該指導に経営者が従わない場合には監査報告書上で除外事項として明示し，欠陥のある財務諸表と当該欠陥

を修正するための監査情報が同時に公表されることによって，結果として投資者等の利用者は適正な財務諸表を入手することができる点にある。つまり監査の直接的な機能は，財務諸表の信頼性を保証するとともに，除外事項や説明事項等の追加的な監査情報を提供することによって，財務諸表の利用可能性を向上させるという意思決定有用性ないしは意思決定支援機能にある。

他方，監査の間接的な機能は，財務諸表上の重要な虚偽表示を看過したような監査の失敗が生じた場合に，財務諸表と監査報告書の利用者に対する損害賠償によって損害補填を可能とする，いわゆる保険機能である。この結果，損害を被った投資者等の利用者は，財務諸表を虚偽表示した経営者と，当該虚偽表示を看過した監査人の両者から，自らの損害を回復できる可能性を有することになる（Wallace, 1987）。このような2つの監査の機能を示したものが図表9-2である。

図表9-2からわかるように，投資者の投資リスクの観点から理解すると，もともと監査のない場合に財務諸表上の不実記載に依拠して投資者が損害を被るかもしれない確率，すなわち投資リスク（正常リスク＞正常リターン部分）負担が，監査の導入によって投資者から監査人の側に転嫁される。つ

図表9-2 監査の機能

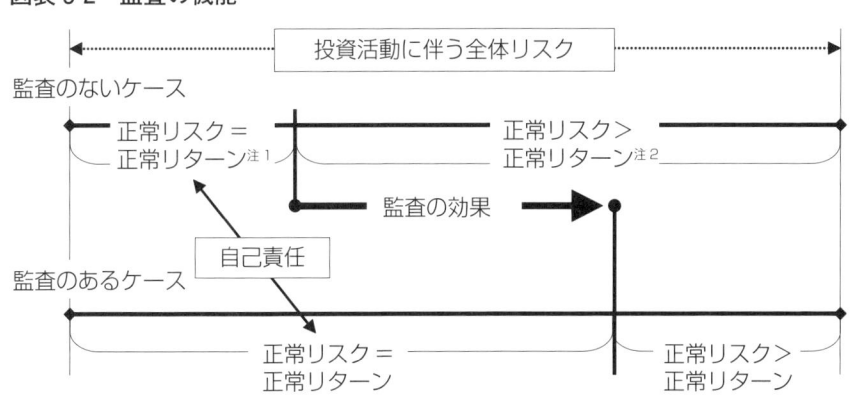

監査のないケース
- 正常リスク＝正常リターン注1
- 正常リスク＞正常リターン注2

監査の効果 → 自己責任

監査のあるケース
- 正常リスク＝正常リターン
- 正常リスク＞正常リターン

投資活動に伴う全体リスク

注1）「正常リスク＝正常リターン」は，正常（合理的）なリスクを負担して正常（合理的）なリターンを与えられる機会を失う確率＝投資者が正しい財務諸表の分析を自ら誤って損失を被る確率
注2）「正常リスク＞正常リターン」は，正常リスクを負担しても正常リターンを与えられない確率＝不実記載を含む財務諸表により投資者が欺かれて損失を被る確率

まり，監査が失敗した場合には，当該監査人に転嫁された部分が，投資者にとって損害回復のための保険として機能することになる。

第3節　保険機能の発現形態

ここで確認された監査の保険機能は，監査が失敗した場合に，損害を被った投資者から損害賠償請求訴訟が提起され，法廷が監査人の責任を認定することによって投資者の損害が補填されると期待するものであり，この場合の保険機能は間接的な監査の効果として捉えられる。

しかし，このような訴訟が比較的安易に提起されやすいという訴訟コストや，独立性に対する事前規制にみられる規制当局による規制コストは，不実な財務諸表を作成した経営者やそれを黙認した監査人によってのみ負担されている訳ではなく，監査を取り巻く利害関係者全体で負担している。つまり，高品質の財務諸表を作成する傾向にある企業は，当該不可避のコスト負担により，結果的に低品質企業を援助していることになるし，また投資者が潜在的に生じ得る不実な財務諸表の結果，本来の価格よりもつり上げられた価格で株式を購入することで，投資者の富を減じることにも繋がる。

1　保険仮説の現実適合性

監査が黙示的保険であるとする見解は，不実表示を含む監査済み財務諸表に依拠することで被った損失を，投資者の監査人から回復する権利に由来している。Menon and Williams（1994）は，このような監査の保険機能の現実適合性をLaventhol and Horwath（以下，L&H）の破産に端を発する株価変化から検証する。具体的には，監査人から潜在的な損失を回復する投資者の権利は，企業の株価を形成する1つの要素であり，当該権利が行使できる可能性の大きさによって株価は変化すると仮説する。つまり，監査人の破産によって当該権利を行使できなくなる可能性が大きくなるほど，株価の低下幅は大きくなると期待される。

1990年11月，全米7位の会計事務所であったL&Hのパートナー達は破

産申請に合意することとなったが,その最大の原因とされたものが監査業務に起因した多額の和解金と当時係争中の訴訟であった。当時のL&HのCEOは,監査の失敗に原因があった訳ではなく,投資者から「資力がある(deep pocket)」と看做されたことにあると評した（Arthur Andersen, et al., 1992）。

監査クライアントの株式の潜在的購入者が,もし投資損失を被った場合で,監査人から当該損失を回復しようとした場合,株価には期待保険担保枠（expected insurance coverage）が反映されている。L&Hの破産後には,投資者は監査人の保険なしに監査クライアントの株式を購入したことになり,それ故に株価は保険担保のないことを反映するように調整されたはずである。したがって,L&Hの監査クライアント全体について,L&Hの破産の告知日前後でその株価にマイナスの影響が観察され,実際に有意な関係が検出された（Menon and Williams, 1994）。この検証結果から,監査人は財務諸表の保証人として投資者に認識されていることが確認され,保険仮説の適合性が証明された。

また監査人の側には自らの生産財である監査報告書にヨリ合理的な値付けをすべきインセンティブが生じる。しかしその一方で,特定の監査クライアントとの契約を監査人が避ける事態や,リスクの高い監査クライアントに対する請求監査報酬額は相対的に大きくなると期待される。

2　財務諸表保険契約

経営者と監査人との間にあるエイジェンシー関係に起因した不合理を解消するためには,現在の監査契約形態が有する経営者対監査人との間のエイジェンシー関係を断ち切り,経営者に代わる監査契約当事者,すなわち投資者の利害と一貫するもの,あるいは監査人の証明業務の究極的な想定受益者,との間に新たなエイジェンシー関係を作り出す必要がある。ここに経営者に代わる契約当事者として保険業者を合理的な候補者とする見解がある（Ronen, 2002）。以下では,この監査の保険機能を直接的なものとするために,保険業者を契約当事者とする考え方について検討を加えることにする。

Ronen（2002）は，監査人の任命と報酬の支払いに代わり，企業は財務諸表における不実表示の結果として生ずる投資者側の損害に対し，補償を提供するための保険を企業が購入するという財務諸表保険を提案している。この保険を契約した企業は，当該保険担保枠とともに支払った保険料を公表する。他方の保険業者は，クライアント企業の財務諸表の正確性を証明する監査人を任命し報酬を支払うことになる。

　つまり，ヨリ大きな保険担保枠とヨリ小さい保険料を公表した企業は，自らをヨリ高い品質の財務諸表を作成する企業として，投資者の目に際立たせることができるのに対して，ヨリ小さい保険担保枠か無保険担保，あるいはヨリ高い保険料を支払っている企業は，ヨリ低い品質の財務諸表を作成する企業として自らを告知することになる。したがって，すべての企業経営者がこのような低い評価を避けようと指向するため，財務諸表の品質が結果として向上すると期待される。

　以上のように，財務諸表保険契約は，既存の経営者対監査人の利害対立を解消するとともに，財務諸表の品質の信頼性に関するシグナリングと，結果として生じる財務諸表の品質改善，投資者の損失削減，さらには社会的にヨリ望ましいプロジェクトへの効率的な資源配分，といった便益をもたらす。

　この財務諸表保険契約について，もう少し具体的に検討を加えたものが，Lee（2002）である。そこでは，当該保険契約が，企業が現在購入している役員賠償保険とほぼ同じ形で保険業者から購入されるものであるが，そこで重要な役割を果たす監査人は，保険業者のために働くのであり，保険業者によって選任されることから，経営者から独立した完全なる外部者としての視点で現在と同一の監査業務を遂行することになる点を指摘する。

　この場合，保険業者は，財務諸表の不実表示や疑わしい会計処理に対処するため，企業側から独立した自らの監査人のリスク評価によって自らを防備した上で，どの程度の大きさの保険担保枠を，どの程度の保険料で提供するかを決定する。リスクの高い企業は，リスクの低い企業よりもヨリ高い保険料を支払わねばならず，他の条件が同じであれば，保険業者はリスクの高い企業が欲する程度の保険担保枠を提供することを辞退することすらあり得る。

保険業者は酷い監査に起因するリスクを負担することになるため，交渉力のある監査人を雇うことによって，当該リスクを低減させるインセンティブを有する。つまり保険業者は，財務諸表の不実表示によって被るかもしれない保険金支払いのリスクを最小化することを欲している。これに対して監査人の側は，もし自らが企業の財務諸表のリスク評価を誤り，保険業者のリスクを最小化できなかった場合，当該企業の財務諸表監査に係わる保険業者との契約を失うだけでなく，当該保険業者が割り当てた他のすべての企業に対する監査契約をも失うことになる。

　要するに，財務諸表保険契約は，保険業者と監査人の両者に損害賠償請求によるコストを減少させるためのあらゆるインセンティブを与えることとなり，監査人の利害を保険業者の利害と連携させることになる。また同時に，監査人側の不実表示を黙認することのインセンティブを減じることによって，当該保険契約は投資者の損失のリスクをも最小化することができる。以上のような契約関係を表したものが図表9-3である。

図表9-3　財務諸表保険契約における当事者関係

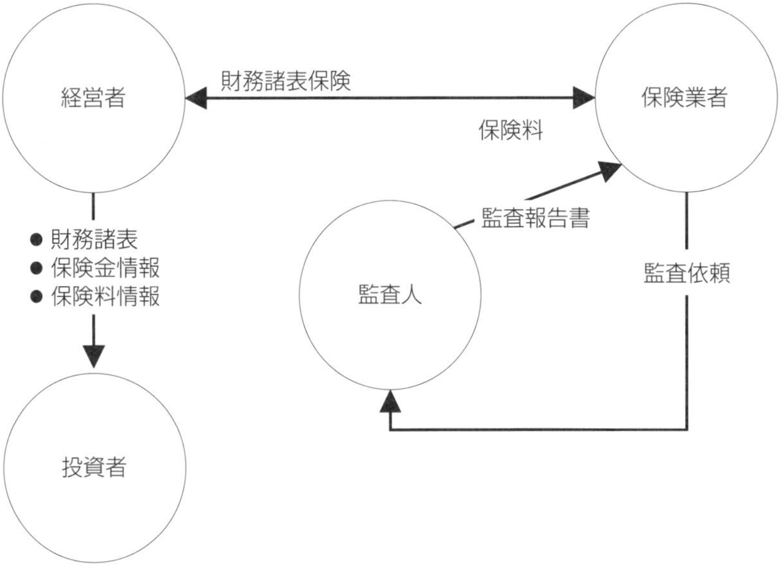

もう1つの重要な側面は，企業ないし保険業者によって保険担保枠（保険金）と保険料の大きさの両方が開示されることによって，投資者は高い保険料による小さい保険担保枠しかもたない企業に関する警報を受け取ることができる。したがって，投資者は，特定の企業に対する投資リスクと損害回復の確率について，ヨリ有用な情報を入手した上でそれらを測定することができると考えられる。

　この保険担保枠と保険料の開示は，ある特定の企業の保険担保枠の大きさと保険料の金額の比較を可能とすることで，株価形成に非常に多くの市場規律を持ち込むことになる。つまり投資者は，ヨリ大きな不実表示のリスクのある企業の株式の購入を避けるようになり，ヨリ小さいリスクの株式購入を欲するようになる。この結果，投資者の需要は，当該リスクの差を反映した株価に収斂する。

　リスクの高い企業は，ヨリ低い株価によって市場から罰せられることになると同時に，ヨリ高い資本コストを要求される。逆に投資に値しない企業に資本が流入することを排し，真に資金を必要とする投資に値する企業に資本を集中させることで，ヨリ大きな経済効率を達成できる。

　経営者の側からすると，この市場規律の存在により，企業のヨリ高い株価とヨリ低い資本コストを獲得したいため，自らの財務諸表の品質を改善する方向により大きなインセンティブを有することになる。また損害を被った投資者の側でも，保険業者に不実表示に起因した損害額の補償を請求するだけでよいため，面倒な集団訴訟手続やコストのかかる書類開示手続を省略することができる。

　さらに，これらの財務諸表保険契約がもたらす便益は，規制当局による関与を待つことなく享受できるという点で，面倒な法案作成・提出やロビー活動なども必要としない。加えて，第1節で論じたように，現行制度の枠組みの中で，規制当局が独立性の外観に対する規制を強化することによって，監査業務全般にわたる監査人の公正不偏性を間接的に確保しようとしているのに対して，もし財務諸表保険契約が導入された場合には，監査人は保険業者と，その背後にいる投資者の利害を代表し，経営者に対する独立性を自ら進

んで保持することが期待できる。つまり監査人は，自らの業務報酬を継続的に維持し，それを拡大するためには，不可避的に経営者に対する独立性を保持しなければならないのである。

第4節 おわりに

本章では，もともと現行監査制度の枠組みのもとでは，第1章で指摘されたように独立性の外観が侵害されているとの理解を前提に，現行枠組みの中での規制当局の独立性規制を確認した後，外観的独立性の侵害による社会的損失よりも大きな便益としての監査の保険機能を検討した上で，制度枠組み自体の変革の可能性を検討した。検討した内容を要約すると以下のようになろう。

(1) 現行制度のもとでの監査契約の締結と監査報酬の支払いが，監査クライアントの経営者主導のもとに行われている以上，外形的に独立性が侵害されていると理解することは合理的である。とはいえ，だからといって監査人の精神的状態である実質的独立性までもが侵害されているとの理解には直結しない。故に，規制当局は，監査の失敗が顕在化する度に，実質的独立性が侵害されたものと理解し，当該侵害を招いた特別の関係や情況を独立性規制として絶え間なく導入し続けなければならないことになる。

(2) 独立性の外観が侵害されているとしても，監査を導入することによって監査を取り巻く利害関係者が得る便益が大きければ，監査を制度化する必要性が生じる。具体的には，監査を投資者にとっての保険とみなす保険仮説では，監査の失敗が生じ，それを原因として投資者が損失を被った場合に，監査人が当該損失の潜在的な補償者として機能することは，資本市場の流動性と安全性にとって肝要であった。

(3) 監査の機能として期待される保険機能を突き詰めると，企業と保険業者による財務諸表保険契約の合理性が明らかとなる。当該契約は，財務諸表に加えて保険担保枠と保険料を企業に開示させることによっ

て，企業経営者に自発的に正確な財務諸表を作成・公表させるインセンティブを与えるとともに，投資者には煩雑な訴訟手続を経ることなく保険金請求という比較的簡便な方法によって自らの損害回復を図る権利を与えることになる。さらに監査人は，企業のリスク評価目的で保険業者と監査契約を締結することから，保険業者とその背後にいる投資者のために経営者から独立して監査することが期待できる。

以上のように，現行のディスクロージャー制度に保険業者というリスク負担者を導入することによって，経営者，投資者，および監査人という財務諸表監査に係わる当事者達は，自ら進んで自律措置を講じると想定でき，公的な規制によらずとも市場規律に基づいて財務諸表を中心としたディスクロージャー制度の有効化と効率化を図ることができると考えられる。

【参考文献】

Arthur Andersen & Co., Coopers & Lybrand, Deloitte & Touche, Ernst & Young, KPMG Peat Marwick and Price Waterhouse (1992) The Liability Crisis in the United States: Impact on the Accounting Profession, *Journal of Accountancy*, Vol.174 No.5, pp.19-23.

Lee, S. (2002) Commentary: A Market Remedy for Our Nasty Accounting Virus, *The Wall Street Journal*.

Menon, K. and D.D. Williams (1994) The Insurance Hypothesis and Market Prices, *The Accounting Review*, Vol.69 No.2, pp.327-342.

Ronen, J. (2002) Editorial: Policy Reforms in the Aftermath of Accounting Scandals, *Journal of Accounting and Public Policy*, No.21, pp.281-286.

Schwartz, K. and K. Menon (1985) Auditor Switches by Failing Firms, *The Accounting Review*, Vol.60 No.4, pp.248-261.

Wallace, W. (1987) The Economic Role of the Audit in Free and Regulated Markets: A Review, *Research in Accounting Regulation*, No.1, pp.7-34.

Watts, R.L. and J.L. Zimmerman (1981) The Markets for Independence and Independent Auditors, *Working Paper Series* No.GPB 80-10 (New York: Univ. of Rochester)（千代田邦夫ほか訳（1991）『ウォーレスの監査論』同文舘出版）.

日本経済新聞（2007）「監査法人　監査役に選任権」7月21日。

松本祥尚（1989）「効率的監査市場と監査人の独立性：ワッツ＝ジムマーマンの仮説を中心に」『産業経理』第49巻第2号，86-95頁。

松本祥尚（2004）「独立性規制における規則主義アプローチ」『會計』第166巻第4号，57-70頁。

第10章 監査報酬と独立性に関する分析
－ゴーイング・コンサーン開示の観点から－

第1節 はじめに

　これまで，監査人に支払われる報酬とゴーイング・コンサーン（以下，GCという）の開示の関連性については，監査人の独立性に及ぼす影響の観点から，さまざまな報酬変数（報酬水準・異常報酬・会計事務所における報酬割合など）を用いた分析が行われてきた。特に，エンロン事件以降，非監査報酬の多寡が監査人の独立性に及ぼす影響に関する実証研究が進展し，米国・英国・オーストラリアといった報酬が一般に開示されている各国において，非監査報酬変数とGC開示（およびその他の監査の品質に関する指標）の関連性が検証されてきた(Schneider et al., 2006；髙田, 2009)。しかし現在，米国や日本では，非監査業務と監査業務の同時提供を制限する厳格な規制が導入されており，非監査報酬とGC開示の関連性についての分析は，その重要性が薄らぎつつある。

　翻って，監査人に支払われる報酬が監査人の独立性に影響を及ぼすか否かの議論は，何も非監査報酬に限定した議論ではない。そもそも，監査人がクライアントから継続的に受け取る報酬は，多くの場合監査業務に対する対価たる監査報酬のはずである。そのため，非監査業務と監査業務の同時提供が各国で制限されている現代においても，監査報酬とGC開示の関連性，つまり監査報酬と監査人の独立性の関係は，検証に値する論点であるといえるであろう。

　報酬が監査人の独立性に及ぼす影響に関する議論は古くから存在し

(Mautz and Sharaf, 1961)。その議論の背景には、企業（経営者）と監査人の間における直接的な金銭の授受関係がある。このような関係は、少なくとも監査人の外観的独立性に負の影響を与え得るし、金額の多寡は監査人の実質的独立性にも影響を及ぼす可能性がある。また、単純に報酬の総額が監査人の独立性に影響を及ぼすというより、むしろ報酬に占める準レント（quasi-rent）の大きさこそが独立性に影響を及ぼすという議論や、担当するクライアントから受け取る準レント総額に対する特定クライアントの準レントの大きさが独立性に影響を及ぼすという議論も存在する（DeAngelo, 1981a; 1981b）。このように、監査報酬が監査人の独立性に及ぼす影響といっても、さまざまな視点からの議論が可能である。そのため、先行研究における実証分析においても、さまざまな報酬変数を用いた分析が展開されてきたのである。

　一連の先行研究がある中で、本研究が特に注目するのは、監査報酬とGC開示の関連性における日本企業の分析、ならびに米国企業との国際比較分析である。監査分野においてアーカイバル・データを用いた日本企業の実証分析は研究の蓄積が浅く、同様の米国企業の分析と比較可能な証拠がほとんど揃っていない。そのため、本研究における第1の目的は、日本企業について、監査報酬とGC開示の関連性について新たな実証結果を提示することにある。また、本書においてこれまで議論されてきたように、会計事務所の組織形態や品質管理方法は、各国や法人間でさまざまに異なっている。制度的、歴史的背景が異なる以上、各国市場を個別に分析することは重要であろう。しかし、近年は監査の品質に関する国際比較分析も進んでおり（例えば、Francis and Wang, 2008)、各国市場におけるさまざまな違いが監査の品質にどのような影響を及ぼすか、という問題は現代的なトピックスとして重要性を増しつつある。この重要性に鑑み、本研究は第2の目的として、監査報酬とGC開示の関連性について、日米の比較分析を実施するものである。

監査報酬と独立性に関する分析－ゴーイング・コンサーン開示の観点から－ 第10章

第2節 先行研究と分析の背景

　本節では，先行研究をレビューし，分析の背景を提示する。以下では，まず非監査報酬と監査報酬に分けて，各報酬がGCの開示とどのような関連性を有しているか，について先行研究で得られた実証結果をレビューする。続いて，監査報酬とGC開示の関係を日本企業について詳細に分析することの意義，ならびに同研究課題を日米比較という観点で分析することの重要性について議論する。

　非監査報酬とGC開示の関連性については，各国でさまざまな研究成果が報告されている。例えば，DeFond et al.（2002），Geiger and Rama（2003），およびLi（2009）などでは統計的に有意な関係を発見していないのに対し，Sharma and Sidhu（2001）やBasioudis et al.（2008）では，両者に有意な負の関係を観察している。前者の結果は，非監査報酬が監査人の独立性に影響を及ぼさないことを示しているのに対し，後者の結果は，非監査報酬が監査人の独立性を損なうことを示唆している。いずれにしても，先行研究の結果は首尾一貫しておらず，少なくとも監査人の独立性（監査の品質）をGCの開示によって代理した一連の研究から，断定的な結論を述べることは困難である。

　非監査報酬との関係とあわせて，先行研究では監査報酬とGC開示の関連性についての検証も展開されてきた。そして，Geiger and Rama（2003），Basioudis et al.（2008），およびLi（2009）は監査報酬とGCの開示に有意な正の関係があることを発見したのである[1]。また，日本企業についても，髙田（2010）が同様の傾向を発見している。比較的多くの研究が，監査報酬とGCの開示について正の有意な関係を発見しているということは，少なくと

▶1　Reynolds and Francis（2000）は，分析当時監査報酬が入手可能でなかったために，クライアントの売上高によってクライアント（から受け取る報酬）の重要性を定量化し，これらの研究と同様に，クライアントの重要性とGCの開示に正の有意な関係があることを明らかにしている。ただし，監査報酬を用いた分析であっても，正で有意な関係を発見していない先行研究も存在する（例えば，DeFond et al., 2002および林, 2011）。

217

も多額の監査報酬が監査人の独立性を損なうという考え方とは一致しない。報酬が多い場合にGCの開示が控えられるという負の関係こそが，監査人の独立性を損なう証拠と考えられるからである。

このような正の関係が観察される理由についての解釈は少なくとも次の2通り存在する。まず，監査報酬は監査人の努力と関係しているため，より努力して高品質な監査が実施されている場合に，（他の条件が一定であれば）GCが開示されやすいという解釈がある。あるいは，GCの開示が必要な企業に対しては追加的な監査手続等が必要となるために，必然的に報酬が上昇するという事実が監査報酬とGCの開示に関する正の関係をもたらしているという考え方もある。しかし，いずれがより現実を捉えているかを解明するための適切なリサーチ・デザインはいまだ解明されておらず，これまでのところ，監査報酬とGC開示には正の有意な関係が観察されるという発見のみに留まっている。

これら代表的な先行研究を概観すると，日本企業については，総合的に解釈できるほどの証拠が蓄積されていないことがわかる。この問題を解決するために，本研究はまず日本企業に関する詳細な分析を実施する。次に，本章では日米の比較分析という観点からも検証を行う。各国の監査環境や平均的な報酬水準には乖離があるにもかかわらず，上記で概観した先行研究によれば，複数の国において，監査報酬とGCの開示には正で有意な関係が観察されている[2]。本研究では，この一種，普遍的とも思われる関係に注目する。つまり，このような監査報酬とGC開示における正の関係が日米企業について普遍的に観察されるものであるのか否かを検証するのである。

米国企業については，先行研究において一定の証拠が蓄積されているため，本研究での分析は重要性が乏しいと思われるかもしれない。しかし，先行研究にはさまざまな分析上の相違点が存在しており，これらの条件を統一した場合に日米企業で整合した結果が得られるか否かは実証的課題である。例えば，報酬変数をみると，Li（2009）は地方事務所の，林（2011）では監査事

▶2 例えば，日本とアメリカでは報酬水準が大きく異なる（監査人・監査報酬問題研究会，2012）。

務所全体の収入に対する当該クライアントの監査報酬割合を用いているのに対し，Geiger and Rama（2003）と髙田（2010）は監査報酬の自然対数を利用している。ほかにも，コントロール変数やサンプル抽出方法，分析期間について各研究にはさまざまな相違点がある。これらの相違を最小限に抑え，日米両国について同様の分析手法を適用することによって，監査報酬とGC開示における正の関係が真に普遍的な現象であるか否かを解明することは重要であると思われる。

また，中でも日本企業との比較対象として米国企業を取り上げる理由としては，次の2点があげられる。第1に，両国が国際的にも重要性の高い大規模な市場を有していること，そして第2に，両国における報酬水準の明らかな違いが先行研究によって指摘されていることである。本分析は，さまざまな環境的・制度的要因等が異なる日米間において，報酬とGC開示の関連性に普遍的な関係が観察されるか否かを検証するという，これまでの研究にはない視点での研究課題を解明するものである。

第3節 分析モデル

本研究では，日本企業の分析をベースに，日米企業の比較分析を行う。そのため，分析モデルでは利用可能なデータベースから取得できる各国共通の変数を用いる必要がある。そのような制約のもとで，本研究では以下の分析モデル（ロジスティック回帰）を設定した[3]。

$$GC_t = \alpha + \beta_1 LnTA_t + \beta_2 LEV_t + \beta_3 LOSS_{t-1} + \beta_4 RETAIN_t + \beta_5 CR_t + \beta_6 CFO_t + \beta_7 DIST_t + \beta_8 FIN_{t+1} + \beta_9 BIG_t + \beta_{10} AFR_t + \beta_{11} AF_t + \varepsilon$$

各変数の定義は，図表10-1のとおりである。基本的には，日米企業で変数の定義を共通にしているが，*DIST*と*FIN*については変数の意味内容は共通であるものの，定義が異なる。*DIST*は倒産確率スコアであるが，日

▶3 プロビットモデルでも推定を行ったが，結果に大差は無かった。

図表 10-1　変数の定義

GC	GC の開示が初めてであれば1，それ以外はゼロとするダミー変数
LnTA	期末総資産の自然対数
LEV	期末総負債／期末総資産
LOSS	前年に当期純損失を報告していれば1，それ以外はゼロとするダミー変数
RETAIN	期末留保利益（日本企業については利益剰余金）／期末総資産
CR	期末流動資産／期末流動負債
CFO	営業キャッシュフロー／期末総資産
DIST	倒産スコア（日本企業については Muramiya and Takada (2010)，米国企業については Hopwood et al. (1994) に基づく）
FIN	負債による資金調達（日本企業については長期借入金，米国企業については長期社債）を次期に行っていれば1，それ以外はゼロとするダミー変数
BIG	大手会計事務所のクライアントであれば1，それ以外はゼロとするダミー変数
AFR	監査報酬／当該年度における会計事務所の監査報酬総収入
AF	監査報酬の自然対数

米企業で共通の定量化方法は存在しない。そのため，日本企業については Muramiya and Takada（2010）に基づき，米国企業については Hopwood et al.（1994）に基づいて算定した。一方，FIN は次年度における資金調達計画をコントロールするための変数であるが，両国企業の資金調達源には違いがあるため，その違いを考慮した。木村ほか（2007）が示すように，日本企業にとっての重要な資金源は，歴史的に銀行からの借入れであった。バブル崩壊以後の金融市場の自由化政策やグローバル化により，いわゆるメイン・バンク制などはかつてほどの存在感がないものの，今もなお日本企業による銀行借入の依存度合いは米国よりも顕著に高い。また，倒産企業に対する銀行の貸付け行動には特徴があり，倒産が近づくと長期の貸付け（長期借入金）を控えるという傾向にあるという（木村ほか，2007）。そのため，困窮状態にある日本企業にとって，長期の借入れが行えるか否かは，当該企業の継続性を左右する重要な指標であると考えられる。そこで，GC の開示に影響を

及ぼす要因として，次期に長期借入金による資金調達を行っているか否かの変数（FIN）を独立変数として設定した。しかし，このような関係は日本企業について観察されるものであり，銀行からの借入が重要でない米国企業には適用できない。そこで，米国企業に関する分析モデルでは，負債による資金調達という意味で共通性のある長期社債の発行の有無を FIN として用いることにした。

　検証変数は，監査報酬にかかわる AFR と AF である。先行研究では，会計事務所（あるいは地方事務所）の全収入に占める特定クライアントから受け取る監査報酬の割合（AFR）または監査報酬の自然対数（AF）が監査報酬と GC 開示の関係を検証する上で一般に用いられてきた変数である。米国企業について前者の指標を用いたのは Li（2009）であるが，彼が分析で実際に利用したのは会計事務所全体レベルで算定したものではなく，地方事務所レベルで算定した割合であった。米国は広大であり地方事務所も特定可能な形でデータベースが構築されているが，日本企業については監査人データを地方事務所レベルまで特定することはできない。そのようなデータの制約もあり，本研究では地方事務所レベルではなく，会計事務所全体レベルで AFR を特定している。上記のモデルは，いずれかの報酬変数のみを含めた場合と，両方を含めた場合の合計 3 通りに推定する。報酬に関する 2 つの変数を両方とも分析モデルに含めるのは，各々では有意な関係が観察されたとしても，互いをコントロールすることによってその関係が変化するか否かを検証するためである。先行研究の結果に基づけば，報酬変数について推定される係数は，ともに正となることが予想される。

第 4 節　サンプルと基本統計量

　米国企業は 12 月決算企業が大半であるのに対し，日本企業の決算期末は 3 月に集中する。このように，日米企業では決算期末の集中する月が大きく異なる。そのため，米国企業については暦年と一致させ，2004 年 1 月から 2008 年 12 月までの計 5 年間に決算期末を迎える企業を分析対象とした。一

方，日本企業については 2004 年 3 月から 2009 年 2 月までの 5 年を分析対象とした。このような分析対象年とした理由は，(1) 日本企業について 2004 年 3 月以降しか報酬データが入手できないこと，(2) 米国企業の財務データは 2009 年 2 月 28 日時点までのものしか入手できなかったためである[4]。

日本企業については，GC 情報を含む財務データと監査報酬データをそれぞれ，「日経 NEEDS *Financial Quest*」および「日経企業基本ファイル II」から入手した。米国企業については，財務データを「*Compustat North American Data*」，監査報酬と GC のデータを「*Audit Analytics*」から入手した。先行研究と同様，分析対象企業は金融業以外とし，米国企業の場合は SIC コードが 6000-6999 のものを除き，日本企業については日経データベースにおいて一般事業会社のカテゴリーに含まれる企業を分析対象としている。さらに，共同監査であることがデータベースから明らかな場合については，これらの企業も分析対象から外している[5]。

AFR の算定にあたっては，極端にクライアント数の少ない会計事務所が分析対象になると，当該値が大きくなりすぎるという問題がある。この問題を回避するため，*AFR* を用いた分析では，大手 4 大会計事務所（日本の場合はあらた監査法人も含む）に加えて，中規模の会計事務所（日本：太陽 ASG・東陽・三優・優成・清和・澤村会計士事務所；米国：Grant Thornton・BDO Seidman・Crowe Chizek・McGladrey&Pullen）のクライアントのみを分析対象とする[6]。また，*AFR* の算定では会計事務所ごとの総

▶4　ただし，アメリカ企業の財務データが 2009 年の 2 月時点までしか入手できないことにより，2008 年 12 月を決算期末とする多くの企業については，分析サンプルから除外されていることには注意が必要である。

▶5　このような処理を行った理由は次による。すなわち，アメリカ企業のデータベースでは 1 社×年に対して担当会計事務所および報酬データがそれぞれ 1 つずつ示されている。そのため，共同監査であるか否かは特定できないが報酬データと監査人データは 1 対 1 で対応する。その一方，日本企業のデータベースでは共同監査の場合に 2 つ以上の会計事務所データが入力されている反面，報酬データは 1 社×年に対して 1 つの値が入力されている。そのため，日本企業について監査人データと報酬データを結合する際，2 つ以上の会計事務所に 1 つの報酬データを照らし合わせるという不整合が生じる。この問題を回避するため，1 社×年に対して 2 つ以上の会計事務所名が記載されている場合には，それを共同監査とみなし，分析対象から除外した。

▶6　分析対象となる中規模の会計事務所は，まず Hogan and Martin（2009）の Second-tier audit firm に一致している米国の中規模会計事務所を選択し，各会計事務所と提携関係にある日本の会計事務所を，それらに対応する日本の中規模事務所として特定した。また，提携先の情報が入手可能

収入が必要である。これについては，報酬データが入手可能なすべての企業のデータをもとに，年ごとに監査業務にかかわる報酬を算定し，それを用いた。

上記のような全体サンプルの分析に加え，本研究では，大手会計事務所に絞った分析も行う。大手と中規模の会計事務所では担当するクライアント数や受け取る報酬額には差がある[7]ため，その影響を考慮することを目的とした分析である。具体的には，上記モデルの BIG が 1 をとるサンプルのみを分析対象とし，前掲の回帰モデルから BIG 変数を除いて再度推定する。

GC の開示についての分析では，財務困窮企業のみを分析サンプルとして抽出するのが一般的であるため，先行研究に基づき，次に示す 4 つの条件のうち 1 つでも満たす場合，その企業を分析対象とした。すなわち，(1) 当期純損失を報告している，(2) 営業キャッシュフローがマイナスである，(3) 留保利益（利益剰余金）がマイナスである，(4) 運転資本（流動資産－流動負債）がマイナスである，の 4 つである[8]。また，GC の開示については，初めての開示が最も重要な意思決定となる。そのため，GC の開示が初めてである企業のみを分析に用いる GC 企業として定義し，当該企業に関しては上記 4 つの基準に該当しなくとも分析対象とする[9]。一方，過去に 1 回以上 GC を開示している企業については，初めて開示する企業および開示のない企業との比較が困難であるため，分析対象から除外している。

上記の要件を満たすサンプルは，日本企業については 4,909 企業×年，米国企業については 7,536 企業×年であった。異常値が及ぼす影響を取り除く

である場合は，分析対象期間を通じて提携関係にあるか否かを確認しているが，詳細が判明しない場合は，2011 年 7 月時点における情報に基づいて提携先を特定している。また，分析期間における会計事務所の合併等については，特定可能な範囲で遡って識別しサンプルに含めている。

▶7　大手会計事務所の報酬が他の事務所よりも平均的に多いことは，先行研究によって明らかにされている（例えば，Simunic, 1980; 監査法人・監査報酬問題研究会，2009）。

▶8　サンプルの抽出においては財務困窮企業という制約を課すが，AFR については，財務困窮企業以外も含め，入手可能なデータが揃うすべての企業を対象に算定している。また，AFR の算定においては，本研究において分析対象外とする金融業のサンプルも含めている。

▶9　日本で GC が開示され始めるのは 2003 年 3 月期からであるため，GC の開示が初めてであるか否かは 2003 年 3 月からの開示状況と照らし合わせて特定する。一方，アメリカ企業についてはそれ以前から GC が開示されているが，日本企業に関する分析との比較可能性を考慮し，アメリカ企業についても 2003 年以降の開示状況と照らし合わせて GC 企業を特定している。

ため，各連続変数については年ごとに5（95）パーセンタイルを下回る（上回る）値を5（95）パーセンタイルの数値に置換している。

第5節　分析結果

1　基本統計量

図表10-2は日本企業と米国企業のそれぞれに関する基本統計量である。表から，両国とも全体サンプルのおよそ3％程度がGC開示企業であることがわかる。基本統計量全体をみると，AFRの水準がきわめて低いことが特徴的であるが，これは本研究の分析において，中規模以上の会計事務所のクライアントにサンプルを絞っていることに起因していると思われる。

図表10-2　基本統計量

パネルA：日本企業

	GC	LnTA	LEV	LOSS	RETAIN	CR	CFO	DIST	FIN	BIG	AFR	AF
Mean	0.03	24.41	0.64	0.22	0.10	1.66	0.01	0.53	0.66	0.95	0.00	16.87
Median	0.00	24.21	0.67	0.00	0.10	1.02	0.02	0.55	1.00	1.00	0.00	16.76
Std	0.17	1.64	0.20	0.42	0.23	11.51	0.10	0.32	0.47	0.22	0.01	0.55
P25	0.00	23.34	0.53	0.00	0.02	0.80	-0.02	0.34	0.00	1.00	0.00	16.52
P75	0.00	25.28	0.78	0.00	0.21	1.58	0.06	0.69	1.00	1.00	0.00	17.15

パネルB：米国企業

	GC	LnTA	LEV	LOSS	RETAIN	CR	CFO	DIST	FIN	BIG	AFR	AF
Mean	0.03	19.65	0.60	0.47	-1.22	3.07	-0.01	0.37	0.54	0.83	0.00	27.46
Median	0.00	19.47	0.55	0.00	-0.23	1.77	0.04	0.23	1.00	1.00	0.00	27.42
Std	0.16	2.08	0.54	0.50	3.53	20.63	0.32	0.36	0.50	0.38	0.00	1.20
P25	0.00	18.13	0.33	0.00	-1.16	1.01	-0.04	0.04	0.00	1.00	0.00	26.64
P75	0.00	20.94	0.75	1.00	0.03	3.14	0.10	0.66	1.00	1.00	0.00	28.22

注）各変数の定義は図表10-1を参照。統計量は異常値処理前の値である。

2　回帰結果

図表10-3と図表10-4のパネルAに日本企業に関する分析モデルの推定結果を提示している。図表10-3に全体サンプルの結果，図表10-4に大手会計事務所に絞った場合の結果を提示している。それぞれ左から（1）AFRのみを含めたモデル，（2）AFのみを含めたモデル，そして（3）AFRとAFの

両方を含めたモデルの結果である。

　図表 10-3 と図表 10-4 によれば，AF は AFR をコントロールするか否かにかかわらず，正で有意（1% 水準）な値を示している。もう一方の検証変数である AFR について表を確認すると，有意な正の値となるのは，図表 10-4 の大手会計事務所のサンプルに絞った場合のみである。この場合でも，AF をコントロールしたモデルでは，AFR は有意ではない負の値となっている。したがって，AF こそが GC の開示と有意な正の関係を有するものであると考えられる。また，コントロール変数について結果をみると，有意なものは

図表 10-3　推定結果

		パネル A：日本企業			パネル B：米国企業		
Constant		−4.450**	−14.930***	−16.060***	−0.245	−6.585***	−6.156**
(z 値)		(−2.31)	(−4.97)	(−5.31)	(−0.18)	(−2.64)	(−2.42)
LnTA	(−)	−0.050	−0.373***	−0.380***	−0.256***	−0.454***	−0.452***
(z 値)		(−0.61)	(−3.13)	(−3.21)	(−3.54)	(−5.15)	(−5.11)
LEV	(+)	1.648**	1.928**	1.914**	0.606*	0.677**	0.684**
(z 値)		(1.97)	(2.20)	(2.18)	(1.96)	(2.19)	(2.21)
LOSS	(+)	0.413*	0.446**	0.437**	0.014	−0.053	−0.053
(z 値)		(1.87)	(2.01)	(1.97)	(0.07)	(−0.25)	(−0.25)
RETAIN	(−)	−9.044***	−7.896***	−7.977***	0.022	0.040	0.040
(z 値)		(−8.86)	(−7.59)	(−7.66)	(0.35)	(0.66)	(0.65)
CR	(−)	0.196	0.389	0.382	−0.450***	−0.428***	−0.428***
(z 値)		(0.78)	(1.50)	(1.46)	(−5.75)	(−5.46)	(−5.45)
CFO	(−)	−8.390***	−8.623***	−8.603***	−3.257***	−3.161***	−3.157***
(z 値)		(−6.29)	(−6.18)	(−6.14)	(−5.45)	(−5.29)	(−5.28)
DIST	(+)	2.583***	3.166***	3.178***	2.599***	2.583***	2.584***
(z 値)		(3.58)	(4.23)	(4.24)	(6.20)	(6.34)	(6.33)
FIN	(−)	−1.173***	−1.101***	−1.098***	−0.014	−0.022	−0.023
(z 値)		(−5.34)	(−4.96)	(−4.97)	(−0.08)	(−0.13)	(−0.14)
BIG	(−)	−0.411	−0.318	−0.850	0.291	0.082	0.142
(z 値)		(−0.90)	(−0.75)	(−1.50)	(1.39)	(0.40)	(0.64)
AFR	(+)	−2.257		−17.840	194.000***		83.370
(z 値)		(−0.32)		(−1.27)	(2.91)		(0.93)
AF	(+)		1.025***	1.136***		0.378***	0.358***
(z 値)			(4.23)	(4.57)		(3.40)	(3.14)
Observations		4909	4909	4909	7536	7536	7536
Pseudo R^2		0.3462	0.3616	0.3635	0.2742	0.2791	0.2793

注）各変数の定義は図表 10-1 を参照。右肩のアスタリスクは有意水準を示しており，*，**，*** がそれぞれ 10％，5％，1％の有意水準（両側検定）である。

第3部　独立性の確保と監査制度改革

図表10-4　大手会計事務所のみの推定結果

		パネルA：日本企業			パネルB：米国企業		
Constant		−4.534**	−17.890***	−19.340***	0.736	−6.594**	−3.924
(z値)		(−2.26)	(−6.11)	(−4.88)	(0.43)	(−2.21)	(−1.20)
LnTA	(−)	−0.074	−0.478***	−0.478***	−0.305***	−0.426***	−0.429***
(z値)		(−0.88)	(−3.86)	(−3.88)	(−3.63)	(−4.51)	(−4.50)
LEV	(+)	1.769**	1.991**	1.990**	0.647*	0.688**	0.682*
(z値)		(2.00)	(2.09)	(2.09)	(1.85)	(1.97)	(1.94)
LOSS	(+)	0.388*	0.425*	0.428*	0.002	−0.057	−0.050
(z値)		(1.70)	(1.85)	(1.87)	(0.01)	(−0.24)	(−0.21)
RETAIN	(−)	−9.058***	−7.849***	−7.883***	0.052	0.056	0.062
(z値)		(−8.56)	(−7.19)	(−7.21)	(0.70)	(0.75)	(0.83)
CR	(−)	0.250	0.450	0.458	−0.407***	−0.393***	−0.392***
(z値)		(0.92)	(1.56)	(1.58)	(−5.02)	(−4.83)	(−4.84)
CFO	(−)	−7.882***	−8.125***	−8.144***	−3.511***	−3.498***	−3.459***
(z値)		(−5.61)	(−5.50)	(−5.50)	(−5.15)	(−5.11)	(−5.05)
DIST	(+)	2.677***	3.418***	3.443***	2.705***	2.661***	2.682***
(z値)		(3.63)	(4.43)	(4.47)	(5.67)	(5.76)	(5.75)
FIN	(−)	−1.099***	−1.002***	−0.987***	−0.056	−0.059	−0.061
(z値)		(−4.79)	(−4.40)	(−4.32)	(−0.30)	(−0.31)	(−0.33)
AFR	(+)	23.160***		−43.000	982.300***		673.900**
(z値)		(3.02)		(−0.68)	(4.67)		(2.34)
AF	(+)		1.311***	1.399***		0.357***	0.259*
(z値)			(5.37)	(4.77)		(2.86)	(1.94)
Observations		4647	4647	4647	6259	6259	6259
Pseudo R^2		0.340	0.363	0.364	0.292	0.293	0.295

注）各変数の定義は図表10-1を参照。右肩のアスタリスクは有意水準を示しており，*，**，***がそれぞれ10％，5％，1％の有意水準（両側検定）である。

すべて期待どおりの符合である。

　以上の結果から，監査報酬の水準とGCの開示には正の関係があるという日本企業に関する髙田（2010）の結果は，報酬比率をコントロールしても観察されることがわかった。その結果は，分析サンプルを調整した場合でも首尾一貫して観察されているのである。

3　分析サンプルに関する頑健性のテスト

　本研究では，報酬比率のばらつきを考慮して分析サンプルを大手と中規模の会計事務所のクライアントに限定した。しかし，報酬水準を用いた分析では，そのようなサンプルの限定を行う必要はない。また，図表10-3と図表

10-4では報酬変数のうち,報酬水準がGCの開示と有意な関係を有することがわかったため,このようなサンプルの限定が結果に影響を及ぼしている可能性は考慮する必要があるだろう。そこで,担当会計事務所の規模にかかわらず,分析に必要なデータが入手可能なすべてのサンプルを対象として,AFのみを含めたモデルを再度推定した。この手続きにより,サンプル数は5,866企業×年に増加している。

結果は提示していないが,推定結果は図表10-3および図表10-4と整合していた。すなわち,報酬水準はGCの開示と正で有意な関係を有しているのである。その他のコントロール変数についても,推定された符合や有意水準に大きな違いは無かった。したがって,分析サンプルの特定方法の変更に関して,報酬水準とGC開示において観察される正の関係は頑健である。

第6節 日米の比較分析

1 米国企業と日本企業における結果の比較

本研究では,日本企業に関する報酬変数とGC開示の関連性について実証結果を蓄積することのほかに,日米企業の比較分析という目的も有している。そこで,本節では,当該目的を達成するため,米国企業についても分析モデルを推定し,日本企業の結果と比較する。

図表10-3と図表10-4のパネルBに,各表のパネルA(日本企業の結果)に対応する米国企業の推定結果を提示している。図表10-3が大手と中規模会計事務所のクライアントに絞った場合,図表10-4が大手会計事務所のクライアントのみで推定した場合の結果である。

図表10-3の結果をみると,AFについては日本企業と同様,AFRをコントロールするか否かに関係なく,正で有意な値を示している。この意味で,日米企業には共通性が観察される。一方,図表10-3において日本企業ではAFRがいずれも場合も負で有意とならなかったのに対し,AFRのみで推定した米国企業に関する結果では推定値が正で有意となっている。ただし,AFも追加したモデルの場合には,推定値は正の値であるが有意ではない。

227

これらの結果を要約すると，AFとGC開示における正で有意な関係については，日米で共通する傾向といえるであろう。

他方，図表10-4の結果は日米でやや異なる傾向を示している。図表10-1におけるBIGの平均値からもわかるように，日本については95%の企業が大手会計事務所のクライアントであるのに対し，米国企業は83%程度である。そのため，日本企業（パネルA）よりも，米国企業（パネルB）の方が図表10-3から図表10-4へのサンプルの減り方が大きい。このようなサンプル構成の影響が図表10-4で顕著に現れている。すなわち，米国企業についてはAFをコントロールするか否かにかかわらず，AFRの係数が正で有意になっているのである。つまり，大手会計事務所のクライアントに絞った場合，報酬変数を互いにコントロールしてもなお，2つの報酬変数とGCの開示にはそれぞれ正で有意な関係が観察されるのである。この点については，報酬変数とGC開示の関連性に関する日米企業の相違点である。

図表10-3と図表10-4のパネルBについてコントロール変数の結果をみると，有意な値として推定されているものはすべて期待どおりの符合である。また，LnTA, LEV, CFO, DISTについては，ほとんどの場合，日米企業ともに期待どおりで有意な符合で推定されている。したがって，これらの変数とGC開示の関係には日米企業で普遍性があるものと思われる。

2　日米比較の結果に関する検討

日米企業における比較分析による結果として重要なのは，大手会計事務所のクライアントに絞った場合のAFRに関する結果の違いである。中規模の会計事務所と大手会計事務所では，担当クライアント数が異なるために，AFRの水準には差があると考えられる。米国企業と日本企業では，図表10-3に含まれる中規模会計事務所のクライアント数の割合が大きく異なるため，米国企業について，図表10-3と図表10-4の結果が異なることはこの点に起因していると思われる。しかし，図表10-4が示す結果は先行研究の結果と整合していることに注目したい。米国企業を対象としたLi (2009) は，GCの開示と（地方事務所単位の）報酬比率に有意な正の関係があることを

発見しているのである[10]。

　以上，要約すると，先行研究に対する本研究の追加的な発見事項は，次の2点にあると思われる。(1) 日米企業とも，報酬水準はGCの開示と有意な正の関係をもつ。(2) 米国企業については，大手会計事務所のクライアントに絞った場合，報酬比率とGC開示にも正で有意な関係が存在する。

第7節　結論

　本章では，監査報酬とGC開示の関連性について，日本企業に関する分析とともに，米国企業との比較分析を行った。その結果，報酬水準（監査報酬の自然対数）とGCの開示には日米企業で一定の共通性が認められるのに対し，報酬比率（会計事務所の監査報酬総収入に対する当該クライアントから受け取る監査報酬の割合）については日米企業間で相違のあることがわかった。日米企業とも，報酬変数とGCの開示には正で有意な関係が観察される。しかし，日本企業については報酬変数として報酬水準を利用した場合のみ，この関係が観察されるのである。それに対し，米国企業は，大手会計事務所のクライアントに絞った場合，報酬水準と報酬比率の両方についてGC開示と正で有意な関係が発見された。

　本章では，報酬変数とGCの開示にどのような関係があるかということを重点的に分析した。そのため，それが何によってもたらされたものであるのかという点や，日米企業間で観察された相違点が何に起因するものであるのかという点については，何ら検証していない。本文中でも示したように，報酬変数とGCの開示における正の関係には，いくつかの可能な説明理論が存在する。また，日米における監査実務（監査報酬を含む）にもさまざまな相違点が存在することも明らかである。これら，本研究で取り組めなかった問題を解明することが将来の研究課題であると考えている。

▶10　ただし，彼の分析では，大手会計事務所のクライアントに絞らない場合でも有意な正の関係を発見していることから，これらの結果の違いは今後解明すべき課題であろう。

【参考文献】

Basioudis, I.G., E. Papakonstantinou and M.A. Geiger (2008) Audit Fees, Non-Audit Fees and Auditor Going-Concern Reporting Decisions in the United Kingdom, *Abacus*, Vol.44 No.3, pp.284-309.

DeAngelo, L.E. (1981a) Auditor Independence, Low Balling, and Disclosure Regulation, *Journal of Accounting and Economics*, Vol.3 No.2, pp.113-127.

DeAngelo, L.E. (1981b) Auditor Size and Audit Quality, *Journal of Accounting and Economics*, Vol.3 No.3, pp.183-199.

Defond, M.L., K.Raghunandan and K.R.Subramanyam (2002) Do Non-Audit Service Fees Impair Auditor Independence? Evidence from Going Concern Audit Opinions, *Journal of Accounting Research*, Vol.40 No.4, pp.1247-1274.

Francis, J.R. and D.Wang (2008) The Joint Effect of Investor Protection and Big 4 Audits on Earnings Quality around the World, *Contemporary Accounting Research*, Vol.25 No.1, pp.157-191.

Geiger, M.A. and D.V.Rama (2003) Audit Fees, Nonaudit Fees, and Auditor Reporting on Stressed Companies, *Auditing: A Journal of Practice & Theory*, Vol.22 No.2, pp.53-69.

Hogan, C.E. and R.D.Martin (2009) Risk Shifts in the Market for Audits: An Examination of Changes in Risk for "Second Tier" Audit Firms, *Auditing: A Journal of Practice & Theory*, Vol.28 No.2, pp.93-118.

Hopwood,W., J.C.McKeown, and J.F.Mutchler (1994) A Reexamination of Auditor versus Model Accuracy within the Context of the Going-Concern Opinion Decision, *Contemporary Accounting Research*, Vol.10 No.2, pp.409-431.

Li, C. (2009) Does Client Importance Affect Auditor Independence at the Office Level? Empirical Evidence from Going-Concern Opinions, *Contemporary Accounting Research*, Vol.26 No.1, pp.201-230.

Mautz, R.K. and H.A.Sharaf (1961) *The Philosophy of Auditing*, American Accounting Association（近澤弘治監訳（1987）『監査理論の構造』中央経済社）.

Muramiya, K. and T.Takada (2010) Reporting of Internal Control Deficiencies, Restatements, and Management Forecasts, *Working Paper, Kobe University*.

Reynolds, J.K. and J.R.Francis (2000) Does Size Matter? The Influence of Large Clients on Office-Level Auditor Reporting Decisions, *Journal of Acounting and Economics*, Vol.30 No.3, pp.375-400.

Schneider, A., B.K.Church and K.M.Ely (2006) Non-Audit Services and Auditor Independence: A Review of the Literature, *Journal of Accounting Literature*, Vol.25 pp.169-211.

Sharma, D.S. and J. Sidhu (2001) Professionalism vs Commercialism: The Association Between Non-Audit Services (NAS) and Audit Independence, *Journal of Business Finance & Accounting*, Vol.28 No.5-6, pp.563-594.

Simunic, D.A. (1980) The Pricing of Audit Services: Theory and Evidence, *Journal of Accounting Research*, Vol.18 No.1, pp.161-190.

監査人・監査報酬問題研究会（2012）『わが国監査報酬の実態と課題』日本公認会計士協会.
木村史彦・山本達司・辻川尚起（2007）「企業の資金調達と会計操作」須田一幸・山本達司・

乙政正太編著『会計操作-その実態と識別法,株価への影響-』ダイヤモンド社,109-145頁。

髙田知実(2009)「クライアントとの経済的関係が監査人の独立性に及ぼす影響-精神的独立性と外見的独立性の観点から-」『国民経済雑誌』第200巻第6号,17-35頁。

髙田知実(2010)「監査報酬と監査環境の変化がゴーイング・コンサーンの開示に及ぼす影響の実証分析」『現代監査』第20号,110-121頁。

林隆敏(2011)「監査事務所の収入に占める監査報酬の割合による影響」監査人・監査報酬問題研究会『わが国監査報酬の実態と課題』日本公認会計士協会,27-32頁(監査人・監査報酬問題研究会(2012)『わが国監査報酬の実態と課題』日本公認会計士協会,213-223頁に収録)。

索　引

A～Z

Coopers & Lybrand 143
DTTL 127
Ernst and Young（E & Y） 146
ISA220 157
ISQC1 156
KPMGインターナショナル 130
Limited Liability Partnerships Act 2000 ... 43
LLC 58
LLP 60
PCAOB 40, 128, 133, 151
Price Waterhouse 143
PWC 136
PwC Audit 144
Sarbanes-Oxley法 128

あ

あらた監査法人 136
意思決定支援機能 207
意思決定有用性 207
医療機関のガバナンス 33
医療法人制度 28
インセンティブ 185, 211

英国LLP 42

大手会計事務所 222
オリンパス株式会社 150

か

外観的独立性 185, 203, 216
外観的独立性侵害 205
会計監査人の選任 186
会計監査人の報酬の決定 186

会社 40
カネボウ株式会社 7
ガバナンス 122, 130, 143, 147
監査契約チーム 135
監査契約締結の可否判断 110
監査サポートシステム 141
監査事務所ガバナンスコード（The Audit
　Firm Governance Code） 45
監査事務所における品質管理 108
監査事務所の業務管理体制 164
監査証明業務 5
監査調書 175
監査人自体のビジネス・リスク 114
監査人の選任方法と報酬支払形態 ... 185
監査報酬 203, 216
監査法人 4, 50
監査法人の具備要件 5
監視委員会 137
関与社員 6

企業会計原則 21
期待保険担保枠 209
供託義務 91
供託金制度 81
共同監査 176, 222
業務改善命令 150
業務管理体制 149
業務の執行の適正を確保するための措置 130
業務の品質の管理の方針の策定及びその実施
　.. 131
業務品質管理レビュー 158, 161
業務報告書 79

クライアントの誠実性 113
クライアントのビジネス・リスク ... 113

233

経営委員会	137	上場会社監査事務所登録制度	82
計算書類の監査	80, 91	上場会社監査事務所名簿	124, 138
契約リスク	110	所有と医療の一致	28
計理士	74	所有と医療の分離	29
		審査体制	169
公正なる会計慣行	22	新日本有限責任監査法人	145
合同会社	40, 56		
公認会計士	75	スクリーニング	104
公認会計士・監査審査会	41, 148		
公認会計士法	5, 73	責任保険契約	90
合名会社	50	説明書類	90
ゴーイング・コンサーンの開示	215		
個人事務所	40	組織的監査	7
コンプライアンス委員会	131	損害賠償責任	24

さ

た

最低資本金	11, 91	代表社員	122
最低資本金制度	81	単独監査の禁止	88
財務諸表保険契約	210		
山陽特殊製鋼	4	中央青山監査法人	7, 137
士業法人	20	デロイト・トウシュ・トーマツ・リミテッド	
事後監視	7	（DTTL）	127
自主規制機関	194		
事前監督	7	投資者の代替者	197
事前承認手続き	116	投資リスク	207
実質的独立性	203, 216	登録監査法人	83
実質的独立性の侵害可能性	205	登録公会計事務所（registered public accounting firm）	133
指定社員	9, 12, 17, 66		
指定社員制度	18	特定証明	78
指定証明	12, 78	独立性	102, 203
指定有限責任社員	79	独立性管理システム	103
社員	35	独立性の侵害	191
社員の有限責任化	87	独立非役員関与の原則	46
準登録法人	83		
準レント	216	## な	
証券業協会	194	内部自治原則	55
証券取引所	194	内部通報制度	173

索引

日本コッパーズ事件……………………21
日本債券信用銀行事件…………………22

は

パートナーシップ………………………40
パス・スルー課税………………………56

ピアレビュー……………………………41
非監査報酬…………………………… 215
批判機能……………………………… 206
品質管理………………………… 128, 164
品質管理委員会……………………… 138
品質管理委員会年次報告書………… 164
品質管理基準………………………… 155
品質管理基準委員会報告書………… 155
品質管理システム…………………… 148
品質管理システム概要書…………… 138
品質管理レビュー……………… 41, 83
品質管理レビュー結果報告書…………40

プライスウォーターハウスクーパース
　（PWC）……………………… 136
粉飾決算……………………………… 5

米国の組織法……………………………39
弁護士法人………………………… 14, 17

法人格……………………………………43
法人情報の作成と開示…………………90
法律事務所の法人化……………………15
保険機能……………………………… 207

ま

民事責任………………………………… 3

無限責任監査法人………………… 11, 79, 136
無限連帯責任……………………… 6, 52

メンバーファーム……………… 128, 140, 146

モニタリング（監視）………… 160, 162

や

山一證券株式会社事件…………………23

有限責任………………………………… 9
有限責任あずさ監査法人…………… 129
有限責任監査法人………………… 9, 48, 77
有限責任監査法人トーマツ………… 121
有限責任事業組合………………… 40, 54
有限責任制………………………………55

ら

リスクアプローチ…………………… 175
リスク感度…………………………… 107
リスク管理体制……………………… 102

レビューワー………………………… 159

ローテーション……………………… 167
ローボーリング……………………… 192

わ

ワンストップ・サービス………………16

235

〈執筆者紹介〉【執筆順】

岸田　雅雄（きしだ　まさお）〔第1章〕
　　早稲田大学大学院ファイナンス研究科教授，博士（法学）早稲田大学

藤岡　英治（ふじおか　えいじ）〔第2章，第6章第1節〕
　　大阪産業大学経営学部教授

異島　須賀子（いじま　すがこ）〔第3章第1節，第6章第3節〕
　　久留米大学商学部教授，博士（経済学）九州大学

井上　善弘（いのうえ　よしひろ）〔第3章第2節，第6章第2節〕
　　香川大学経済学部教授

朴　大栄（ぱく　てよん）〔第3章第4節，第4章〕編者
　　編者紹介

小澤　義昭（おざわ　よしあき）〔第6章第3節〕
　　桃山学院大学経営学部教授，公認会計士

天野　雄介（あまの　ゆうすけ）〔第5章第1節〕
　　東和薬品株式会社企画本部組織強化支援室長
　　（元 有限責任 あずさ監査法人シニアマネジャー）

宮本　京子（みやもと　きょうこ）〔第5章第2節，第7章第2節，第8章〕
　　関西大学商学部准教授，博士（経営学）神戸大学

松本　祥尚（まつもと　よしなお）〔第6章第4節，第7章第1節，第9章〕
　　関西大学大学院会計研究科教授

髙田　知実（たかだ　ともみ）〔第10章〕
　　神戸大学大学院経営学研究科准教授，博士（経営学）神戸大学

〈編著者紹介〉

朴　　大栄（ぱく　てよん）

1950年　大阪府生まれ
1973年　大阪大学経済学部経営学科卒業
1978年　神戸大学大学院経営学研究科博士課程単位取得満期退学
1982年　広島経済大学経済学部専任講師，助教授を経て
1990年から桃山学院大学経営学部教授
その間，1996年7月から1997年8月までミシガン州立大学客員研究員，
2008年4月から2010年3月まで桃山学院大学副学長を歴任

〈主要業績〉
『監査問題と特記事項』〔分担執筆〕中央経済社，2002年
『新版まなびの入門監査論（第2版）』〔共編〕中央経済社，2012年
ほか

《検印省略》

平成26年2月25日　初版発行　　略称：監査法人独立性

監査法人の独立性と組織ガバナンス

編著者　© 朴　　大　栄
発行者　　中　島　治　久

発行所　同文舘出版株式会社
東京都千代田区神田神保町1-41　〒101-0051
営業 (03) 3294-1801　　編集 (03) 3294-1803
振替 00100-8-42935　http://www.dobunkan.co.jp

Printed in Japan 2014　　印刷・製本：萩原印刷

ISBN 978-4-495-19961-6